W0231861

URSULA HASLER

DIE SCHIERE WAHRHEIT

Glauser und Simenon
schreiben einen Kriminalroman

Limmat Verlag
Zürich

«Es wird kein Kriminalroman, es wird eine andere Angelegenheit. Und ich freue mich direkt, dass die Leute es wie einen Kriminalroman von der ein wenig langweiligen Sorte lesen werden und lache mir ins Fäustchen, weil es doch etwas anderes wird und es niemand merken tut.»
Friedrich Glauser

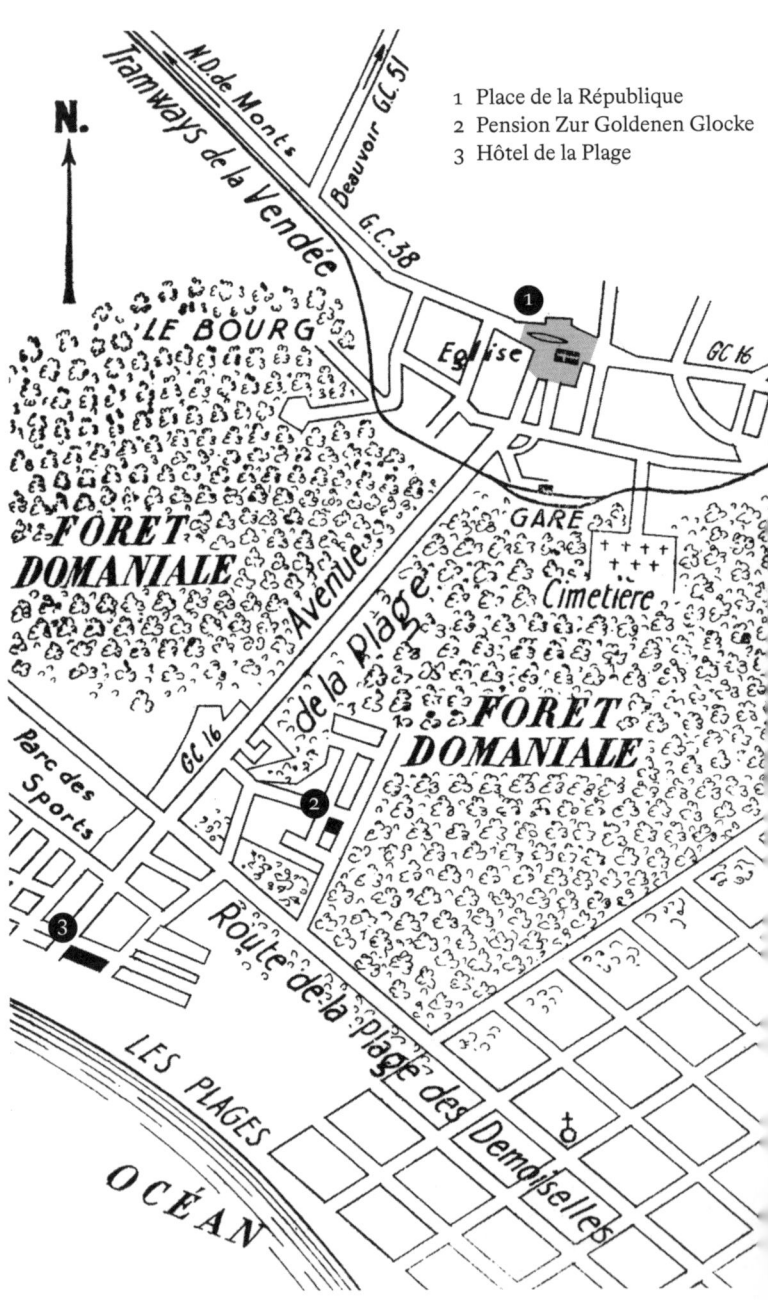

1 Place de la République
2 Pension Zur Goldenen Glocke
3 Hôtel de la Plage

GRAND HÔTEL DE LA PLAGE
IN SAINT-JEAN-DE-MONTS IM JUNI 1937 –
EINE BEGEGNUNG MIT FOLGEN

Dort unten im Sand irgendwo!

Der Kellner zeigt mit einer vagen Handbewegung in Richtung Strand, bevor er sich wieder der Dame zuwendet und ihr mit einer angedeuteten Verbeugung die kühle Limonade serviert. Das hechelnde Hündchen zu ihren Füßen bekomme sofort einen Napf mit Wasser.

Auf der Terrasse des Grand Hôtel de la Plage herrscht wie jeden Tag zur Stunde des Aperitifs ein lebhaftes Kommen und Gehen, wobei das Kommen überwiegt, viele Gäste suchen vergeblich nach einem freien Tischchen. Sie sind früh vom Strand hochgekommen, haben sich eilig für das Mittagessen umgezogen, und wieder waren andere schneller.

Der berühmte belgische Schriftsteller Georges Simenon steht mit Doktor Schöni, einem Arzt aus der Schweiz, mit dem er allabendlich im Hotel Bridge spielt, am Rand der Terrasse des Grandhotels und schaut suchend über die Strandkabinen, deren blauweiß gestreifte Tücher im Wind flattern. Doktor Schöni tupft Stirn und Nacken mit dem Taschentuch, welch eine Hitze, hier oben unter der Markise ist kein Lufthauch zu spüren.

Doktor Schöni beschattet die Augen, lässt sie über den Strand von Liegestuhl zu Korbsessel wandern, das übliche Gewusel kurz vor Mittag, Mütter, Kindermädchen, Großmütter, man sammelt die verstreuten Eimerchen, Schaufeln und unwilligen Kinder zusammen.

Endlich entdeckt er ihn, einen der wenigen Männer am Strand, die Väter und Ehemänner warten geduldig an der Theke im Strandcafé bei einem kühlen Bier auf ihre Familien. Die sollen sich ruhig Zeit lassen. Weit vorne, beinahe am Wasser, sitzt er, der Schriftsteller Frédéric Glauser, von dem Simenon bis heute noch nie etwas gehört hat.

Er ist wenig erpicht darauf, dass Schöni ihm diesen «Kollegen» vorstellen will, ein Schweizer, ein Landsmann des Doktors, er hat gleich abgewunken, war saucr, weil der Doktor seine morgendliche Zeitungslektüre unterbrochen hatte.

Er, Schöni, schulde diesem Glauser einen Gefallen – eine komplizierte Geschichte –, und ihn, den berühmten Georges Simenon persönlich kennenzulernen, wäre eine gelungene Überraschung. Allerdings ein schwieriger Zeitgenosse. Aber ein genialer Schreiber. Seine Kriminalromane hätten ihn bekannt gemacht, sein Kommissär Studer sei auch schon mit Maigret verglichen worden. Der Glauser schreibe deutsch, er spreche aber sehr gut Französisch.

Weil Simenon nichts Besseres vorhatte, sagte er schließlich seufzend zu, den andern zu treffen. Das hat man davon, wenn einen die Leute kennen.

Ich seh ihn, kommen Sie!

Schöni eilt voraus, die breite Treppe hinunter, die von der Terrasse direkt auf den Strand führt, und stelzt dann steif wie ein Hahn durch den Sand, bei jedem Schritt den Fuß hoch in die Luft und dann vorsichtig gerade aufsetzen, ja kein Schlurfen. Eklig dieser Sand, schimpft er. Trotz der Wärme, eher ungewöhnlich im Juni, trägt er hohe Schuhe mit Gamaschen.

Simenon, barfuß in sommerlichen Leinenschuhen, stapft hinter ihm her und schmunzelt mit der Pfeife im Mundwinkel.

Da, zwei Schritte vor ihnen, sitzt oder vielmehr hängt sein Schweizer Double in einem Strandsessel – die enthusiastische Presse habe ihn als schweizerischen Simenon bezeichnet, hat der Doktor mit einem letzten Argument nachgedoppelt. Allerdings, was die äußere Erscheinung anbetrifft, kann man sich kaum einen größeren Unterschied vorstellen. Der Mann sitzt zusammengesunken da, die Beine ausgestreckt, in ausgebeulter Hose.

Die Kleider verraten Simenon sofort, dass der Mann weder im Geld schwimmt noch sich um sein Aussehen schert. Es gibt etwas, was man dir nie verzeiht: ärmlich auszusehen! Diesen Rat fürs Leben hat Simenon als Zwanzigjähriger vom verarmten Marquis de Tracy bekommen, für den er damals als Privatsekretär arbeitete, und seither beherzigt er ihn streng.

Über die Rücklehne ragt ein zerknitterter weicher Hemdkragen, ein dünner Hals und ein dunkler, dichter Haarschopf. Der Mann schaut auf das Meer hinaus.

Friedrich Glauser schaut auf das Meer hinaus. Am Horizont bauscht eine Jacht ihre Segel, ein verspäteter Fischkutter tuckert vorbei und zieht einen Schwarm lachender Möwen hinter sich her. Glauser sieht nichts. Seine Verzweiflung hat in der letzten Stunde eine solche Schwere erreicht, dass sie ins Bodenlose abgesunken ist, der Mann nur noch eine leere Hülle inmitten des fröhlichen Strandtreibens. Er ist über die Maßen müde und hoffnungslos.

Kurz nach zehn Uhr ist er im Grand Hôtel de la Plage angekommen, über zwei Stunden dauerte die Fahrt mit der Eisenbahn von La Bernerie-en-Retz bis hierher. Das Geld hat knapp für die dritte Klasse in der Staatlichen gereicht. Für das letzte Stück der Strecke nahm er das Küstenzüglein Tramway de la Vendée. Die Landschaft war bestimmt ganz reizvoll, davon hat man in der Anspannung nichts mitbekommen.

Im Hôtel de la Plage in Saint-Jean-de-Monts würde der Doktor Schöni logieren, ein Schweizer Arzt, der Bekannte einer Bekannten, die ihm den Tipp gegeben hat. Er braucht dringend ein Rezept. Für Mo.

Seit März lebt Glauser mit Berthe Bendel im kleinen Badeort La Bernerie, das Leben war dort anfänglich beinahe paradiesisch und er konnte endlich schreiben. Man will sich in Frankreich eine Existenz als Schriftsteller aufbauen, fern von den Zwängen und wiederholten Internierungen in der Schweiz. Aber der Druck, mehr und mehr zu produzieren wegen der ewigen Geldnöte, wurde in den letzten Wochen so gewaltig, dass er einen Rückfall erlitt. Er kann nicht mehr schreiben ohne. Er hält es nicht aus ohne. Ohne Opium wird man den eigenen Sachen gegenüber so viel kritischer eingestellt, dass es einen weiß Gott eher lähmt als hilft.

Die letzten vierzehn Tage hat er so intensiv an der «Fieberkurve» geschuftet, dass sein Gehirn nun leer, leerer, am leersten ist. Auch am «Chinesen» – am Wettbewerbsroman – sollte man dringend weiterarbeiten, aber der Stil macht einem große Mühe, die Sätze, die man schreibt, decken sich gar nicht mit den Gedanken und fließen lauwarm und banal. Es ist eine Qual. Und dann der Auftragsroman für den «Beobachter», den konnte er nicht ablehnen, sie brauchen das Geld dringend.

Unglaubliche Überwindung hat es ihn gekostet, den unbekannten Doktor Schöni um ein Rezept für Morphium zu bitten. Höflich zu bitten. Er hat allen unredlichen – welch schönes Wort! – Versuchen, Mo zu beschaffen, abgeschworen. Alles für die Katz jetzt. Natürlich hat der Doktor keinen Rezeptblock in die Ferien mitgenommen. Es tue ihm leid, meinte Schöni, aber vermutlich würde Herrn Glauser das Rezept eines Schweizer Arztes hier in Frankreich eh nicht viel nützen. Er bedaure sehr, denn er halte viel von ihm, seine Frau lese gerade begeistert Wachtmeister Studers zweiten Fall «Matto regiert». Die Irrenanstalt als Tatort, haha, schön mutig von Ihnen, die eigenen Erlebnisse zu nutzen! Beinahe hätte der Doktor ihm auf die Schulter geklopft. Er bedaure wirklich sehr.

Seit einer Stunde sitzt Glauser jetzt hier, er hat einen verwaisten Strandsessel in Beschlag genommen, kein Geld für ein Mittagessen, die letzten Francs für die Rückfahrkarte ausgegeben. Für nichts. Zigaretten hat er noch drei. Der Zug zurück fährt erst am späten Nachmittag.

Wenn der Glauser zurückfährt. Wenn der nicht einfach hier sitzen bleibt. Es ist alles so schwarz und vermauert, so bodenlos nutzlos. Er möchte schreiben, hat den Kopf voll schöner Dinge. Aber dann stößt sein Kopf wieder an eine blöde Wirklichkeit und dann ist die Leere wieder da. Die man nur mit Mo aushält. Und manchmal erstickt man fast an sich selbst. Es ist, als ob das Ich plötzlich die Wassersucht bekommen hätte. Es kommt jetzt alles Unverdaute, die langen Internierungsjahre, Witzwil, die Kindheit, wie ein Schwall von üblem Wasser heraus, sodass man fast daran ertrinkt.

Aber nein. Die Flut fließt zurück, das Wasser flieht. Selbst das Meer weicht vor ihm zurück. Er sitzt hier fest. Bis in alle Ewigkeit.

Die Ewigkeit ist manchmal gnädig und von kurzer Dauer.

Ein mächtiger Schatten wächst plötzlich im Sand vor Glauser. Grell ist die Sonne. Zwei Männer stehen im Gegenlicht vor ihm.

Doktor Schöni entschuldigt sich für die Störung. Er habe ihn überall gesucht.

Herr Glauser, ich möchte Ihnen jemanden vorstellen, Monsieur Georges Simenon, der Autor der Maigret-Romane, von dem Sie bestimmt schon gehört haben.

Verwirrt legt Glauser die Hand über die Augen. Vermutlich leidet man bereits an Entzugshalluzinationen.

Nein. Auf Glausers Augenhöhe stehen hellgraue Flanellhosen und dunkelblaue Leinenschuhe, die sehr wirklich aussehen. Der Herr, der sich ihm jetzt vor die Sonne stellt und seinen Schatten auf ihn wirft, damit es ihn nicht so blende, ist mittelgroß, eine sportlich elegante Erscheinung.

Glauser springt auf, hat kaum Zeit zu denken: Herrgott! Wenn ich einmal so elegant daherkommen könnte! Wer solchen Herrenschneider besäße!, als sich genau in diesem Augenblick die peinliche Szene mit dem roten Ball ereignet. Der Ball trifft Glauser so wuchtig am Hinterkopf, dass er um ein Haar das Gleichgewicht verloren hätte.

Er wehrt heftig ab, als Doktor Schönis fürsorglicher Arm ihn auffangen will.

Simenon liest den Ball auf, sieht sich um und entdeckt in einigen Metern Entfernung einen Jungen, der sich nicht traut, sein Geschoss wieder zu holen, und ein Kindermädchen, das ihn heftig ausschilt. Simenon winkt dem Kleinen, entschuldige dich, dann kriegst deinen Ball wieder!

Schon gut, wehrt Glauser erneut ab. Den Kopf in den Sand stecken möchte man am liebsten wegen dieser beschämenden Ballszene, ausgerechnet vor dem großen Simenon. Keine Ursache sich zu schämen, der Ball hätte doch genauso gut den andern treffen können. Nein, einen Georges Simenon trifft nie ein hinterhältiger Ball am Kopf. Es gibt Leute, die beschützt das Leben, einfach so, die haben meistens Glück, während unsereins ständig Pech hat. Bis heute.

Seit über einer Stunde schlendern Georges Simenon und Friedrich Glauser jetzt über den Strand und reden und reden. Doktor Schöni hat sich bald verabschiedet, Mittagessen mit der Familie, die Herren wollen ihn entschuldigen.

Mittlerweile ist Ebbe. Simenon holt mit der Pfeife in der Hand zu einer weiten Geste über die flache Sandebene aus. In der Ferne plätschert olivgrün der Ozean.

Sehen Sie, Monsieur Glosère, dieses erwartungsvolle Abwarten des Meeres bei Ebbe, es scheint all seine Kräfte zu sammeln, um Anlauf zu nehmen, den Strand wieder zu fluten. Kleine braune Wellen scharren ungeduldig am Sand, wie nervöse Rennpferde vor dem Start ... die Leute hier sagen, das Wasser steige bei Flut mit der Geschwindigkeit eines galoppierenden Pferdes. Na ja. Fischerlatein vermutlich.

Die ganze Situation ist unwirklich, geradezu rauschhaft. In seinen kühnsten Fantasien hätte Glauser sich nicht auszumalen gewagt, dass der Glauser eines Tages mit dem Simenon am Atlantikstrand spazieren geht, einfach so, und noch viel verrückter, mit seinem «Lehrer» über das Schreiben von Kriminalromanen redet!

Vor zwei Monaten erst hat er den offenen Brief an Brockhoff – eine Replik auf dessen alberne «Zehn Gebote für den Kriminalroman» – mit den Sätzen abgeschlossen: «Ich möchte Georges Simenon danken. Was ich kann, habe ich von ihm gelernt. Er war mein Lehrer – sind wir nicht alle jemandes Schüler?»

Und jetzt reden und gestikulieren die beiden Schriftsteller und sehen nichts um sie herum, weder die grauen Wolken, die am Horizont aufziehen und sich immer häufiger vor die Sonne schieben, noch dass sie inzwischen weit und breit die einzigen Spaziergänger auf dem Strand sind. Immer hält mal der eine, mal der andere an, um eine erloschene Pfeife anzuzünden oder die bald letzte Zigarette anzustecken, um ein Argument zu präzisieren oder eine Aussage zu bekräftigen, was sich alles schlecht mit dem Gehen vereinbaren lässt. Bis das Ungeheuerliche geschieht.

Der Austausch zwischen den beiden Männern über ihre Erfahrungen beim Schreiben von Kriminalgeschichten verläuft so angeregt, dass Glauser in einem Anfall von Größenwahn ruft – auch später, wenn er an diesen Augenblick dachte, blieb ihm unverständlich, was in ihn gefahren war, vielleicht wirkte das Mo nach –, er ruft: Man müsste das mal an einem Fall ausprobieren!

Simenon schaut auf.

Sie meinen, konkret an einer Geschichte anwenden? An einem Fall, den wir beide gerade hier und jetzt erfinden? Gemeinsam erfinden? Ihre Vorstellungen und meine, meine Erfahrungen und Ihre. Ihre Einfälle, meine Ideen ...

Verstohlen riskiert Glauser einen Blick zu Simenon hinüber, das kann der wohl nicht ernst meinen. Dem jedoch gefällt die Idee so außerordentlich, dass er Glauser auf die magere Schulter klopft, welch ein Ritterschlag!, und bevor der sich fassen kann, legt Simenon los:

Wir lassen unseren Fall gleich hier vor Ort spielen, im Hôtel de la Plage in Saint-Jean-de-Monts. Das mache er oft. Er reise sehr viel und siedle die Handlung seiner Romane gerne an den Orten an, die er besucht hat, so kenne er die Umgebung, das Milieu, habe die Luft dort eingeatmet. Noch nie habe er ein Milieu erfunden, eine Atmosphäre wie die Kritiker sagen.

Diese viel zitierte Atmosphäre, Monsieur Glosère, sie ist in meinem Gedächtnis! Die Bilder habe ich alle im Kopf. Bevor ich einschlafe, lasse ich mein persönliches Kino laufen, sobald ich die Augen schließe, tauchen die Bilder auf und tanzen vorbei. Sehr wichtig, dass man die Stimmung gut erfasst – sie ist der Schlüssel zu den Leuten, zu ihren dunklen Geheimnissen!

Glauser nickt.

Aber wir ändern den Namen des Ortes, wir brauchen etwas dichterische Freiheit, sonst schränken uns die realen Fakten zu sehr ein. Der Einfachheit halber, Simenon lacht – ein ganz wenig verlegen, scheint es Glauser, nennen wir den Ort doch Saint-Georges. Hoffe, Sie haben nichts dagegen!

Ein bisschen eitel, der Simenon, denkt sein Begleiter, aber wer so berühmt ist, kann sich das erlauben.

Nein, er hat nichts dagegen. Was soll Glauser sonst vorschlagen, Saint-Frédéric? Wäre origineller, aber gibt es überhaupt einen heiligen Friedrich?

Simenon nimmt die Pfeife in die Hand und dreht sich zu Glauser.

Sie müssen wissen, Monsieur Glosère, dass ich meinen Maigret in den Ruhestand geschickt habe, wir brauchen also eine Geschichte, in der er als Rentner ermittelt ... er könnte mit Madame Maigret einige Tage Urlaub hier im Hotel de la ...

Simenon bricht plötzlich ab. Er starrt mit zusammengezogenen Augenbrauen aufs Meer, die Hände in den Taschen seiner hellgrauen Flanellhose vergraben, die Pfeife im Mundwinkel festgebissen.

Der vermaledeite Maigret hat ihn wieder erwischt! Gibt keine Ruhe, obwohl er vor vier Jahren dafür gesorgt hat, dass es mit Maigrets Karriere zu Ende war. Er hat ihn von den Vorteilen der vorzeitigen Pensionierung überzeugt, ihm ein hübsches Landhaus in der Nähe von Orleans erfunden, am Ufer der Loire, in Meung-sur-Loire, geruhsames Landleben mit Madame Maigret, Gartenarbeit, Rosen, Tomaten, Kohlköpfe ... was will man mehr.

Glauser wundert sich über Simenons plötzliches Schweigen, dann versteht er. Er weiß, dass Simenon die erfolgreiche Maigret-Reihe beendet hat. Manchmal verhindert genau der Erfolg, dass man sich als Schriftsteller weiter entwickeln kann.

Glauser seufzt. Auch er, bei Weitem nicht so bekannt wie der Schöpfer der Maigret-Romane, ist nach zwei Studer-Romanen bereits der Gefangene seiner Figur und des Publikums. Er hockt in der Studer-Falle.

Natürlich freut es einen, dass die Leute den Studer mögen. Es geht einem zwar ein wenig wie dem Zauberlehrling. Man hat den Studer zum Leben erweckt – und sollte jetzt auf Teufel komm raus Studer-Romane schreiben und schriebe doch viel lieber etwas ganz anderes. Ja, man hat Angst, in der Manier zu erstarren und das natürliche Feld der Begabung zu verengen, wenn man nur im Kriminalschema bleibt. Auf einmal ist man als Sensationsschriftsteller verschrien und niemand nimmt einen mehr ernst. Und manchmal muss er seine Fantasie so anstrengen, um für Kriminalromane Handlungen zu erfinden, dass er glücklich ist, wenn er einmal etwas schreiben darf, wo er sich nicht mit Fäden, Ficelles und anderen Schnüren abplagen muss. Denn Glauser möchte endlich etwas «Anständiges» schreiben.

Ebenso Simenon, der seinen Kommissar in Pension geschickt hat, um sich endlich einen Namen als wahrer Schriftsteller zu machen, Schluss mit Schreiberling von «Polars». Jetzt möchte er die nächste Stufe erreichen.

Er dreht sich zu Glauser.

Sie wissen vermutlich, Monsieur Glosère, dass ich die Maigret-Reihe nicht mehr weiter führe. Als Fayard, mein alter Verleger, es erfuhr, hat er mir wütend prophezeit, dass es noch nie ein Kriminalschriftsteller in die große Literatur geschafft habe, dass ich nicht dafür gemacht sei, sondern für populäre Literatur. Was das einfache Volk lese.

Simenon gestikuliert mit seiner Pfeife.

Dabei hat ausgerechnet dieser Fayard mir damals vorgeworfen, als er die Manuskripte meiner ersten Maigrets gelesen hatte, das breite Publikum wolle sowas nicht lesen, es seien keine Liebesgeschichten, weder wirklich gute noch wirklich böse Figuren, keine Helden und es ende immer schlecht. Es seien düstere Geschichten, aber keine Kriminalromane. Sie drehen sich nicht um ein Problem, das es zu lösen gelte wie bei einer Schachpartie. Es gebe keine Rätsel, also sei es auch kein Kriminalroman … Der Held sei nur ein simpler Beamter, weder schön noch stark noch außergewöhnlich … Er sei schwerfällig und habe keinen Schneid …

Simenon nimmt einen kräftigen Zug aus der Pfeife.

Nun, Fayard hat sich gründlich getäuscht. Die Leser liebten meinen Maigret. Ich hab dann fast ein Jahr später – ich brauchte Geld – einen allerletzten Maigret nachgeschoben: Der pensionierte Kommissar muss seinen Neffen Philippe aus der Patsche holen. Offensichtlich sind mir da ein paar Fehler zu Maigrets Biografie unterlaufen, wie mir aufmerksame Leser vorgeworfen haben. Mein Gott, die Leute vergessen, dass Maigrets Leben eine erzählte Welt ist, die sich halt verändert. Zudem lese ich meine eigenen Romane nach dem Schreiben nicht mehr. Was soll's, es war eh der letzte Maigret.

Er hat weit über dreißig ernst zu nehmende Romane veröffentlicht, seit zwei Jahren beim renommierten Literaturverlag Gallimard. Und vor zwei Monaten ist sein erster großer Roman erschienen, über die Reederfamilie Donadieu aus La Rochelle. Sein Meisterwerk! Und jetzt, Monsieur Glosère, bin ich bereit für die große Literatur!

Glauser wirft seinem Begleiter einen schnellen Seitenblick zu, an Selbstzweifeln scheint der Simenon jedenfalls nicht zu leiden. Ganz im Gegensatz zu einem selbst. Aber da täuscht sich Glauser.

Simenon schaut in die Weite, die Pfeife im Mundwinkel, die Hände wieder in den Taschen seiner maßgeschneiderten Hose.

Zugegeben, letzten Herbst ist er kurz schwach geworden und hat schnell eine Serie von acht kleinen Maigret-Erzählungen für das Feuilleton von «Paris-Soir Dimanche» verfasst. Fingerübungen. Schnell und leicht verdientes Geld, das er brauchte …

Jetzt aber – was war er soeben im Begriff zu tun? Doch wieder einen richtigen Maigret-Fall zu erfinden? Er hat Maigret in den Ruhestand geschoben, um vor ihm Ruhe zu haben. Aber der Kommissar will sich nicht zur Ruhe setzen. Er brummt in seinen Gedanken herum. Hatte Fayard doch recht, als er ihm hämisch voraussagte, er werde den Geist des hartnäckigen Kommissars, einmal gerufen, nicht so leicht wieder los?

Das wollen wir doch mal sehen. Der Simenon auf dem Weg hinauf zum literarischen Olymp wird mit Sicherheit keinen Maigret-Rückfall erleiden. Also endgültig Schluss mit dem Kommissar, mit dem Quai des Orfèvres, Schluss mit den Inspektoren Lucas, Torrence und Janvier, die Maigret herumkommandieren durfte.

Simenon holt tief Luft und dreht sich zu Glauser.

Nein, für unsere Geschichte schaffe ich eine ganz andere Figur. Als Gedankenspielerei, als Versuch. Kein Kommissar, kein Polizist, keine Erfahrung als Detektiv, jünger, ja, in allem das Gegenteil von Maigret. Um ihn gründlich zu exorzieren.

Simenon, leicht verlegen, verspürt große Lust, zur Abwechslung mal einen weiblichen Detektiv zu schaffen. Ein Laie, eine Frau, die auf ihre Weise bei der Aufdeckung der Wahrheit hinter einem Verbrechen mitarbeitet ...

Was halten Sie davon, Monsieur Glosère?

Er scheint nicht ernsthaft von Glauser eine Antwort zu erwarten und schaut wieder über die Wellen.

Amélie Morel soll sie heißen, um die fünfzig herum, mit flinkem Verstand und wachen Augen, sie steckt ihre Nase gern in fremde Angelegenheiten ... eine Krankenschwester ...

Warum eine Krankenschwester?, wagt Glauser schüchtern zu fragen.

Medizinische Kenntnisse sind immer von Vorteil, wenn man es mit Verbrechen zu tun hat, meint Simenon mit der Pfeife im Mundwinkel, Medizin habe ihn immer fasziniert. Er hatte Medizin studieren wollen; nach dem frühen Tod seines Vaters hieß es jedoch, sofort Geld zu verdienen.

Er nickt. Amélie Morel steht bereits vor ihm, eine kleine, umtriebige Dame, dunkle Haare, in denen die ersten Silberfäden schimmern, immer eine vorwitzige Locke in der Stirn, sie nickt ihm zu und lächelt, beinahe komplizenhaft. Sie ist im Hôtel de la Plage im Urlaub ... das kann sie sich als Krankenschwester aber nicht leisten ... sie muss irgendwie zu Geld gekommen sein ... Ja, genau. Bis vor Kurzem war sie als Pflegerin bei einem alten Mann in Stellung, ein Industrieller aus Nantes. Als er starb, hat er ihr ein wenig Geld vermacht. Damit gönnt sie sich jetzt erstmals in ihrem Leben richtig Urlaub, im Hôtel de la Plage in Saint-Georges.

Simenon sinniert immer noch über das Meer.

Da die Dame keine polizeiliche Ermittlung durchführen kann, brauchen wir einen Inspektor, der aber eine Nebenrolle spielen soll ... Laurent Picot, ein junger Inspektor mit noch wenig Erfahrung ... und er ist Amélie Morels Neffe! Sie muss ja irgendwie an die Informationen kommen, nicht wahr.

Simenon pafft ein paar Züge. In seinem Kopf beginnen die Bilder zu tanzen, sich ineinanderzufügen, das Räderwerk der Handlung setzt sich unaufhaltsam in Bewegung ... Wie verbringt Amélie Morel die ersten Urlaubstage ihres Lebens, Tage ohne Aufgaben, ohne Pflichten, ohne geregelten Ablauf, ohne Routine, dafür mit viel Langeweile? Bestimmt hat sie sich vom ersten Tag an eine Ordnung geschaffen, die ihr Halt gibt. Sie ist frühmorgens oft die Erste am Strand, wer ein Leben lang früh auf muss ... Sie kommt mit einem Buch und holt sich selbst einen Liegestuhl, wenn der Strandjunge etwas Verspätung hat ...

Glauser steht neben ihm, die Hände in den ausgebeulten Hosentaschen, wartet und wundert sich, warum das Meer nicht blau ist. Warum so bräunlich?

Es ist der aufgewühlte Sand im Wasser, murmelt Simenon. Und dann dreht er sich wie elektrisiert zu Glauser.

Hören Sie mal, Monsieur Glosère, so könnte unsere Geschichte anfangen:

Man hätte an diesem klaren Morgen, die Sonne gab sich redlich Mühe, die frische Juniluft zu erwärmen, nicht weiter weg von der dunklen, der verbrecherischen Seite des Lebens sein können als die kleine Dame, die sich seufzend in ihren Liegestuhl fallen ließ und sich sogleich wieder mühsam und schimpfend hochzog, wer hatte ihr den Stuhl verstellt?

Die beiden nehmen ihren Spaziergang wieder auf, und nach ein paar Schritten im weichen Sand formuliert Simenon den zweiten Satz, den dritten, eine angetrocknete Alge wickelt sich zwischen dem vierten und fünften Satz um seinen Leinenschuh, den sechsten, den siebten Satz, beim achten Satz streift er die Alge ärgerlich ab, als er sie endlich bemerkt hat, dann den neunten Satz und einfach so weiter ...

Bis zum Satz:

Und wenn sie recht hat, die Ehefrau?, fragte Amélie Morel hinter seinem Rücken.

ERSTER TAG, AMÉLIE MORELS URLAUB WIRD UNERWARTET AUFREGEND

Man hätte an diesem klaren Morgen, die Sonne gab sich redlich Mühe, die frische Juniluft zu erwärmen, nicht weiter weg von der dunklen, der verbrecherischen Seite des Lebens sein können als die kleine Dame, die sich seufzend in ihren Liegestuhl fallen ließ und sich sogleich wieder mühsam und schimpfend hochzog, wer hatte ihr den Stuhl verstellt? Sie schob das Rückenteil zwei Kerben höher, viel steiler, sie mochte es nicht, so flach zu liegen, man fühlt sich so ausgeliefert.

Aufrecht saß Amélie Morel jetzt in ihrem Liegestuhl, der ihr nicht zum Liegen diente, und schaute sich um, ihre Hände lagen auf dem Buch im Schoß. Sie liebte die ruhigen Morgenstunden am Strand. Erst wenige Kindermädchen beaufsichtigten ein paar Kleine, die brav Sand in ihre Eimerchen schaufelten.

Heute Morgen war es warm, geradezu heiß, wenn die Sonne auf die winterblasse Haut brannte, und kühl, geradezu kalt, wenn sie hinter einer Wolke verschwand. Was sie alle paar Minuten tat.

Die kleine Dame im Liegestuhl schloss seufzend die Knöpfe ihrer selbstgestrickten Jacke, die sie ein paar Minuten zuvor erst aufgeknöpft hatte, holte die Brille aus der Jackentasche und schlug das Buch auf ihren Knien auf.

Heute war das Umblättern ein regelrechter Machtkampf mit dem Wind. Er rüttelte dermaßen an den Seiten, dass man das Buch mit beiden Händen fest umklammern musste. Was Amélie Morel las, hätte einen zufällig vorbeikommenden Spaziergänger höchst erstaunt, wäre sein Blick auf die seltsamen Illustrationen im Buch gefallen. Ein aufgeschnittener Augapfel, ein gehäuteter Arm mit Knochen und Sehnen, ein trauriges Herz mit abgeschnittenen Gefäßen, roten und blauen … Die Dame las und blätterte konzentriert im gewichtigen Anatomiehandbuch von Poirier, zwar eine alte Ausgabe, aber der menschliche Körper war ja derselbe wie vor vierzig Jahren, nicht wahr.

Es hatte einmal Onkel Fernand gehört. Ein kleiner Landarzt, aber er besaß ein Regal voller medizinischer Fachbücher, die er stolz seine Bibliothek nannte. Niemand wusste nach seinem Tod etwas damit anzufangen, so gelangten die Bücher in Amélie Morels Besitz. Wenn überhaupt, würden die Bücher vielleicht ihr als Krankenschwester von Nutzen sein. Und wie sie das waren! Hätte Amélie ein halbes Jahrhundert später gelebt, wäre aus ihr bestimmt ein Fräulein Doktor geworden. Aber zu ihrer Zeit kam keiner auch nur im Entferntesten bei einem Mädchen auf eine solch absurde Idee, ganz abgesehen davon, dass auf dem Land keiner studierte, das war für die feinen Leute in der Stadt.

Der wertvolle Bücherschatz blieb in den Kisten während all der Jahre, als sie noch im Krankenhaus Hôtel-Dieu in Nantes arbeitete und im Saal schlafen musste. Auch danach bei Monsieur Milcent, den sie die letzten zehn Jahre gepflegt hatte, gab es in der abgeschrägten Dachkammer keinen Platz für ein Bücherregal. Die Kisten warteten auf dem Dachboden im Elternhaus in Le Breuil. Dort wohnte seit einigen Jahren ihre verwitwete Schwester und seit dem Tod von Monsieur Milcent auch sie wieder. So sah sie Laurent etwas öfter, ihren Lieblingsneffen und ihr Patenkind, Amélie war mächtig stolz auf ihn, aus dem kleinen Laurent war was Rechtes geworden, ein Polizeiinspektor!

Germaine war nicht sehr erbaut über ihren Einzug vor einigen Wochen, aber es war auch Amélies Elternhaus. Die Schwester neidete ihr die zehntausend Francs, die der gute Monsieur

Milcent Amélie vermacht hatte. Noch nie hatte sie so viel Geld besessen. Ein kleines Vermögen! Ein Almosen, meinte Laurent, für all die Jahre, die er dich ausgebeutet hat, Tag und Nacht zu Diensten, sechseinhalb Tage die Woche, das hast du mehr als verdient, Tante! Ach Junge, das verstehst du nicht. Bei den Nonnen im Hôtel-Dieu, ja, da hab ich buchstäblich für Gottes Lohn geschuftet. Monsieur Milcent war ihr Patient gewesen und als er sie nachher gefragt hatte, ob sie bei ihm als private Pflegerin arbeiten wolle – zum doppelten Lohn! –, da hatte sie keine Minute gezögert.

Amélie Morel lächelte über das Meer hinaus. Es waren strenge Jahre, aber sie hatte viel zu sehen bekommen. Und dann, kaum im Elternhaus eingezogen, hatte sie endlich die Bücherkisten heruntergeholt und war ohne Zögern kopfüber in die Welt der großen Medizin eingetaucht …

An einem solchen Frühsommertag am Atlantik rechnet man mit allem, nur nicht mit den Kapriolen der Wirklichkeit. Die kleine Dame im Liegestuhl, vertieft in das Studium des menschlichen Knies, verspürte nicht den leisesten Hauch eines Vorgefühles. Obwohl das Ereignis, das in den kommenden Tagen den sorgfältigen Ablauf ihrer Urlaubstage gründlich über den Haufen werfen sollte, bereits geschehen war.

Dabei hätte man hinter der Schaukel den Jungen schon sehen können, der aufgeregt dahergerannt kam.

Aber erstens vermied Amélie Morel den Blick zur großen Strandschaukel, von wo der Wind zeitweise das störende Schreien und Lachen der Kinder bis zu ihrem Liegestuhl blies, obwohl der in größtmöglicher Entfernung zur Lärmquelle stand. Und zweitens hatte sie den Hut wegen des Windes tief in die Stirn gezogen. Der heftige Wind der letzten beiden Tage gab heute zwar endlich langsam auf, aber er schob die wenigen grauen Wolken, die er finden konnte, vor die Sonne, bauschte mit letzter Anstrengung die blaugestreiften Tücher der Strandkabinen, flatterte über die leeren Liegestühle, fuhr Amélie unter den Rock, aber das gewichtige Anatomiebuch auf ihren Knien stoppte ihn, und danach hatte er, wohl aus Rache, um ein Haar mit einer boshaften Böe Amélies Strohhut fortgeblasen.

Der Junge kam näher, man vernahm deutlich seine Rufe.

– Madame! Madame!

Eine solche Anrede betraf Amélie Morel nicht, zudem war ihre ganze Aufmerksamkeit vom Wunderwerk der gekreuzten Kniebänder gefangen, ihr Zeigefinger folgte den verschiedenen Sehnen auf der Illustration. Da wagt man kaum mehr, das Knie zu bewegen, wie leicht könnte solch ein dünnes Riemchen reißen! Man wird ab sofort etwas vorsichtiger die Treppe im Hotel hinauf- und heruntersteigen.

Ihr Zimmer befand sich nämlich in der zweiten, günstigeren Etage des Hôtel de la Plage, ohne Aufzug, zudem lagen die kleinen Einzelzimmer alle seitlich, ohne direkten Meerblick. Man braucht schließlich das Meer nicht auch noch vom Bett aus zu sehen, wenn man es am Strand den ganzen Tag vor Augen hat, sagte sich Amélie.

Auf die verrückte Idee mit dem Urlaub im Hôtel de la Plage hatte ihr Neffe Laurent sie gebracht. Als sie nach dem plötzlichen Tod von Monsieur Milcent, Gott sei ihm gnädig, von einem Tag auf den andern ohne Stellung dastand und nicht wusste wie weiter, schlug er vor, jetzt erholst du dich erst mal, Tante, und machst richtig Urlaub im Hotel! Wie die feinen Leute aus der Stadt, hatte er gesagt und ihr ein Inserat aus dem «Journal de Challans» hingehalten:

«Saint-Georges: Grand Hôtel de la Plage, Zimmer, Speisesaal und Terrasse mit Meersicht – gute bürgerliche Küche – fließend kaltes und warmes Wasser – Badezimmer – Elektrizität – Garage ...»

Sie hatte den Kopf geschüttelt, das ist nicht für unsereins, mein kleiner Laurent! Sie kannte einige der ganz großen Grandhotels, sie hatte Monsieur Milcent jedes Jahr zur Kur nach Vichy oder im Frühjahr nach Nizza begleitet. In den Grandhotels gab es im Dachstock Kammern für die Angestellten der Gäste, für die Chauffeure, Kindermädchen und privaten Dienstboten. Sie wurde meist bei den Zimmermädchen untergebracht. Zu den Mahlzeiten rollte sie Monsieur Milcent jeweils in den Speisesaal, danach aß sie mit dem Personal, oft die Reste. Obwohl sie als Pflegerin von Monsieur Milcent in der Hierarchie der Gästeangestellten ganz oben stand. Die Welten waren säuberlich getrennt, das war völlig in Ordnung. Und oft viel lustiger, was man in der Personalküche doch so alles erfuhr über die Herrschaften der andern! Das Reich der Gäste, nein, das war nichts für Amélie Morel, selbst wenn das Grand Hôtel de la Plage in Saint-Georges längst nicht so nobel war wie die großen Häuser an der Côte d'Azur.

Aber Laurent gab nicht auf, vermutlich hatte er genug vom täglichen Gezänke zwischen Mutter und Patentante. Mit dem Geld, das Monsieur Milcent ihr vermacht habe, könne sie sich mehrere Wochen im Hôtel de la Plage leisten. Ihr jungen Leute habt nie sparen gelernt, hat sie gebrummelt und das billigste Zimmer im Hôtel de la Plage für einen Monat gebucht, vom 20. Juni bis zum 19. Juli. Danach gab es keine freien Zimmer mehr.

Benimm dich aber wie ein richtiger Hotelgast, hatte Laurent ihr eingeschärft. Seit vier Tagen war sie jetzt hier und lernte jeden Tag, sich wie ein richtiger Hotelgast zu benehmen. Heute Morgen zum Beispiel hatte sie ihr Bett nicht mehr selbst gemacht, nachdem Marthe, das Zimmermädchen, eine mollige Kleine mit roten Wangen und zwei dicken Zöpfen um den Kopf, sie gestern beim Anblick des bereits gemachten Bettes verächtlich angesehen und dann wortlos die Tür wieder zugezogen hatte. Ihre Augen sagten, bist ja nur eine von uns, auch wenn du gerne zu *denen* gehören möchtest! Amélie Morel war gekränkt. Sie war doch keine Hochstaplerin!

Nicht einfach, seufzte sie, sich in der Welt der Wohlhabenden zu bewegen. Sie blätterte weiter zum Fußgelenk, dessen Komplexität sie noch nicht ganz ergründet hatte. Mitten in ihre Anstrengungen, das Zusammenspiel von Sprungbändern und Seitenbändern zu verstehen, platzte atemlos der Junge.

– Madame! Madame!

Er blieb keuchend vor dem Liegestuhl stehen, aber in respektvollem Abstand. Der Junge kannte sie. Die kleine Dame, die jeden Morgen gegen acht, manchmal noch früher, mit diesem schweren Buch an den Strand kommt und sich immer in den gleichen Liegestuhl setzt, so weit weg wie möglich von der Kinderschaukel, so nahe wie möglich am Wasser, aber auf dem trockenen Sand, so mag sie es, hatte ihm der Portier Monsieur Bertrand gleich am Tag ihrer Ankunft eingeschärft, diese Dame ist eine Frau Doktor aus Nantes!

Darum will er *sie* holen!

– Madame! Bitte kommen Sie schnell …

Es verschlug dem Jungen die Stimme, er schnappte nach Luft, fuchtelte mit den Armen.

– Madame! Bitte!

Sie reagierte nicht. Ängstlich näherte er sich und blieb dicht vor ihr stehen. Die Dame war in ein seltsames Bilderbuch vertieft. Endlich hob sie den Kopf, leicht verwirrt.

– Mademoiselle, Kleiner, Mademoiselle!

Amélie Morel kannte ihn auch, den Jungen, der bei schönem Wetter morgens die Strandkabinen öffnet und zurechtmacht, der die Liegestühle an den Strand trägt und gruppenweise aufstellt, der Junge, der die Sonnenschirme windsicher tief in den

Sand bohrt, mit erstaunlicher Kraft für seinen schmächtigen Körper, dachte sie jedes Mal, wenn sie ihn von der Terrasse des Hotels aus beobachtete, der Junge, der mit dem Rechen über den Sand streicht, Unrat einsammelt, täglich auch die Burgen der Kinder schleift und die ausgehobenen Wassergräben wieder mit Sand füllt, damit keiner darüber strauchle.

– Was willst du denn, Kleiner?

Stirnrunzelnd schaute sie ihn über die Brillengläser an. Sie mag es nicht, wenn man ihre Lektüre unterbricht. Und sie zu allem Übel noch mit Madame anspricht!

Ängstlich ließ der Junge die Hände fallen, schaute zu Boden. Er hatte die Frau Doktor gestört und die war jetzt böse ... Die Gäste dürfen nicht angesprochen werden!, hatte ihm Monsieur Bertrand mehrmals eingeschärft.

– Nun erzähl schon, ich beiß nicht!

– Da, da hinten, bei den Dünen, am Boden liegt er, ich hab gerufen, Monsieur, geht es Ihnen nicht gut? Monsieur, was fehlt Ihnen? ...

Der Arm des Jungen zitterte, als er den Strand entlangwies, in Richtung des wilden Bereiches der Dünen, dort, wo die Badegäste nie hingehen.

– Tot ist der, ganz sicher! Ermordet!

– Woher willst du das denn wissen ... Wie heißt du eigentlich?

– Gaston, Mada ... Mademoiselle.

Über ihre Brillengläser hinweg sah sie den Jungen mit strengem Blick an. Ein Toter, hier am Strand ... und sie die erste, die ... Nein, eine solche Gelegenheit lässt Amélie nicht ungenutzt vorbeigehen!

– Halt das mal!

Sie drückte Gaston das schwere Anatomiebuch in die Hand und zog sich ächzend hoch, natürlich wird sie nachsehen, wie könnte es auch anders sein. Sie legte das Buch in den Liegestuhl, das würde schon keiner stehlen, nahm die Tasche unter den Arm und stapfte hinter dem Jungen her. Der drehte sich nach ein paar Metern ängstlich um, ob das Fräulein Doktor ihm auch folgte, ob sie ihm glaubte.

Sie gestikulierte mit der freien Hand und murmelte vor sich hin. Was rennst du diesem Jungen nach! Zurück ins Hotel und dem Portier sagen, er soll telefonieren, die Polizei in Les Sables-d'Olonne verlangen, Inspektor Laurent Picot persönlich! Das solltest du tun, Amélie! Sei still! Warum gleich den Laurent belästigen, vermutlich ist es ja nur ein alter Säufer aus dem Dorf, der es gestern Nacht nicht mehr nach Hause geschafft hat ... Die Neugier übernahm jetzt das Kommando, endlich durchbrach mal etwas Außerordentliches die Monotonie der viel zu ordentlichen Urlaubstage ...

Der schmächtige Junge hüpfte leichtfüßig über den Sand, er war wie alle Dorfjungen barfuß. Aber Mademoiselle Morels Schnürschuhe sanken bei jedem Schritt tief ein. Sie schnaufte heftig.

Es war weiter als gedacht. Viel weiter. Und die Sonne hatte die letzte Wolke verbrannt und machte sich nun über die Menschen am Strand her.

– Warte Kleiner! Renn nicht so!

Sie zog die warme Strickjacke aus, fächelte sich mit dem Strohhut etwas Luft ins rote Gesicht, bevor sie ihn seufzend wieder aufsetzte und mit der Jacke über dem Arm weiterstapfte. Du hast es gewollt, Amélie, das Abenteuer! Dazu gehört auch der eklige Sand, der in die Schuhe, gar in die Strümpfe drang, wie sie so gezwungen war, hinter dem Jungen her durch den Sand zu hasten.

Ja, der Kleine hatte recht gehabt. Es war kein alter Säufer, der da auf dem Strand seinen Rausch ausschlief, das erkannte die Krankenschwester auf den ersten Blick, als sie zehn Minuten später vor dem Mann stand, der reglos auf dem Rücken im Sand lag. Der war richtig tot und zwar schon seit Stunden. Sie hatte im Krankenhaus einige Tote gesehen.

Und was sie ebenfalls auf den ersten Blick erkannte: Es war kein Fischer, kein betrunkener Vagabund oder sonst ein armer Kerl aus dem Dorf. Ein großer, drahtiger Mann, dem man auch nach Stunden im Meerwasser noch ansah, dass er ein Sommergast aus einer der Familienpensionen oder einem Hotel im Ort sein musste.

Wie kam der Tote an diese verlassene, einsame Stelle weit draußen in den Dünen?

Gaston trat von einem Fuß auf den andern, schwankend zwischen Angst, Neugier und Stolz – *er* hat den Toten gefunden! Man wird in den Zeitungen über ihn schreiben! Er wagte aber nicht, näher heranzukommen.

Amélie Morel ging langsam und in sicherem Abstand um den Toten herum, man darf keine Spuren verwischen, das weiß sie aus den Kriminalromanen. Unnötige Vorsicht, die nächtliche Flut hat alle Spuren, wenn es denn solche gegeben hatte, überspült und verwischt.

Weil sich das Fräulein Doktor nicht mehr rührte, wagte sich Gaston zwei Schrittchen näher.

– Ist er ertrunken?

– Wie soll ich das denn wissen, vermutlich schon.

Sie stemmte die Arme in die Seite und betrachtete den Toten stirnrunzelnd. Er trug nur einen Schuh, einen leichten ledernen Halbschuh, um den sich braune Algen schlangen und den das Salzwasser ruiniert hatte … der linke Fuß war nackt, nicht nur den Schuh, auch die Socke hat das Meer als Tribut genommen. Seltsam. Eine Hand war zur Faust geballt … Ertrinkt man so?

Sie starrte den Mann auf dem Boden lange an, etwas flimmerte durch ihr Gedächtnis, aber sie konnte es nicht fassen. Flüchtige Bildfetzen tauchten auf und verschwanden wieder, als ob ein Scheinwerfer im Dunkel der Erinnerung über Gesehenes streift und sucht ...

Das war es! Die Kleider!

Was war mit den Kleidern des Toten? Tatsächlich war er auffällig gekleidet, grünrot kariertes Sporthemd mit weichem Kragen, eine ebenso ungewöhnliche, knallgrüne Hose.

Diese Kleider kannte Amélie Morel.

Vorgestern war ihr im Frühstücksraum des Hotels ein modisch gekleideter Herr in grüner Hose mit passendem Karohemd aufgefallen, der allerdings am andern Ende des Speisesaales und von ihr abgewendet saß, sodass sie dessen Gesicht nicht sehen konnte. Sie fand die Kombination sehr apart, sie hatte in all den Jahren mit Monsieur Milcent einen Kennerblick für modische Kleidung entwickelt, es gab in seinem Umfeld einige extravagante Damen und Herren.

Es war der Mann, der jetzt vor ihr lag. Ein Gast aus ihrem Hotel!

Ja, vermutlich war der Mann ertrunken, Algenreste hatten sich in den wirren Haaren verfangen, die Kleider waren durchnässt, er lag auf dem feuchten Strandteil, aber ganz oben, beim Übergang zum trockenen Sand.

Amélie Morel betupfte mit dem Taschentuch die Stirn und fächelte sich etwas Luft unter den Hut. Ihre Gedanken arbeiteten mit Volldampf. Sieht nicht alles so aus, als ob die Flut ihn herangeschwemmt und hier liegen gelassen hat? Ertrunken könnte er an einer ganz andern Stelle sein ...

– Gaston, weißt du, wann Fluthöchststand war?

Das Fräulein Doktor brauchte ihn! Gaston schaute eifrig hinunter, das Wasser war weit weg, Ebbe, aber es begann zu steigen.

Er legte den Finger an die Lippen, eine Geste, die er den Großen abgeschaut hatte ...

– Vor etwa sieben Stunden, in der Nacht, Mademoiselle!

Kaum zu glauben, mit welcher Präzision dieser Kleine redete. Sie wusste nicht, wie spät es jetzt war, sie nahm ihre kostbare Armbanduhr, auch ein Geschenk von Monsieur Milcent, nie mit an den Strand.

– Gut. Hör mal, du rennst jetzt ins Hotel zurück, sagst dem Portier – aber so, dass es niemand hört! –, er soll sofort den Gendarmen und den Doktor anrufen. Du kennst die beiden bestimmt? Wenn sie im Hotel ankommen, bringst du sie diskret hierher! Diskret, hast du verstanden?

Der Junge zögerte, auch den Doktor? Aber *Sie* sind doch hier? ...

– Mach, was ich dir gesagt hab! Beeil dich!

Amélie Morel, die leider kein Fräulein Doktor war, aber praktisch so viel wie ein Doktor wusste, schaute lächelnd dem Jungen nach, der im weichen Sand davonhüpfte, als wäre der Teufel hinter ihm her.

Die Sonne brannte auf den Toten mit der grünen, jetzt verschmutzten Hose und dem dazu passenden Karohemd. Sollte man ihn nicht vielleicht zudecken?

Sie sah sich um. Außer Dünengras, trockenen Algen, ausgebleichten Muscheln und wenig Treibholz gab es nichts am Strand. Die Totenwache wird etwas dauern, bis die andern kommen.

Sie setzte sich neben den Toten in den Sand und betrachtete ihn lange – aristokratische Gesichtszüge, männliche Nase, schmale Lippen, zu gerne hätte sie seine Augen gesehen – ein schöner Mann und erfolgsverwöhnt, es gab einige solche Herren um Monsieur Milcent herum.

Sie war aufgeregt. Vielleicht war es ja nur ein banaler Unfall.

Vielleicht aber ein Verbrechen! Und sie mittendrin! Denn ... gibt es da nicht zu viel Merkwürdiges? Was hatte der Mann so weit draußen in der wilden Düne zu schaffen? Mitten in der Nacht? Und seine auffallende Gesichtsfarbe, rosig, als ob er noch atmen würde, aber gleichzeitig auch dieser verkrampfte Mund ...

Gibs zu, Amélie, du möchtest gerne, dass es ein richtiges Verbrechen ist, ein Mord! Sie schnürte ihre Schuhe auf. Dann klopfte sie die Schuhe gegeneinander, damit aller Sand hinausrieselte. Ihre Wangen glühten. Endlich kommt etwas Bewegung in diesen geruhsamen Urlaub! Das erzwungene Nichtstun lähmte sie wie ... ja, wie ein Nervengift! Mit Giften kannte sie sich als Krankenschwester ein bisschen aus ... alles eine Frage der Dosierung.

In Strümpfen im Sand sitzend, mit dem Blick aufs Meer, murmelnd und gestikulierend, so fand Inspektor Laurent Picot eine Stunde später seine Patentante neben dem Toten.

Er hatte sich gerade in der Gendarmerie in Challans aufgehalten, als der Anruf kam, und eine halbe Stunde später war er im Hotel eingetroffen und danach gleich mit dem Dorfarzt, Doktor Billaud, in dessen Automobil bis ans Ende des Dünenweges gefahren, unter der Führung des aufgeregten Jungen. Der Portier Monsieur Bertrand hatte auch den Hausburschen mitgeschickt.

Der Hoteldirektor Eugène Leroy, geradezu in Panik, hatte nur ein Fräulein Doktor erwähnt, das den Toten gefunden und als Gast seines Hauses identifiziert habe – welch eine Katastrophe! Mon dieu! Absolute Diskretion meine Herren! Wer will schon in einem Hotel wohnen, wo die Gäste unter merkwürdigen Umständen ums Leben kommen!

– Das erklärst du mir nachher, Tantchen, warum die glauben, dass du ein Fräulein Doktor bist! Und wie kommt es, dass ausgerechnet du den Toten gefunden hast?

– Es war der Strandjunge. Er hat mich geholt. Außer mir waren nur wenige Kindermädchen am Strand. Sag mal, ist er ertrunken?

Mit roten Wangen zog Amélie Morel sich an Laurents Hand aus dem Sand hoch. Für diese Doktorsache konnte sie wirklich nichts, da hat der Portier sich etwas zusammengereimt.

Der junge Inspektor sah sich um. Die Spurensuche nach der Flut kann man vergessen, zudem sieht es aus, als hätten die Wellen den Körper nur hier angeschwemmt.

Der echte Doktor beugte sich über den Toten, Billaud untersuchte ihn oberflächlich und brummte, ziemlich sicher ertrunken, der Inspektor durchsuchte die Hosentaschen und fand einen amerikanischen Führerschein auf den Namen «Montgomery R. Miller». Ziemlich aufgeweicht, aber noch lesbar.

– Ich hab doch gleich vermutet, dass es ein Ausländer ist!, rief Amélie Morel, kein Franzose würde sich so exzentrisch kleiden! So modisch. Schade eigentlich ... fügte sie hinzu.

Niemand kümmerte sich um sie, zu dritt schleppten sie den Toten auf die Düne bis zum Automobil, bestimmt über hundert Meter weit. Der Doktor platzierte ihn wie einen Fahrgast im Fond des Wagens, anders war es nicht möglich, und den Hausburschen daneben, stütz ihn! Kreideweiß war der arme Kerl. Er hatte noch nie eine Leiche gesehen. Der tote Monsieur Miller wurde ins Hotel zurückgebracht, der Doktor wollte ihn noch genauer untersuchen. Der Direktor – absolute Diskretion! – gab ihnen dafür einen unbenutzten Raum im Erdgeschoss, das Zimmer des Chauffeurs, der seine Saisonstelle erst in ein paar Tagen antreten würde. Das Zimmer hatte einen direkten Zugang zum Hof, wo sich die Garagenboxen für die Automobile der Gäste befanden. So würden sie den Toten unbemerkt ins Haus schaffen können.

Amélie Morel und Gaston gingen zu Fuß über den Strand ins Hotel zurück. Da war kein Platz mehr im kleinen Wagen, aber selbst wenn, hätten keine zehn Pferde weder Amélie noch den Jungen in dieses Leichengefährt gebracht. Auf dem Rückweg tanzte Gaston aufgedreht um das Fräulein Doktor herum, die Zeitung ... sicher kommt morgen ein langer Artikel ... die stellen mir bestimmt viele Fragen ... Ihnen auch Mademoiselle! ... Wir werden berühmt ...

– Sei endlich still, Kleiner! Du sollst mit niemandem darüber reden, hat der Inspektor dir doch eingeschärft. Und geh schon voraus!

Sie musste nachdenken, das Geplapper des Jungen störte sie, etwas mit dem Toten beschäftigte sie, etwas zwickte ihre Gedanken und sie bekam es einfach nicht zu fassen, dieses Etwas ...

Erhitzt und durstig kam sie im Hotel an und ging gleich in die Bibliothek neben dem Frühstücksraum, wo sich auch die Bar befand. Dort war es noch angenehm kühl und ruhig. Sie bestellte eine Limonade mit Eis und ließ sich in einen Sessel fallen.

Zwei Tische weiter saß eine Dame und blätterte durch eine Illustrierte. Sie wirkte mädchenhaft, aber ihr weißes Tailleur war für die Tageszeit und den Urlaubsort doch zu elegant, Amélie Morel musterte sie ungeniert. Ihre Haut war von einer ungewöhnlichen Blässe, sie hatte mit Bestimmtheit nicht den kleinsten Sonnenstrahl abbekommen. Dass mir bloß niemand zu nahe kommt, schien ihre ganze Erscheinung auszudrücken.

Amélie hatte sich gerade etwas von ihrem Strandmarsch erholt und nippte an der erfrischenden Limonade, als die Tür aufging und der Portier eintrat, hinter ihm der junge Inspektor.

Der zog die Augenbrauen hoch, nicht sonderlich erfreut, seine liebe Tante erneut und unerwartet anzutreffen, er hatte sich mit ihr für halb zwölf zum Aperitif auf der Hotelterrasse verabredet. Wohl wissend, dass sie vor Neugier fieberte und alles wissen wollte. Er ging an ihr vorbei, misch dich ja nicht ein!, warnte sein Blick.

Gekränkt nahm sie das «Journal de Challans» zur Hand, das auf dem Tisch lag, schließlich hatte *sie* ihn holen lassen. Sie verschwand hinter der Zeitung und spitzte die Ohren.

– Vermissen? Weshalb sollte ich Monsieur Miller vermissen?

Amélie blickte überrascht über den Rand der Zeitung. Die weiße Dame war die Ehefrau des Toten! Sie schaute sich die Dame jetzt unverhohlen an. Ein nettes Gesicht mit regelmäßigen Gesichtszügen, das man gleich wieder vergisst. Sie mochte dreißig, vielleicht auch fünfunddreißig sein. Eine rebellische Haarsträhne stand über ihrem linken Ohr ab, sie hatte sich aus dem strengen Knoten im Nacken befreit, in den Madame Miller ihr dünnes Haar gezwungen hatte.

Die Dame wirkte erleichtert, als sie neben dem unbekannten Herrn, der sie angesprochen hatte, den Portier erkannte. Monsieur Bertrand wand sich nervös.

– Weshalb fragen Sie mich das, Monsieur? Mein Gatte ist heute sehr früh nach Paris gefahren, er muss dort verschiedene Geschäftsleute treffen, die Weltausstellung, Sie wissen schon. Er kommt in einer Woche zurück.

Madame Miller sprach gut Französisch, distinguiert, mein *Gatte* sagte sie, nicht mein *Mann,* aber mit einem merkwürdigen Akzent, den Amélie Morel, die keine fremde Sprache beherrschte, als amerikanisch einordnete.

Mit einer Handbewegung bedeutete der Inspektor dem Portier, sich zu entfernen. Er wollte mit Madame Miller unter vier Augen sprechen. Dann warf er einen strengen Blick in ihre Richtung – Amélie verschwand hurtig hinter der Zeitung und horchte mit größter Anstrengung, denn Laurent sprach leise.

– Madame, Sie haben ihren Gatten also heute früh noch gesehen? Unwillkürlich passte der Inspektor seine Wortwahl an.

– Nein … ich … ich bin leidend und liege nachts oft wach … wir haben eine Suite mit zwei Schlafzimmern … er hat um halb sechs ein Taxi nach Nantes genommen, von dort die Eisenbahn, er musste um ein Uhr in Paris sein … eine Verabredung zum Mittagessen … Aber weshalb fragen Sie mich das alles? Ist etwas passiert?

Amélie äugte über den Blattrand. Die Wangen der Madame Miller überzogen sich plötzlich mit roten Flecken, ihre Augen bekamen einen fiebrigen Glanz.

– Was ist passiert, Monsieur? … Ein Unfall mit dem Taxi?

Der junge, unerfahrene Inspektor verabscheute solche Situationen. Gerade als er sich Madame Miller gegenübergesetzt hatte und nach den passenden Worten für seine schlechte Nachricht suchte, stürmte eine junge Dame in den Raum, an Amélie vorbei und blieb dann beschützend neben Madame Miller und mit blitzenden Augen vor dem Inspektor stehen.

– Mit wem haben wir die Ehre?

Das Misstrauen in ihrer Stimme war unüberhörbar. Fürsorglich legte sie ihre Hand auf die Schulter von Madame Miller.

Laurent erhob sich und stellte sich vor:

– Inspektor Picot … und mit wem habe ich die Ehre?

– Adrienne, die Schwester von Madeleine, Madame Miller.

Da Laurent ihr den Rücken zudrehte, guckte Amélie nun ungeniert über die Zeitung.

Adrienne hatte die gleichen ebenmäßigen Züge wie ihre Schwester, aber sie war wie die lebendige Version von Madame

Miller, die einer Wachsfigur ähnelte. Selbst ihr Haar glänzte lockig und lebenslustig in einem goldenen Blond, während dasjenige ihrer Schwester fahlblond zu einem braven Chignon gebunden waren. Adrienne dürfte zahlreiche Verehrer unter den jungen Malern hier im Hotel haben! Amélie lächelte.

Ihre Stimme klang jetzt nicht mehr so forsch.

– Was wollen Sie von uns, Herr Inspektor?

Ihr Neffe druckste herum. Aber warum schonungsvoll um den ungenießbaren Brei herumreden, es muss ja gesagt werden.

– Monsieur Miller ist heute Morgen tot am Strand aufgefunden worden. Wir haben ihn ins Hotel gebracht, er liegt in einem Raum im Erdgeschoß. Wenn Madame bitte mit mir kommen würde, um ihn zu identifizieren ...

Der junge Inspektor war völlig unvorbereitet, als er den spitzen Schrei hörte und sah, wie Madeleine Miller langsam zu Boden glitt, wo sie reglos liegenblieb. Flehend sah Laurent Picot jetzt zu seiner Tante hinüber. Amélie war bereits aufgesprungen und drückte sich zwischen den Tischen hindurch. Jetzt brauchte er sie!

– Hol einen Calvados an der Bar!

Mit Hilfe von Adrienne bettete sie die ohnmächtige Madame Miller auf das Sofa und hielt ihr dann den Schnaps unter die Nase. Die zartbesaitete Dame kam schnell wieder zu sich.

Auf keinen Fall will sie ihren toten Mann sehen, das würde sie nicht verkraften!

Auf ihrer weißen Stirn glänzten winzige Schweißperlen, die geschlossenen Augenlider, durchscheinend wie Pergament, zuckten, sie atmete hektisch, die zarten Nasenflügel flatterten. Es war nichts zu machen, Madame Miller weigerte sich standhaft.

Amélie schaute ihren Neffen mit strengem Blick an und schüttelte den Kopf. Sie befürchtete einen weiteren Schwächeanfall. Die Dame, die zur Witwe geworden war, tat ihr leid. Die Schwester soll sie auf ihr Zimmer bringen und Laurent soll den Doktor nachher zu Madame Miller schicken. Wenn er mit der Untersuchung des Toten fertig sei.

Adrienne sah mit offenem Mund von einem zum andern.

– Sie kennen sich?

Das brachte Laurent Picot auf die Idee.

– Mademoiselle, Sie kennen den Toten ja auch. Würden Sie so freundlich sein und mit mir kommen, um ihn zu identifizieren?

– Und? Er war es, nicht wahr? Erzähl schon!

Amélie Morel sprach mit unterdrückter Stimme, denn sie saßen auf der Terrasse des Hôtel de la Plage und rundum waren alle Tische besetzt. Man kümmerte sich jedoch gegenseitig nicht um die Gespräche an den Nachbartischen, wie immer vor dem Mittagessen herrschte eine heitere, appetitanregende Stimmung unter den plaudernden Hotelgästen. Sie beugte sich ungeduldig über den Tisch und hätte beinahe ihr Glas Trousse-pinette umgestoßen.

Laurent Picot zog an seiner Zigarette und stieß den Rauch hastig aus. Bereits die dritte Zigarette in einer halben Stunde, er war nervös. Vor einem Jahr hatte er seine Stelle als Inspektor im kleinen Kommissariat von Les Sables-d'Olonne angetreten, dies hier war sein erster Toter. Der erste Tote, bei dem die Todesursache nicht klar war. Sein erster richtiger Fall! Vielleicht gar ein großer Fall, von dem jeder Kriminalist träumt … mit Beförderung! … Jetzt bloß keinen Fehler machen, Picot!

Im vorderen Teil der Veranda, wo Tante und Neffe saßen, wurde es wärmer und wärmer, die Mittagssonne brannte prall auf die Markisen. Die Terrasse begann sich langsam zu entvölkern, Alt und Jung schritt zum Mittagessen in den Speisesaal, den man den ganzen Vormittag lang mit Zugluft kühl gehalten hatte.

Er bemerkte sehr wohl das Funkeln in Amélies Augen, als sie ihn drängte zu erzählen, was sich danach im Zimmer des Chauffeurs, wo der tote Monsieur Miller lag, abgespielt hatte.

Selbst wenn der junge Inspektor eine bessere Intuition gehabt hätte, wäre er nie auf die Idee gekommen, dass die ganze Identifiziererei mit einer solchen Überraschung enden würde! Was durfte er seiner Tante erzählen, was nicht? Er schwitzte und rieb seine Handflächen an der Hose ab.

Er steckte die vierte Zigarette an.

– Gib mir auch eine! Amélies Hand kam fordernd über den Tisch.

– Seit wann rauchst du denn?

– Seit jetzt!

Amélie Morel war höchst erregt, ihr erster Toter, nicht wie die im Krankenhaus, nein, ein richtiger Toter, bei dem man nicht wusste, wie er gestorben war, ein Verbrechen! Zu diesem außerordentlichen Ereignis passte die erste Zigarette!

Laurent zuckte die Schultern, die Tante war schließlich alt genug, er zog eine Zigarette und ein weiteres Kartonmundstück aus dem Päckchen, reichte es Amélie und gab ihr mit dem Streichholz Feuer.

– Na ja … mit ziemlicher Sicherheit handelt es sich um einen Unfall, also kein Grund zur Sorge, Tante!

Ach, ihre Sorge war doch, dass es *nur* ein Unfall sein könnte! Amélie hielt die Zigarette zwischen Zeigfinger und Mittelfinger, wie sie es bei den eleganten Damen gesehen hatte, und zog mit spitzen Lippen am Mundstück. Der Rauch brannte grässlich im Hals, sie hustete heftig.

Laurent Picot schmunzelte.

– Doktor Billaud meint, angesichts der Totenstarre liege der Todeszeitpunkt vermutlich zwischen Mitternacht und zwei Uhr. Niemand weiß, weshalb Montgomery Miller um diese Zeit so weit draußen in der wilden Düne war.

Amélie Morel blickte auf den flimmernden Sand hinaus. Von Zeit zu Zeit nahm sie so nonchalant wie möglich einen kleinen Zug, stieß den Rauch aber sogleich wieder aus. Hörte sie überhaupt zu?

Der Strand hatte sich bereits geleert und brütete unter der Mittagshitze. Nur zwei Köter jagten sich gegenseitig um die geschlossenen Strandzelte herum. Auf der Terrasse flaute das Stühlerücken und Aufstehen um die beiden herum langsam ab. Laurent Picot leerte sein Glas Weißen.

Sie schlug sich mit der Hand vor die Stirn, ich hab's! Endlich!

– Laurent, den Monsieur Miller hab ich gestern Abend gesehen!

Dieser Herr, dessen Namen sie gestern noch nicht kannte, saß einige Tische von ihr entfernt hier auf der Terrasse, er hatte ihr den Rücken zugekehrt und trank einen Whisky. Sie saß bei ihrem Schlummertrunk, Pflaumenlikör, und hatte sich mit Madame Legrand, ihrer Tischnachbarin im Speisesaal, darüber gewundert, weshalb die Engländer und Amerikaner Whisky, dieses bittere Getränk, so liebten. Gegen elf war Monsieur Miller aufgestanden und an den Strand hinuntergegangen. Er hatte den Lichtschein durchquert, den die Terrassenlaternen auf den Sand warfen, und sich Richtung Strandcafé entfernt, das noch geöffnet war, und war dann im Dunkeln verschwunden …

– Ich habe mir nichts dabei gedacht, Laurent … er muss danach in den Dünen spazieren gegangen sein … Weshalb? Der Himmel war bedeckt, die Nacht war dunkel und windig …

– Und jetzt kommt's, Laurent! Es ging mir die ganze Zeit im Kopf herum: die Kleider!

– Was ist mit seinen Kleidern? Ziemlich ausgefallen, ja.

Amélies Stimme überschlug sich beinahe:

– Monsieur Miller trug gestern Nacht, als er in die Dünen spazieren ging – was wir vermuten, nicht wahr! – *andere* Kleider! Eine unauffällige dunkle Hose und ein gestreiftes Hemd!

– Bist du dir da ganz sicher, Tante?

– Ja, ja! Mit der grünen Hose und dem Karohemd hab ich ihn nur einmal an einem Vormittag gesehen. Das ist doch sehr merkwürdig, nicht wahr, Laurent?

– Hm, nicht unbedingt, vermutlich ist er einfach zurückgekommen und hat sich umgezogen.

Amélie Morel sah ihn zweifelnd an. Diese Erklärung war ihr viel zu banal …

Auf der Terrasse saßen jetzt nur noch sie beide, alle andern Hotelgäste hatten ihre Plätze im Speisesaal eingenommen. Ungeduldig wartete sie auf die angekündigte Sensation. Sie war hungrig und es wurde langsam unerträglich heiß draußen. Sie hatte ihren Neffen zum Mittagessen ins Hotel eingeladen.

– Komm, gehen auch wir endlich essen! Der Service hat bestimmt schon begonnen. Du erzählst mir alles auf dem Weg zum Speisesaal!

Laurent nickte, drückte seine kaum angerauchte Zigarette im Aschenbecher aus und stand auf. Galant reichte er seiner Tante den Arm. Sie errötete. Das noble Hotel färbte auf ihren kleinen Neffen ab.

– Jetzt erzähl endlich!

Doktor Billaud hatte den Inspektor im Chauffeurzimmer ungeduldig erwartet. Man hatte ihn heute Vormittag mitten aus der Sprechstunde geholt. Über zehn Patienten warteten vermutlich geduldig oder weniger geduldig auf seine Rückkehr. Der Hoteldirektor Monsieur Leroy schwirrte wie eine aufgeregte Hornisse im Gang umher und hielt allfällige Angestellte, die sich dorthin verirren sollten, von der Tür fern, die ins Zimmer führte, wo der Tote einstweilen lag. Bis man weiß, was weiter mit ihm geschehen soll.

Als der Inspektor mit Adrienne im Zimmer stand, in dem ihr toter Schwager lag, war das selbstsichere Fräulein doch ziemlich blass, ihre Lippen zitterten ...

– Mademoiselle Adrienne gefällt dir, gib's zu!, Amélie tätschelte lächelnd den Arm ihres Neffen.

– Ach was!, Laurents Wangen röteten sich, unterbrich mich nicht ständig, Tantchen, wenn du hören willst, was sich ereignet hat ...

Im engen Raum war es stickig, die Läden vor dem Fenster waren zugezogen, ein kümmerliches elektrisches Deckenlicht brannte. Laurent Picot schwitzte in der drückenden Stille, die der Tod verbreitete. Ein modriger Algengeruch hing im Raum, vermutlich von den Kleidern des Toten, vom auffälligen rot-grünen Karohemd und der grünen Hose. Auf der andern Seite der Zimmertür, die auf den Flur hinter der Rezeption führte, lachte fröhlich das ahnungslose Leben, helles Stimmengemurmel drang von außen in den dämmrigen Raum.

Der Tote, der auf der mit einem Leinen abgedeckten Matratze lag – das Bett war nicht gemacht, Kissen und Wolldecke hatte man schnell zur Seite geräumt – war mit einem zweiten Laken zugedeckt. Die rechte Hand blieb sichtbar, zur Faust geballt.

Doktor Billaud wandte sich leise an ihn, der Tote habe verschiedene Schürfungen und Kratzer im Brustbereich, am Hals und im Gesicht, die könnten von Steinen im Wasser stammen ...

Es herrschte eine nervöse Reglosigkeit im Raum, die ihm merkwürdig vorkam. Aber die Situation, der ertrunkene Miller, aufgebahrt auf dem Bett des künftigen Chauffeurs, war ja alles andere als alltäglich.

– Darf ich?

Doktor Billaud war bereit, das Laken vom Gesicht des Toten zu ziehen. Er nickte und bemerkte mit Erleichterung, dass der Doktor das Gesicht des Toten etwas gereinigt und ihn gekämmt hatte.

Zögernd trat die Schwägerin des Miller Montgomery näher. Ihre Augenlider bebten.

– Ich … ich hab noch nie einen Toten gesehen … der Tod verändert das Gesicht.

– Ja, zudem hat der Mann mehrere Stunden im Salzwasser gelegen …

– Geht es, Mademoiselle?, fragte der Doktor nach einer Weile besorgt.

Sie nickte tapfer.

– Es ist Montgomery, ja.

In dem Augenblick – Doktor Billaud wollte gerade das Laken wieder über das Gesicht des Toten ziehen – wurde die Tür aufgerissen und Madame Miller stürzte ins Zimmer, gefolgt vom händeringenden Hoteldirektor Leroy, der es nicht geschafft hatte, sie aufzuhalten.

Sie rannte zum Bett und blieb wie angewurzelt vor ihrem toten Mann stehen, sie zitterte am ganzen Körper und schrie mit dünner Stimme, die dem jungen Inspektor in den Ohren wehtat:

– Nein, nein, das kannst du mir nicht antun … Montgomery, nein!

Dann warf sie sich über den Toten und schluchzte fassungslos.

War das ein Tumult in dem engen Zimmer! Die untröstliche Madame Miller auf dem Gesicht des Toten … ihre erschrockene Schwester … der hysterische Hoteldirektor … der brummige Doktor Billaud, der endlich nach Hause wollte … und mittendrin er selbst, der jetzt dringend eine Zigarette gebraucht hätte.

Laurent brach ab, er blieb vor dem Speisesaal stehen und hielt seine Tante zurück, er will die Geschichte draußen zu Ende erzählen, das ist nichts für die allzu neugierigen Ohren und Münder der Tischnachbarn.

Amélie brannte vor Neugier.

– Erzähl endlich, beeil dich! Die tragen schon die Suppe auf!

Hinter der Glasscheibe der Doppeltür sah man die Kellner ihre Servicewagen, auf denen große silberne Schüsseln dampften, zu den Tischen fahren.

– Ja. Jetzt kommt's!

Der Doktor hatte versucht, Madame Miller sachte wegzuziehen. Sie aber klammerte sich an das Laken, zog so die Bedeckung, ohne es zu wollen, mit sich … ihr toter Mann lag bis zum Hosenbund nackt da, das Hemd war offen. Madame Miller bemerkte durch die Tränen ihr Ungeschick, sie wollte das Tuch wieder auf den Körper ihres Mannes legen … und stutzte abrupt … sie beugte sich über seinen Bauch und starrte, reglos …

Im Zimmer war alles verstummt. Draußen ging das Leben weiter, die Tür zum Hof schloss nicht sehr gut, das Zufahrtstor quietschte, man hörte einen Motor knatternd in den Hof fahren und schließlich stehen bleiben, eine Fehlzündung knallte im Auspuff, Stille, dann schlug eine Wagentür zu, und eine Stimme rief etwas Unverständliches.

– Das … das kann nicht …

– Wie bitte?

– Der … der Mann da … ich glaube, es ist nicht mein Mann …

Verschüchtert schaute Madeleine Miller, die wie ihre Schwester nie zuvor einen Toten gesehen hatte, den Doktor an.

Der Doktor kratzte sich am Hinterkopf und schaute den Inspektor an.

– Aber Ihre Schwester und der Herr Hoteldirektor ebenfalls haben ihn eindeutig …

– Nein!

Die Stimme der zarten Witwe Miller klang mit einem Male resolut, als ob eine unerwartete Hoffnung ihr plötzlich Kraft verliehen hätte.

– Der da ist nicht mein Gatte! Der sieht aus wie Montgomery, aber er ist es nicht!

Amélie Morel riss die Augen auf.

– Das hat sie tatsächlich gesagt, die Ehefrau?

– Ja, Doktor Billaud meinte, wohl ein klarer Fall von Augenverschließen vor der Realität.

Durch die Glasscheibe der Speisesaaltür drang das vertraute Stimmengemurmel beim Mittagessen, Gelächter, eifriges Besteckeklappern und Gläserklirren. Als Laurent die Schwingtür öffnete, wurden die Geräusche sehr laut, und die Fischsuppe dampfte schnell ihre Düfte in die Eingangshalle hinaus.

– Man kennt das, Kinder machen vor etwas Bedrohlichem die Augen zu, dann existiert es nicht mehr ... Madame Miller wird akzeptieren müssen, dass ihr Mann tot ist, meinte der junge Inspektor altklug.

– Die merkwürdigen Umstände seines Ertrinkens reichen mir vollauf als Komplexität! Jedenfalls habe ich eine Autopsie angeordnet. Um sicherzugehen, dass er ertrunken ist. Die Leiche wird nach La Roche-sur-Yon ins Gerichtsmedizinische gebracht ...

Amélie kribbelte ein Schauder über den Rücken. Denn ein verwegener Gedanke drängte sich in ihrem Kopf hervor.

Da Laurent vor seiner Tante in den Speisesaal trat, sah er nicht, wie sie eine hoffnungsvolle Augenbraue hochzog.

– Und wenn sie recht hat, die Ehefrau?, fragte Amélie Morel hinter seinem Rücken.

DIE BEIDEN SCHRIFTSTELLER:
WIE MAN IN EINE KRIMINALGESCHICHTE
EINSTEIGT UND GLAUSERS ZWEIFEL

Simenon dreht sich zu seinem Begleiter um.

So, den Anfang hätten wir! Selbstverständlich lässt sich daran noch herumfeilen und das eine oder andere Adjektiv streichen, wie üblich. Aber mal eine erste Skizze. Es kommt ja sehr darauf an, nicht wahr, cher collègue, wie man in eine Geschichte einsteigt. Ob man dem Leser die Möglichkeit gibt, den künftigen Toten erst als lebendigen Menschen kennenzulernen, oder ob das Opfer bereits zu Beginn tot ist. Diese Variante scheint mir für unser Vorhaben besser geeignet ...

Die beiden stehen im Sand am Rand der Düne. Weiße Wolken mit grauen Bäuchen jagen vor der Sonne durch, ihre Schatten rasen über den Sand, hell, dunkel, hell, dunkel.

Also, Glosère, was halten Sie von dieser Ausgangslage für eine Kriminalgeschichte? Eröffnet dieser Anfang genügend Möglichkeiten für die weitere Entwicklung der Handlung? Sie müssen jetzt Ihren Stüdère in die Geschichte bringen und ich übernehme danach wieder mit meiner Amélie und ihrem Inspektorneffen und so weiter. Mal sehen, wohin uns das führen wird ...

Der große Simenon fragt, was er, Friedrich Glauser, vom Anfang der Kriminalgeschichte halte! Glauser ringt zwischen Stolz und Verlegenheit um die richtigen Worte.

Er wüsste nicht, was ändern, murmelt er schließlich neidvoll.

Seine Anfänge ... Herrjeh ... Auch er wirft sie zügig hin und dann – geht meist nichts mehr. Die Handlung verliert sich wie ein Trampelpfad im dichten Unterholz und man kommt nicht weiter … Oder man sieht wie beim «Matto» vor lauter Details die ganze Handlung nicht mehr. So abgeplagt wie mit diesem Roman letztes Jahr hat er sich nicht mal mit seinem Legionsroman! Den ganzen Anfang musste er mehrmals umschmeißen. Und die unzähligen Umarbeitungen der leidigen «Fieberkurve» … der Roman will einem einfach nicht gelingen. Man muss immer wieder von vorne anfangen, und er will und will keine Form annehmen, obwohl man Erfindungsgabe und Arbeit daran vergeudet!

Man kommt so langsam dahinter, wie schwer es ist, einen passablen Kriminalroman zu schreiben. Er hat gemeint, dass man mit ein paar gelungenen Details einen Roman auf die Beine stellen könne. Das stimmt nicht, leider gar nicht. Das ist es, was man in Selbsterkenntnis und Selbstkritik festgestellt hat. Es ist immer die alte Geschichte! Man merkt plötzlich, dass man eigentlich noch gar nichts kann.

An die Amélie Morel, lacht Simenon, muss er sich allerdings erst gewöhnen … aber die eigenwillige kleine Dame wird es schaffen, ihrem etwas naiven Neffen die Würmer aus der Nase zu ziehen und hartnäckig ihre eigenen Ideen zu verfolgen. Mal sehen, was hinter dem merkwürdigen Tod des Monsieur Miller steckt …

Messieurs! Messieurs!

Die Stimme klingt seltsam tönern, beide Männer drehen überrascht die Köpfe.

Nur wenige Meter hinter ihnen sitzt auf dem Dünenrand eine merkwürdige Gestalt. Wie ist sie dahingekommen? Weder Simenon noch Glauser haben etwas gesehen oder gehört. Gut, nicht verwunderlich, so vertieft in ihre beginnende Kriminalgeschichte, wie die beiden waren. Die Gestalt winkt mit einer Holzkrücke.

Messieurs! Kommen Sie näher!

Wie eine Stimme – eine Männerstimme – aus dem Grab, Glauser überfällt eine Gänsehaut. Erst als Simenon ein paar Schritte auf die Gestalt zugeht, folgt er ihm. Der Mann trägt ein braunes Kostüm, altmodisch aber sauber, eine Hand steckt in der Jackentasche. Der Ärmel flattert seltsam schlapp im Wind. Da steckt kein Arm mehr drin. Und das Gesicht des Einarmigen … Glauser weicht zurück. Ebenmäßige Züge, ein faltenloses Gesicht … Ein Frauengesicht!

Der Mann mit dem schönen Frauengesicht schwingt sich mit Hilfe der Krücke auf die Beine. Messieurs! In seiner Stimme hört Glauser nun unverkennbar einen spöttischen Unterton. Sie haben Glück, Messieurs, heute steht Kassandra vor Ihnen. Eine Prophezeiung für einen Sou! So billig erfahren Sie nirgends die Wahrheit!

Sein Lachen klingt schauerlich und hohl. Der Mann trägt eine Maske, eine stilisierte griechische Frauenmaske.

Simenon schmunzelt und kramt in den Hosentaschen nach Kleingeld. Er scheint den Einarmigen zu kennen und drückt ihm ein Geldstück in die Hand. Wir hören!

Merci, Monsieur! Sehr großzügig! Ich kenne Sie. Sie sind Gast im Hôtel de la Plage. Sie bekommen Ihre ganz persönliche Weissagung …

Die Maske schweigt und schaut über das Meer. Das nicht schön blau ist, sondern bräunlich wegen des aufgewühlten Sandes. Glauser, gebannt zwischen Schauer und Faszination, rührt sich nicht.

Im Anfang ist schon das Ende gespiegelt, nickt die Maske – hoheitsvoll kommt es Glauser vor – den beiden Männern zu und wendet sich zum Gehen.

Der Einarmige entfernt sich mit seiner Krücke seltsam elegant durch das hohe Dünengras, obwohl er ein Bein nach sich zieht, und verschwindet in einer Senke.

Glauser rührt sich nicht, wer ums Himmels willen war das?

Simenon zuckt die Schultern, ein Kriegsversehrter, einer der vielen … das halbe Gesicht weggeschossen … Er hat ihn schon mehrmals am Strand gesehen. Ein Bettler, wie es scheint. Aber nicht aufdringlich, er weiß, was sein Anblick auslöst.

Einer der vielen jungen Männer, denen der Krieg die Zukunft amputiert hat. Dem Großen Krieg hat man eine ganze Generation geopfert, man hat ihr Leben auf dem Schlachtfeld zerstört oder verstümmelt. Vielleicht schlimmer noch, in all den Körpern, die äußerlich heilten, bleiben die verstümmelten Seelen zurück. Und die sieht man nicht.

Für Simenon ist der Einarmige eine Mahnung, die immer wieder die Narbe des Vergessens aufreißen soll, damit nie wieder … Er holt Luft, er hat Glück gehabt, er war bei Kriegsbeginn erst elf.

Glauser ebenfalls. Hat Glück gehabt. Dass er Schweizer war und sein Land sich irgendwie aus dem Krieg rauszuhalten vermochte. Denn er war bei Kriegsbeginn achtzehn, und wäre er Franzose oder Deutscher … Er erzählt Simenon nicht, dass er die Rekrutenschule als Gebirgsartillerist absolviert hat, danach aber als dienstuntauglich entlassen worden ist.

Jetzt holt Glauser tief Luft, seine Weissagung – was halten Sie davon?

Simenon zuckt erneut die Schultern, schweigt diesmal. Er lässt sich nicht von irgendwelchen Sprüchen beeinflussen.

Auch Glauser schweigt. Und wenn die Prophezeiung stimmt? Wenn der Anfang ihrer Geschichte das Ende unweigerlich schon enthält? Vielleicht spiegelbildlich, als Palindrom? Ohne dass man als Autor sich dessen bewusst ist? Bei einem Kriminalroman – ist der Autor nur das Werkzeug der Geschichte eines Verbrechens, die erzählt werden will? Völlig absurd! Glauser schüttelt energisch den Kopf.

Lassen wir den Einarmigen! Sind bloß Sprüche, der hat einige solche in petto. Simenon legt die Hand auf Glausers Arm, der aufgeschlagene Ärmel seines Hemds flattert.

Monsieur Glosère, wir müssen nun ihren Commissaire Stüdère in unseren Fall mit dem ertrunkenen Montgomery Miller einführen. Offiziell wird er mit Inspcktor Picot ermitteln, aber in Wirklichkeit wird er es mit Amélie Morel zu tun bekommen, denn sie wird ihre Nase überall reinstecken ... Ich lasse ihren Spürsinn die Zusammenhänge aufdecken und nicht den unerfahrenen Neffen Laurent Picot ...

Glauser verzieht skeptisch den Mund. Die Jungfer Morel wird seinen massigen Wachtmeister Studer nicht so leicht um den Finger wickeln können wie ihren Inspektorneffen. Sein Sturkopf von Studer holt in verzwickten Situationen zwar schon mal Rat bei seiner Frau Hedy, aber den Fall löst immer noch der Mann! Jawoll! In ihrer Geschichte muss Studer auf unbekanntem Terrain im Ausland eine Ermittlung durchführen, schwierig genug, und dann kommt ihm noch eine gwundrige Weibsperson in die Quere, die ihre eigenen Ideen zum Fall hat ... Wenn das nur gut kommt ...

Glauser wagt nicht, etwas zu sagen, ein Wort zu viel und der Traum *als der Glauser mit dem Simenon ...* löst sich auf wie Rauch im blauen Himmel ...

Er fröstelt im aufkommenden Wind und ist hungrig, Geld für ein Mittagessen hat er keines.

Erwartungsvoll schaut Simenon seinen Begleiter an. Legen Sie los, cher collègue, das ist ihr Part! Haben Sie eine Idee, wie wir den Stüdère hierher an den Atlantik und in die Geschichte bringen?

Ja, hat er. An Geld mangelt es Glauser immer, an Ideen nie.

DRITTER TAG, ANKUNFT VON WACHT-
MEISTER STUDER MIT EHEFRAU HEDWIG
IN SAINT-GEORGES

Mit dem Schnellzug von Bern nach Basel, mit dem Nachtzug der französischen Ostbahn von Basel nach Paris – im günstigeren Liegewagen, die Schlafwagenplätze waren in den knauserigen Reisespesen nicht vorgesehen –, am nächsten Morgen mit der Pariser Metro – wie immer, wenn Studer nach einiger Zeit den Geruch einatmete, der dort unten herrschte, diesen Geruch nach Staub, erhitztem Metall und Desinfektionsmittel, schlug ihm das Herz ein wenig schneller –, mit der Metro also vom Gare de Strasbourg quer durch den Bauch von Paris zum Gare de Montparnasse und am Vormittag mit der Staatlichen von Paris nach Nantes.

Wachtmeister Studer hatte diese Strecke mit der Staatlichen gebucht, weil auf deren Eisenbahnnetz die legendären Bugatti Autorails fuhren, und sie hatten Glück! Frau Hedy Studer bekam von ihrem Mann die technischen Merkmale dieses futuristischen Zuges in aller Ausführlichkeit erklärt, während die Brissagos zwischen seinen Fingern qualmten. Sie fand, dass eine solch verrückte Geschwindigkeit von hundertvierzig Kilometern in der Stunde beim Stricken doch sehr störe. Es rüttelte und schüttelte, und wie!

In Nantes hatten die beiden umzusteigen, und mit der Staatlichen ging es bis Challans, von wo mehrmals täglich ein Autobus nach Saint-Georges fuhr. In einem Anfall von mutigem Leichtsinn beschloss Studer jedoch, von Challans bis zur Pension Zur Goldenen Glocke ein Taxi zu nehmen.

Das Taxi, das leistet man sich nach der langen Zugfahrt, fürs Hedy vor allem, man möchte seiner Frau doch ein bisschen imponieren, auch wenn ein Berner Fahnderwachtmeister rechnen muss, und die Spesen werden auf den Rappen nachkalkuliert! Wehe, wenn man zu viel berechnet, wehe, wenn man sparen könnte und es nicht tut! ... Studer hatte es erlebt, dass ihm einmal ein Schnellzugzuschlag Basel-Bern nicht ausbezahlt worden war. Ein Personenzug hätte es auch getan!, hatte es damals geheißen. Aber diese Taxifahrt muss der «Alte» schlucken, man wird dann sehen!

Beinahe dreißig Stunden war Wachtmeister Studer mit seiner Frau Hedy unterwegs, und vierzehn Brissagos hat man bereits geraucht. Besorgt zählte er im Geist seinen Vorrat durch, man kann zählen, so viel man will, sechzehn bleiben noch, was nie langen wird, nie und nimmer. So liebenswürdig und so gastfreundlich die Franzosen auch sind, Brissagos kennen sie nicht. Man hatte keine Zeit vor der Abreise, noch weitere zu kaufen, war das ein Gschtürm!

Das Taxi schlängelte sich im Schritttempo zwischen den Menschentrauben auf der Avenue de la Plage durch, die vom Dorf quer durch den Dünenwald pfeilgerade zum Seebadviertel am Meer hinunterführte.

– Schau, die kommen bestimmt von einem langen Tag am Strand zurück! Sonnengetränkt, so kamen Frau Studer all die braungebrannten Familien vor, die in entgegengesetzter Richtung zurück auf den Zeltplatz im Dünenwald und in ihre Hotels und Pensionen spazierten.

Sie hatte das Seitenfenster heruntergekurbelt – fremdartige Ferienluft wehte ins Wageninnere, Salzluft mit Sonnenöl – und manchmal winkte ein kleines Kind, beeindruckt von der schwarzglänzenden Limousine, ist das eine Königin? Beinahe so fühlte sich Frau Studer. Dass *sie* das erleben durfte!

Sie winkte aufgeregt und deshalb nicht sehr majestätisch zurück. Keine ihrer Bekannten war je in den Ferien gewesen und schon gar nicht im Ausland! Für die Frau eines kleinen Beamten wie der Studer war es schon allerhand, für ein paar Tage ins Tessin zu fahren … und jetzt ist die Frau Wachtmeister quer durch ganz Frankreich gereist! Paris! Bis – ja, bis ans Meer!! An den großen Atlantik!

Wie verrückt hämmerte das Herz vor Aufregung gegen den Brustkorb, es zerspringt fast. Und diese frische Meeresluft, sie kann nicht genug davon bekommen! Und all die modischen Sommerkleider hier … Herrjeh, und sie hat gestern Vormittag die falschen Kleider eingepackt, so musste sie pressieren, nur ein einziges kurzärmeliges Kleid, es war so kühl und regnerisch in Bern.

– Es zieht, brummte Studer.

Er habe ja bloß Angst, dass ihm die Brissago ausgehe, s'Hedy wird übermütig in dieser berauschenden Luft, sie denkt nicht daran, das Fenster zu schließen, so viele Stunden hat sie es in den stinkenden Zugabteilen ausgehalten, die ihr Köbu verqualmt hat!

Der Wachtmeister knurrte etwas Unverständliches und legte schützend die linke Hand über die wertvolle Brissago, die man in Frankreich leider nicht kaufen kann.

Dieses Gschtürm gestern Morgen! Kaum hatte er, pünktlich um acht wie jeden Tag, im Amtshaus z'Bern die Bureautür geöffnet und seinen nassen Regenmantel auf den Ständer hinter der Tür aufgehängt, den ebenso triefenden Hut darüber, ein Sauwetter da draußen und das Ende Juni – am liebsten tät er sich schütteln wie ein nasser Hund – da rief auch schon der Gefreite Reinhardt: zum Polizeihauptmann, Köbu, sofort. S'brennt irgendwo! Und kaum hatte Studer an die Tür des Chefs geklopft, rief auch der schon: Komm rein Studer, sollst schnellstens zum «Alten» rüber! Geheime Mission, von ganz oben!

In jedem Staatsbetrieb gibt es wenigstens einen Mann, der gewissermaßen das Salz des ganzen Betriebs ist. Von ihm, der als Außenseiter gilt, wird keine allzu regelmäßige Arbeit verlangt; das Alltägliche, mit seinem Stumpfsinn, wird ihm ferngehalten – oder besser, er hält es sich selbst vom Leibe. Dieser Mann findet vor allem Verwendung – und darin liegt eben sein Wert –, wenn etwas Außergewöhnliches zu tun war. Wenn es gilt, eine verworrene Situation aufzudröseln. Dann wird er gebraucht, dann ist er unersetzlich.

Wachtmeister Studer war das Salz der Berner Kantonspolizei. Das war wohl der Grund, der den Herrn Polizeidirektor dazu veranlasste, für diesen heiklen Fall den Studer holen zu lassen …

Der Polizeidirektor war ein stiller Mann, sah aber gar nicht nach einem Stubenhocker aus, braungebrannt wie er war, er stieg sommers und winters auf die Berge. Daneben hatte er eine Hundezucht und Studer musste, genau wie letztes Mal, erst eine Viertelstunde andächtig zuhören, was der Herr Direktor ihm eifrig über den Unterschied zwischen den verschiedenen Pedigrees beibringen wollte.

– Aber ach, der Polizeidirektor nahm endlich das Telegramm zur Hand, das vor ihm auf dem Tisch lag, kommen wir zur Sache. Eine unangenehme Sache. Der Polizeidirektor seufzte, sehr unangenehm. Spät nachts noch hat man ihm dieses Telegramm vorbeigebracht, hoch vertraulich, ein Jugend- und Parteifreund, Stettler, alte Berner Familie, der Studer verstehe sicher … Dessen Tochter ist … hm, er räusperte sich trocken … war verheiratet mit dem Zürcher Geschäftsmann Müller oder Miller Montgomery, ein Amerikaschweizer – schon das ist heikel, sehr heikel, Studer! Denn der Schwiegersohn sei unter mysteriösen Umständen ertrunken. In den Ferien, in Frankreich, an einem Ort am Atlantik, der dem hohen Polizeidirektor gar nichts sagt. Und, er hustete diesmal richtig, jetzt kommt's: Der ertrunkene Müller oder Miller Montgomery sei nicht ihr Gemahl, behauptet die Ehefrau Müller oder Miller Madeleine, geborene Stettler! Soll das noch einer verstehen! Wolle er seine Meinung wissen, Studer? Die Witwe steht unter Schock, ist durchgedreht, ganz einfach.

– Der einflussreiche Vater Stettler, er seufzte erneut, mein einflussreicher Parteifreund, traut der französischen Polizei nicht, er hat zusätzlich einen schweizerischen Fahnder angefordert, internationaler Fall ... Gehört eigentlich in die Zuständigkeit der Kantonspolizei Zürich, da Müller in Zürich wohnhaft ist ... Aber der alte Parteifreund schreibt im Telegramm, der Polizeidirektor setzte umständlich seine Brille auf: «Dringend besten Fahnder der Berner Kantonspolizei nach Saint-Georges (Vendée) schicken! Spesen werden übernommen. Erwarte so schnell wie möglich Antwort. Danke!»

– Also, Studer, sagte der hohe Vorgesetzte, was halten Sie von der Sache?

Was man von der Sache hält? Viel, sehr viel! War dies vielleicht der «Große Fall», von dem jeder Kriminalist träumt, auch wenn er nur ein einfacher Fahnder ist? Aber Studer war alles andere als ein einfacher Fahnder. Wäre Studer «einfach» gewesen, so hätten seine Kollegen, vom Polizeihauptmann bis zum simplen Gefreiten, nicht behauptet, er «spinne mängisch». An dieser Behauptung war zum Teil die große Bankaffäre schuld, eine Intrigengeschichte, die ihm das Genick gebrochen hatte damals, als er wohlbestallter Kommissär bei der Stadtpolizei gewesen war. Er hatte den Abschied nehmen und bei der Kantonspolizei als einfacher Fahnder wieder anfangen müssen. In kurzer Zeit war er zum Wachtmeister aufgestiegen; denn er sprach fließend drei Sprachen: Französisch, Italienisch, Deutsch. Er las Englisch. Er hatte bei Groß in Graz und bei

Locard in Lyon gearbeitet. Er besaß gute Bekannte in Berlin, London, Wien – vor allem in Paris. Den Divisionskommissär Madelin von der Police Judiciaire zum Beispiel. An kriminologische Kongresse wurde gewöhnlich er delegiert. Wenn seine Kollegen behaupteten, er spinne, so meinten sie vielleicht damit, dass er für einen Berner allzu viel Fantasie hatte. Aber auch dies stimmte nicht ganz. Er sah vielleicht nur etwas weiter als seine Nase, die lang, spitz und dünn aus seinem hageren Gesicht stach und so gar nicht zu seinem massigen Körper passen wollte.

Der Studer war ein guter Spürhund, er konnte den Schweiß der Zwänge förmlich riechen, unter denen der Polizeidirektor jetzt stand ...

– Einerseits, murmelte der Direktor und wischte sich über die Stirn, sei der Parteifreund sehr einflussreich ...

Er gebrauchte gern die Form «einerseits-andrerseits». Und Studer hat auf den Stockzähnen gegrinst, weil er die Bemühungen seines Gegenübers sah, den zweiten Teil des Satzes auszusprechen. Endlich:

– Andrerseits die Zürcher Polizei ... Wir wollen es den Zürchern zeigen. Wir Berner!

Als guter Spürhund konnte Studer auch die Gedanken seines Gegenübers lesen. So deutlich, wie wenn sie dem Polizeidirektor auf die Stirne geschrieben wären: Ob der Studer hier faulenzt oder ob er Ferien nimmt, bleibt sich gleich. Löst er die Sache nicht zur Zufriedenheit, so pensionieren wir den Mann. Der geht sowieso auf die sechzig zu.

Das jedoch sagte der Polizeidirektor nicht, sondern:

– Sie müssen heute noch reisen, Studer, die üblichen Spesen, Zug dritte Klasse, versteht sich! Und ein Zimmer in einer günstigen Familienpension. Ich lasse gleich nach Saint-Georges telegrafieren.

Der Direktor war unter Druck, jemanden zu schicken. Keine Zweifel. Sonst übernahm Zürich. Er hatte nur den Studer. Und der wollte bessere Reisebedingungen aushandeln. Zweitklassabteil im Zug, im Schnellzug! Und seine Frau soll auch mitkommen! Jawoll. Ab nächstem Montag hatte er nämlich eine Woche Ferien genommen, er wollte mit dem Hedy ins Tessin fahren.

Hätte man als junger Mann nicht die Entscheidung getroffen, sich auf die Seite der Guten zu schlagen und Polizist zu werden, wäre man vermutlich ein erfolgreicher Erpresser geworden. Und wäre jetzt reich. Als Ehrlicher aber muss man sich heute mit mageren sechshundert Franken Monatslohn durchschlagen.

Während Studer sich die Szene des gestrigen Morgens beim «Alten» genüsslich nochmal durch den Kopf gehen ließ, hielt das Taxi vor der Pension Zur Goldenen Glocke. Er schmunzelte noch beim Aussteigen und nahm einen tiefen Zug aus seiner Brissago, denn er hatte erreicht, was er wollte, s'Hedy und er sind in der zweiten Klasse gereist. Sie durfte mit, aber falls es ihm, dem Studer, nicht gelingen sollte – nicht gelingen!, hatte der Polizeidirektor doch tatsächlich geglaubt anfügen zu müssen –, den merkwürdigen Todesfall des Müller Montgomery aufzuklären, der nach Aussagen seiner Ehefrau nicht ihr Mann war … dann habe der Studer die Kosten für seine Frau aus der eigenen Tasche zu berappen. Davon weiß Frau Studer allerdings nichts.

Der Wachtmeister bezahlte das Taxi, er brauche aber eine Quittung! Hedwig Studer stieg aus dem Wagen, stützte beide Hände ins Kreuz und dehnte ihren schmerzenden Rücken. Sie strich über den völlig zerknitterten Rock und zog die verschwitzte Bluse glatt, die klebte unangenehm am Körper. Das stundenlange Sitzen im Zug war Gift für ihr steifes Kreuz. Wenn jetzt bloß die Hex nicht einen Schuss setzt!

Die Pension lag unweit der belebten Avenue de la Plage an einem ruhigen Seitensträßchen, umgeben von hübschen kleinen Strandvillen in allen nur erdenklichen Baustilen. Hinter der Pension begann gleich der Dünenwald, und ein würziger Kieferngeruch, vermischt mit Salz und Jod, durchfloss die Abendbrise vom Meer her, die Frau Studer tief einatmete. Alles war so unglaublich fremdartig. Noch heute Abend muss sie der Tochter eine Ansichtskarte schicken. Zum ersten Mal am Meer!

– Zum Meer? Da hinunter!, zeigte der Hausbursche mit einer Ellbogenbewegung, da er gerade die Koffer der neuen Gäste ins Haus trug und schnaufte, es ist so groß, dass Sie es nicht verfehlen können!

Er grinste. Den Parisern kann man jeden Bären aufbinden, sicher auch diesen tumben Schweizern!

Studer sah dem frechen Burschen verärgert nach, doch eigentlich sah er seinem neuen Koffer aus brauner Vulkanfiber nach, letztes Jahr auf seiner geheimen Reise nach Marokko als falscher französischer Inspektor musste er leider von seinem geliebten ramponierten Koffer aus Schweinsleder Abschied nehmen und den da kaufen.

Aber erst hat man die Formalitäten zu erledigen, man rennt nicht gleich ans Meer! Die Anmeldung ausfüllen, das Zimmer beziehen und die Koffer leeren, letzteres gehörte zu den Pflichten seiner Frau. Hedwig Studer stieg denn auch ohne Widerspruch mit dem Schlüssel für Zimmer Nr. 3 hinter dem Hausburschen die helle Holztreppe hoch.

Studer wartete am Tisch, der beim Eingang als Rezeption diente, mit dem Hut in der Hand und wischte sich bestimmt zum hundertsten Mal mit dem längst feuchten Nastuch über Nacken und Stirn.

Madame Merle, die Besitzerin der Pension, kramte hektisch

in den Papieren auf dem Tisch und dann in einer Schublade herum.

Was sucht die Frau denn? Man möchte endlich den viel zu warmen dunklen Reiseanzug ausziehen, der so eklig an einem klebt wie eine nasse Fahne am Mast. Ungeduldig schaute er sich um. Ein hartnäckiger Hauch Javel von der morgendlichen Putzerei schwebte noch in der Eingangshalle.

Halle war übertrieben, ein Raum, der zugleich als Eingang, Durchgang und Aufenthaltsraum für die Pensionäre zu dienen schien, schwarze und weiße Bodenplatten, keine Teppiche, die Wände bis Brusthöhe getäfert mit demselben hellen Holz wie die Treppe, darüber grüngelbe Tapeten mit einem zackigen Muster, Studer schüttelte innerlich den Kopf, ein nüchternes Regal an einer Wand, nur Holzbretter mit ein paar Büchern und Zeitschriften drauf, mehrere viereckige Tischchen, deren Schlichtheit kein Tuch verbarg, kurz, alles modern, sehr eckig modern alles, und ungemütlich, vor allem die Sessel!

– Ich werd's gleich gefunden haben ... wo hab ich sie denn bloß hingesteckt ... nehmen Sie doch bitte Platz, Monsieur le Commissaire, rief Madame Merle nervös und wies auf die beiden Sessel vor ihrem Tisch.

Studer begutachtete sie misstrauisch – es waren dieselben Exemplare wie bei den langweiligen Tischchen – wer sich da hineinsetzt, kommt nie wieder hoch! Jedenfalls der Studer nicht. Tief waren sie, mit ungepolsterten, ebenso tiefen Armstützen. Er schüttelte den Kopf, was sucht die gute Frau eigentlich?

– Da sind sie ja! Aus dem Gestell mit den Fächern und Zimmerschlüsseln hinter ihr an der Wand – zwölf Zimmer hatte die Pension Zur goldenen Glocke – zog Madame Merle triumphierend zwei Briefe aus dem Fach Nr. 3, die sind heute für Sie abgegeben worden, einer am Mittag und der da vor kaum einer halben Stunde. Scheint wohl etwas Wichtiges und Dringendes zu sein?

Für «Monsieur le Commissaire Studer personellement!» stand auf beiden Briefen. Da schneit ihr das Schicksal einen Kommissar aus der Schweiz ins Haus und schon kommen zwei Briefe für ihn, wenn das kein wichtiger Mann ist. Diese Neuigkeit müssen ihre Freundinnen sofort hören, mon dieu, werden die sie beneiden! Noch besser wäre allerdings, sie wüsste, von wem die Briefe stammen … Ihre Nase, die überall reingesteckt wurde und reiche Erfahrung besaß, hatte sofort den zarten Veilchenhauch des zweiten Briefes gerochen …

Sie beugte sich ungeniert über den Tisch, als Studer einen Brief aufriss, natürlich den Veilchenbrief. Könnte sie doch bloß den Namen der Schreiberin lesen – nur eine Weibsperson, eine Dame!, schickt einem Herrn Veilchenbriefe … Einem verheirateten Herrn!

Studer durchschaute die Wirtin, man hat schließlich nach so vielen Jahren Polizeiarbeit ein bisschen Menschenkenntnis gesammelt, er drehte sich weg, aber nur so viel, dass die neugierige Klatschbase glaubte, doch noch den Namen entziffern zu können. Sie kennt schließlich das halbe Dorf. Vor allem muss sie unbedingt in Erfahrung bringen, weshalb ein Kommissar aus der Schweiz bei ihr abgestiegen ist. «Ferien» hat er auf das Anmeldeformular als Zweck des Aufenthaltes geschrieben, aber für wie dumm hält er Madame Merle, natürlich glaubt sie ihm kein Wort! Bestimmt eine geheime Mission. Ist in Saint-Georges gar ein Verbrechen passiert, von dem sie noch nichts weiß? Wäre unglaublich, geradezu unverschämt!

Der Wachtmeister grinste hinter dem Papier, man kann die Gedanken der guten Frau lesen, als ob die da im Brief aufgeschrieben wären.

Aber was steht denn nun im Brief? Er ist von Frau Müller,

Madeleine Müller, geborene Stettler. Sie müsse den Kommissär Studer unbedingt sehen, bevor er den französischen Inspektor treffen wird. Es sei sehr wichtig! Sie erwarte ihn um halb sechs im Café du Centre, sie trage ein blaues Leinenkostüm, einen weißen Sommerhut und ein blaugelb gestreiftes Foulard. Sie wird ein Buch in der Hand halten.

Tropfen fielen von der Stirn des Wachtmeisters und hinterließen auf dem edlen Büttenpapier dunkle Flecken, unter denen die blauen Buchstaben zu zerfließen begannen ... Gopfridstutz!, fluchte er, und Madame Merle, die noch nie ein schweizerdeutsches Wort gehört hatte, verstand sofort, dass etwas sehr Ärgerliches, ja bestimmt höchst Dramatisches in diesem Brief stehen musste!

– Gibt es ein Problem, Monsieur le Commissaire?, fragte sie lauernd.

Mit leicht zitternden Fingern holte Studer ein weiteres Mal sein Nastuch aus dem Hosensack und fuhr sich über den Haaransatz und den Schnauz.

Diesmal ist es eine innere Hitze, die aufsteigt und einem so zu schaffen macht. Eine noble Dame, die Frau Müller, man kann sich nicht so blamieren mit den Reisekleidern. Man spürt richtig, dass man einen Schritt in eine andere Welt tut, und es ist fast peinlich, diese Welt in den dunklen Kleidern zu betreten, die noch gestern im verregneten und kühlen Bern angebracht gewesen sind.

Er ging eilig zur Treppe und ließ ohne Bedauern die zutiefst gekränkte Madame Merle zurück, da fiel sein Blick auf die Uhr über der Glastür zum Speisesaal, eine modern quadratische Uhr mit Zahlen, keine römischen Ziffern, und die zeigten unmissverständlich auf Viertel nach fünf!

Studer hatte keine Ahnung, wo er das Café du Centre finden und ob er das in einer Viertelstunde schaffen würde, aber keinesfalls die hilfsbereite Madame Merle danach fragen. Wenn der Name nicht völlig irreführend war, musste sich das Café im Dorfzentrum befinden.

Und so war es auch. Seinem Instinkt folgend war der Wachtmeister die Avenue de la Plage hochgegangen, in seinem dunklen förmlichen Reiseanzug, nicht mal die Krawatte wagte er zu lockern, inmitten der luftig und sportlich gekleideten Strandheimkehrer. Alle lachten sie bestimmt hinter seinem Rücken, man fühlt sowas. Dann durch den Dünenwald, der vor einem dunkelblauen Himmel in allen Grüntönen leuchtete und duftete, was er kaum beachtete, so schnell, wie er ging, und so heftig, wie er keuchte, und auf der andern Seite des Waldes am kleinen Bahnhof vorbei ins Dorf hinunter, bis zum großen viereckigen Platz, den schon das Taxi bei der Herfahrt durchquert hatte. Der Platz war mit den typischen Platanen gesäumt und hieß bestimmt Place de la République. So war es, wie es sich gehört in einer Republik, und dort lag unübersehbar das Café du Centre gegenüber der Kirche. Ja, man kann sich auf seinen Instinkt und seine Frankreichkenntnisse verlassen.

Studer schnaufte und schwitzte und stand zwei Minuten nach halb sechs vor der Terrasse des Wirtshauses. Die wenigen Tischchen ohne Schatten waren leer, das Gelächter und Gläserklirren drängte sich unter die schützenden Sonnenschirme. Hier im Westen verspürte die Junisonne am späten Nachmittag noch keinerlei Lust zu sinken, stolz und hoch am Himmel stand sie und heizte den Menschen tüchtig ein.

Wie findet man im Gewimmel an den Tischchen die Frau Müller? *Sie* hatte den Landsmann in seinem schwarzen Gehrock bereits erkannt, ein schwerfälliger Rabe, der inmitten bunter Sommervögel gelandet war. Sie winkte kaum merklich mit dem Buch, als Zeichen, dass sie die Madeleine Müller ist, was unnötig war, man hatte sie auch gleich erkannt.

Die zierliche junge Frau im blauen Kostüm mit blaugelb gestreiftem Schal und weißem Hut saß da wie ein exotisches Vögelchen inmitten einer lärmenden Spatzenschar, und dem Studer stieg noch mehr Röte ins Gesicht.

Ein heimliches Rendezvous mit der Geliebten, diskrete Hand-
zeichen, die niemand sehen darf ... Sieht das nicht alles so aus?
Wenn das Hedy, die ja von nichts weiß, ihn jetzt so sähe ... Dem
massigen Wachtmeister brach der Schweiß auch noch aus der
allerletzten Pore ob der Lächerlichkeit, nicht der Szene, aber
seiner Gedanken. Wenn man sich bloß unsichtbar machen
könnte!

– Frau Müller?, fragt man wie ein dummer Schulbub, und
fügt schnell an, damit die Frage nicht so unnötig war: oder Frau
Miller? Wie heißen Sie denn nun richtig in diesem Namens-
durcheinander? Wenn der Wachtmeister verlegen ist, hört er
sich schon mal ruppig an.

– Müller, lächelte sie, sie will ihm das schnell erklären, aber
setzen Sie sich doch erst mal, Herr Kommissär Studer!

Man wollte den Kommissär-Irrtum sofort bereinigen und
hatte schon das Maul geöffnet, die Hand gehoben ... aber die
Dame ließ einen nicht zu Wort kommen, sie scheint es nicht
gewohnt zu sein, dass man sie unterbricht.

– Es ist so, Herr Studer, mein Schwiegervater Theodor Müller, Gott hab ihn selig, ist vor der Jahrhundertwende nach Amerika ausgewandert und hat sich dort als Miller niedergelassen.
Mein Mann Montgomery ist in Boston zur Welt gekommen,
aber nach dem Krieg ... Ach Gott, sie winkte dem Kellner, der
gerade am Nachbartisch Getränke ablud, Sie müssen ja verdurs-
ten, was möchten Sie denn gerne trinken, Herr Studer? Auch
ein Glas Muscadet? Ein trockener Weißwein aus der Gegend.
Kann ich sehr empfehlen. Sie sind natürlich mein Gast!

Da fühlt man sich schon die ganze Zeit wie ein geteerter und gefederter Bär, der fliegen soll, und jetzt wird man noch von einer Dame eingeladen, wie beschämend, denkt sie etwa, der kleine Polizist kann sich kein Glas Weißwein leisten? Der durstige Studer sehnte sich aber nach einem Bier. Oder noch lieber zwei!

Der Kellner hatte den stummen Hilferuf gehört und fragte ohne zu fragen:

– Ein großes Pression für den Herrn?

Dankbar nickte Studer, unter Männern versteht man sich. Mit der Dame gegenüber schien es etwas schwieriger.

– Wo war ich? Ach ja, der Krieg, Montgomery kam nach dem Krieg mit seinen Eltern in die Schweiz zurück, weil Montgomerys Mutter Schwindsucht hatte und in Arosa im Sanatorium war. Leider starb sie ein paar Jahre später. Wir heißen offiziell Müller. Ich weiß jedoch, dass mein Mann sich bei seinen Geschäften manchmal Miller nennt ... nannte ...

Sie senkte den Kopf, Studer sah nur noch den breiten Rand ihres Hutes, und mit einer eleganten Geste, die dem Wachtmeister ziemlich theatralisch vorkam, zog Frau Müller ein winziges Etwas aus der Handtasche und betupfte sich damit die Augen.

Sollte man ihr nicht sein Beileid ausdrücken? Aber wenn sie so sicher ist, dass der Tote nicht ihr Mann ist, macht man sich doch lächerlich. Studer schnaufte, wie soll man da wissen, was richtig ist?

– Bitte sehr der Herr!

Der Kellner stellte das schäumende Glas Bier vor Studer, der sich am liebsten draufgestürzt hätte, aber stattdessen voller Verlangen die köstlichen Tropfen verfolgte, die über das beschlagene Glas rannen, während er ergeben wartete, bis die Dame ihr Tüchlein wieder versorgt hatte.

– Prost!

Studer gab sich mit einem tiefen lautlosen Seufzer endlich dem ersehnten Bier hin. Kühl und bitter rann es den Hals hinunter und hinauf in Studers heiße Wangen. Die Dame hob auch ihr Glas.

– Zum Wohl, Herr Kommissär. Es tut mir schrecklich leid, dass Sie diesen weiten Weg auf sich genommen haben, nur wegen eines einfachen Todesfalls.

Er sei kein Kommissär, brummte Studer und wischte sich mit dem Handrücken den Schaum aus dem Schnauz, er sei Wachtmeister bei der Berner Kantonspolizei!

– Wie bitte?

Frau Müller schaute verwirrt auf, ihr Vater hatte doch heute Vormittag telegrafiert, der beste Experte der Berner Polizei für ungewöhnliche Vorfälle sei nach Saint-Georges beordert worden, um die Angelegenheit zu klären. Wie kann ein kleiner Wachtmeister …

Man hat die Nase voll, gestrichen voll, sich immer rechtfertigen zu müssen! Studer schnaubte, er sei mal Kommissär gewesen, sei über eine Intrigenaffäre gestolpert. Habe danach bei der Kantonspolizei nochmal ganz unten anfangen müssen …

Wie unerträglich drückend es war, selbst im Schatten. Aber der Wachtmeister saß jetzt mit dem Rücken in der Sonne, die ganz hinterhältig gewandert war. Jetzt hätte man gerne eine Brissago angezündet. Wenn die Dame endlich mal zur Sache käme!

Die Dame schien nicht überzeugt, wirklich einen der besten Fahnder vor sich zu haben. Aber das spielte ohnehin keine Rolle mehr, wenn sie das gesagt haben würde, was sie dem Herrn Kommissär, der keiner mehr war, zu sagen hatte.

Es tue ihr leid …

Weil man nicht mehr Kommissär war oder weil man den weiten Weg gemacht hat?

... denn es sei ganz eindeutig. Der Tote sei bestimmt ihr Mann, sie habe unter Schock gestanden, als sie ihn so tot da liegen sah – wieder nestelte sie in ihrem Täschlein nach dem winzigen Etwas – sie habe es einfach nicht glauben wollen. Erneut tupfte sie ihre Augenwinkel und sah dann Studer an.

– Sie sind vergebens hierhergeschickt worden, Herr Kom ... Herr Studer, sagte sie jetzt mit entschiedener Stimme, es gibt nichts zu ermitteln. Es gibt nichts Mysteriöses! Es war mein Mann Montgomery und er ist ertrunken, ein Unfall, weil er spät nachts am Strand betrunken, so scheint es, von der Flut überrascht worden ist.

Frau Müller sah Studer so herausfordernd in die Augen, dass der Wachtmeister verwirrt den Blick senkte.

Was hat die Frau gesagt? Man hat sich wohl verhört, das Gelächter am Nebentisch schallte ins linke Ohr, während sie sprach. Er schüttelte den Kopf, um das Geräusch loszuwerden.

– Doch, Herr Studer, so muss es gewesen sein. Man sagt hier, dass die Flut mit der Geschwindigkeit eines galoppierenden Pferdes über den flachen Sand hochkommt.

Studer drehte das leere Bierglas mit beiden Händen.

Eine sternenlose und mondlose Nacht, der Strand ist bei Ebbe unendlich weit und verliert sich im Dunkel. Der Studer steht weit unten im feuchten Sand. Er hört gigantische Wellenpferde aus der Finsternis herandonnern, er sieht einen Mann in der Dunkelheit umhertorkeln, der Mann stolpert und fällt hin, die Wellen galoppieren heran und über ihn hinweg, hinten schäumen ihre Schweife von fluoreszierender Gischt, die Flutrosse trampeln den Betrunkenen in den Sand, das Meer deckt ihn endgültig zu. Betrunken ertrunken.

Es könnte so gewesen sein. Vielleicht. Vielleicht nicht. Studer rieb sich die Augen, schüttelte nochmals den Kopf, diesmal, um die Bilder loszuwerden.

– Es tut mir wirklich leid …

Wie oft will die Dame das eigentlich noch sagen? Sie schaute ihm wieder herausfordernd in die Augen, und diesmal hält man stand!

– … aber Ihr Auftrag, Herr Studer, ist somit erledigt, annulliert. Eine Untersuchung ist unnötig, auch der französische Inspektor ist dieser Meinung.

Sie wird gleich danach ihrem Vater telegrafieren, damit er alles stoppe.

Wieder zurück in der Pension ging Studer eilig die Treppe hinauf, man muss sich endlich mal umziehen, und stürmte ins Zimmer Nr. 3.

Vor der geöffneten Kleiderschranktür stand eine mollige und hübsche Rothaarige im Unterkleid, erschrocken wandte sie sich um und schrie beim Anblick von Studer … Vom Bett sprang sofort ein Hüne von einem Mann, ebenfalls im Unterhemd, und kam drohend auf Studer zu …

Gopfridstutz, wo ist man hier gelandet?

– Pardon, stammelte der Wachtmeister mit hochrotem Gesicht und hob beschwichtigend die Hände, falsches Zimmer!, und stolperte rückwärts wieder hinaus.

Man war doch richtig, das ist Zimmer Nr. 3!

Links und rechts hatten sich die Zimmertüren verstohlen einen Spaltbreit geöffnet. Von unten hastete außer Atem Madame Merle die Treppe hoch.

– Monsieur le Commissaire! Sie haben ein anderes Zimmer, Nr. 10. Ihre Frau wollte wechseln!

Oben auf dem Treppenabsatz im zweiten Stock erschien Frau Studers verlegenes Gesicht, sie rief mit unterdrückter Stimme, denn es war schon genug Tumult im Haus:

– Vatti, komm, mir sind än Stock höcher!

– Man solle ihn nicht Vatti nennen, brauste Studer auf.

Er war überreizt, ein langer Tag lag hinter ihm, im Nachtzug hatte man wohl die Augen zugetan, aber nicht geschlafen, dann die lange Fahrt, die ungewohnte Wärme hier, die böse Überraschung mit Frau Müller, diese peinliche Zimmergeschichte und jetzt auch noch «Vatti»! Es war begreiflich, dass ihm die Geduld riss.

Zimmer Nr. 10 war groß, mit zwei Fenstern übers Eck, durch das eine leuchtete der Dünenwald jetzt golden im Abendlicht, Bettstatt und Schrank alles schnörkellos gerade und modern, helles Holz auch hier – war das Akazie? – und die Wände mit hellblau gezackten Tapeten bezogen.

Warum die Frau eigenmächtig, ohne ihn zu fragen, das Zimmer gewechselt habe?

– Im andern Zimmer gab es nur ein Bett! Ein ziemlich breites zwar, aber nur eines! Wir zwei Alten in *einem* Bett, Herrjeh, Köbu... wir wären uns ständig in die Quere gekommen. Wegen dir hab ich ein anderes Zimmer verlangt, eines mit zwei Betten, du brauchst doch deinen Schlaf bei diesem schwierigen Fall!

Frau Studer hatte es ihretwegen gemacht. Das eine Bett im andern Zimmer, sie hatte sich probeweise daraufgelegt, die Sprungfedern im Unterbett waren lahm und weich, und der Köbu ist groß und schwer. Der liegt dann in der Mitte, bequem in seinem tiefen Nest, links und rechts steht die Matratze schräg in die Höhe, sodass sie ständig auf ihn rutschen würde... Nein!

– S'gibt keinen schwierigen Fall mehr, knurrte Studer und berichtete seiner Frau vom Gespräch mit der Dame Müller.

– Dann hat sie noch angefügt, machen Sie doch mit ihrer Frau Gemahlin – das bist du Hedy! – eine Woche Ferien hier in Saint-Georges, sie übernehme die Kosten, als kleine Entschädigung für meine Umtriebe – häsch scho mal so öppis ghört!

Studer war immer noch außer sich.

– Und meine Nase sagt mir, dass da etwas faul ist! Die Dame wollte ihn loswerden, wollte niemanden, der in ihren Angelegenheiten, oder vermutlich eher in denjenigen ihres toten Mannes, herumschnüffelt.

– Was machsch jetzt?, fragte die praktisch veranlagte Frau Studer mit möglichst gleichgültiger Stimme und wandte sich schnell ab, damit er ihr Lächeln nicht sah.

Sie konnte ihr Frohlocken nicht unterdrücken, eine Woche Ferien hier in diesem aufregenden Seebad, und ihr Mann, der Zeit hatte, weil er nichts mehr zu tun hatte, nichts zu fahnden ... Das klang fast paradiesisch!

Der zweite Brief, der für ihn am Mittag in der Pension abgegeben worden war, kam, wie Studer vermutete, vom französischen Inspektor, der für die Ermittlung im Fall Montgomery Miller zuständig war. Inspektor Laurent Picot schrieb:

«Hoffe, dass Sie und Ihre Frau Gemahlin gut gereist sind und dass die Unterkunft Ihren Wünschen entspricht. Ich erwarte Sie gerne zum Aperitif um sieben Uhr auf der Terrasse des Hôtel de la Plage. Es ist mir eine Ehre, den Herrn Kommissar über den Stand der Dinge im Fall Montgomery Miller zu unterrichten. Hochachtungsvoll, Ihr Inspecteur Laurent Picot.»

Ein höflicher Mann, dieser Inspektor Picot. Der Wachtmeister starrte auf das Blatt, gewöhnliches Büropapier, der Inspektor scheint ein junger zu sein ... umso besser. Soll man dem Picot sagen, dass man vom Fall abgezogen wird? Nein! Man wird nichts von der beschämenden Unterredung mit Frau Müller berichten.

Seine finstere Miene hellte sich auf. Was lässt sich der alte, gewiefte Fahnder Studer so von der Müllerin ins Bockshorn jagen? Man wird sehen! Vater Stettler hatte Studer «angefordert», weil er den Franzosen nicht traute. Jetzt war es Ehrensache zu beweisen, dass man etwas mehr war als ein bequemes Schild … oder besser: dass man mehr war als ein gewöhnlicher Parapluie für Frau Müller, den sie aufspannt, wenn es regnet … und wieder schließt, wenn es ihr beliebt. Nein, vom Fall abziehen kann einen nur der «Alte». Und dem Polizeidirektor wird man gleich nach dem Treffen mit Picot ein Telegramm schicken und ihm sagen, was Sache ist, hier vor Ort. Jawoll.

Die Stunde des abendlichen Aperitifs hatte auch die Sonne milde gestimmt, sehr sanft legte sie nun ihre Strahlen auf die Köpfe der Menschen, die sich um die Theke des Strandcafés drängten, die Haare leuchteten golden und kupfrig und bronzen, manch eine Dame wurde von der Sonne listig mit einem Strahlenkranz ums Haupt gekrönt.

Der Strand vor dem Café war erschöpft vom sonnigen Tag und gezeichnet von Tausenden von Füßen, die ihre Abdrücke hinterlassen hatten, doch die Kinder und letzte Spaziergänger, die lange Schatten hinter sich herzogen, gaben dem Sand noch keine Ruhe. Das Meer plätscherte weit unten. Ein Pferd, das herumscharrt und sich überlegt, wann es losrennen soll …

Studer stand am Ende der Avenue de la Plage, zwischen dem Strandcafé rechts und dem Hôtel de la Plage linker Hand und schaute auf Strand und Meer. Das Bild einer Landschaft, die man zum ersten Mal sieht, nimmt man erst später so richtig in sich auf. Im ersten Moment erscheint alles fremd und sonderbar. Die heitere Abendstimmung im französischen Seebad umsäuselte vergebens die beschäftigten Gedanken des Schweizer Wachtmeisters, der sich fragte, ob das Meer jetzt wohl stieg oder zurückging … Man hat so ein Gefühl, nach der Geschichte der Frau Müller mit den galoppierenden Rossen, dass man sich um diese Flut-Ebbe-Sache ernsthaft kümmern muss.

Auf der Terrasse des Grandhotels und unter dem Schatten der rotgelb gestreiften Markisen schwebte bereits jetzt im Juni eine Sommerabendstimmung von kühlem Bier in beschlagenen Gläsern, von klirrenden Eiswürfeln, die in bunten Aperitifgetränken schwammen, von Zeitungen aus Paris, die soeben eingetroffen waren.

Ein junger Mann und eine ältere Frau saßen bei einem Pernod (er) und einem Suze (sie) und erwarteten, leicht nervös der Polizist, freudig neugierig die Dame, einen Kommissar aus der Schweiz.

Der mit einem offiziellen Auftrag hergeschickt worden war, weil der Tote nicht Amerikaner, sondern Schweizer war, ein Geschäftsmann, mit Beziehungen in höchste Kreise, vermutlich eine sehr wichtige Persönlichkeit, wenn die Schweiz einen Spezialisten herschickt.

– Bloß keine internationalen Verwicklungen!, hatte der hohe Polizeichef in La Roche-sur-Yon dem kleinen Inspektor Laurent Picot befohlen, als er ihn gestern Mittag persönlich angerufen hatte. Den Fall Miller Montgomery schnell abschließen … eindeutig ein Unfall … keine andern Möglichkeiten verfolgen! … Ich verlass mich auf Sie, Picot!

Von dieser Order – dass es eine war, daran ließ der Patron in La Roche-sur-Yon keine Zweifel – hatte der Inspektor seiner Tante selbstverständlich nichts gesagt. Natürlich auch nicht, dass er nach diesem Telefonat seines Chefs sofort in der Pathologie angerufen hatte … Nein, man habe mit der Meerleiche noch nicht angefangen … Sofort stoppen, es wird keine Autopsie gemacht, den Leichnam lagern bis neue Order, hatte er angeordnet. Um jegliche Möglichkeit nicht erwünschter Ergebnisse gleich auszuschließen.

Der rechtschaffene Laurent Picot schwitzte und rutschte auf seinem Stuhl hin und her, misstrauisch beobachtet von Amélie

Morel. Wie ist er bloß in diese vermaledeite Zwickmühle geraten! Sein Gewissen hämmerte ... natürlich müsste man die Leiche obduzieren ... zu vieles ist seltsam. Laurent rieb seine feuchten Hände an den Hosenbeinen. Eine Manie. Aber jetzt gilt es erstmal, diesen Schweizer Kommissar zu überzeugen, dass es nichts Auffälliges am Tod von Miller gibt. Ob der schon weiss, dass man ihn vom Fall abziehen wird, wie Madame Miller ihm versichert hat?

Amélie Morel hatte sich selbst zu diesem Treffen eingeladen, Laurent hatte ihr gegenüber unklugerweise erwähnt, dass er den Kommissar aus der Schweiz zum Aperitif erwarte, wonach es für sie ein Leichtes war, ganz zufällig kurz vor sieben über die Terrasse zu spazieren und ein freies Tischchen zu suchen.

– Mon p'tit Laurent, welch eine Überraschung! Da setz ich mich doch gleich zu dir und leiste dir Gesellschaft!

Laurent Picot, wohlerzogen, wagte nicht, seine liebenswürdige Tante wegzuschicken.

– Ich muss aber sehr bitten, Tante, du mischst dich nicht ein und sagst kein Wort!

– Aber, wäre das nicht sehr unhöfl... schon gut!

Amélie war etwas gekränkt, als ob sie sich nicht zu benehmen wüsste!

Der Hoteldirektor Monsieur Leroy pflegte die Gewohnheit, zur Zeit des Aperitifs auf der Terrasse von Tischchen zu Tischchen gehend mit seinen Gästen zu konversieren, hier ein Händeschütteln, dort eine angedeutete Verbeugung vor einer beperlten Dame, und unablässig tanzte ein geschäftstüchtiges Lächeln unter seinem dünnen schwarzen Schnurrbärtchen.

Der Inspektor beobachtete den Hoteldirektor, der ihm unsympathisch war, und er vermutete, zu Recht, dass dies auf Gegenseitigkeit beruhte. Als Leroy sich langsam ihrem Tischchen näherte, spürte er das dringende Bedürfnis, sich mit dem Anzünden einer Zigarette zu beschäftigen.

Monsieur Leroy hatte sie längst entdeckt, den Inspektor und das Fräulein Doktor, die man womöglich noch schärfer im Auge behalten musste, und fragte sich beunruhigt, weshalb die beiden hier saßen. Beobachtet der Inspektor etwa einen Verdächtigen? Mit größter Besorgnis verfolgte Monsieur Leroy auch, wie sich nur ein paar Tische weiter hinten Suzy Furet angeregt mit einem Gast unterhielt, ihn vermutlich ausfragte! Die freche Schnüfflerin vom «Journal de Challans» steckt ihre Nase wieder überall rein ... mon dieu, hatte sie vielleicht gar Wind bekommen ...

Dann sah Leroy einen Mann langsam die Treppe heraufsteigen, und dem armen Hoteldirektor blieb das Herz stehen: Da kam noch einer! Unverwechselbar ein Kommissar! Es schien ihm jetzt ratsamer, den Polizistentisch mit einer solchen Verstärkung lieber aus gebührender Entfernung zu beobachten. Leroy änderte seine Route und bog am Nachbartisch scharf rechts ab.

Inspektor Picot hatte sich an einem Tischchen neben der Treppe zum Strand niedergelassen, um keinen der Ankömmlinge zu übersehen, er würde ja wohl einen schweizerischen Kommissar erkennen. Seit der Lehrzeit bei der Police Judiciaire in Paris hatte man einen Riecher für Kollegen, ob sie Franzosen, Belgier, Italiener, Deutsche oder Holländer waren, warum sollte ein Schweizer anders sein. Man ähnelte sich über die nationalen Grenzen hinweg. Recht hatte er. Aber was da die Treppe hochkam, das war keine Ähnlichkeit, das war eine Kopie seines Chefs!

Etwa gleiches Alter wie der Patron, ebenso groß und breit, hellgrauer Konfektionsanzug, der etwas aus der Form geraten war, weil der Körper, der darin steckte, massig war, das Jackett besonders an den Oberärmeln schon ein wenig ausgebeult, dagegen ist nichts zu machen, entweder hat man Muskeln oder man hat keine!, pflegt der Chef zu sagen. Und der da hatte auch welche! Nur war das magere Gesicht des Schweizer Kommissars mit seiner dünnen Nase bleich, das seines Patrons hingegen meist weinrot. Es gab noch einen weiteren Unterschied, wie Picot mit Erleichterung feststellte. Der andere trug einen kräftigen Schnurrbart, der den Mund bedeckte, sodass man nicht recht wusste, lächelte der Mann oder war er ernst.

Auch Studer erkannte seinen «Kollegen» augenblicklich, als er langsam und suchend die Treppe zur Hotelterrasse hinaufstieg. Ein dicklicher Mann mit bravem Scheitel dank Brillantine, ein paar letzten Pickeln auf dem Kinn und einem schmalen Schnäuzchen über der Oberlippe, der in seinem modisch hellen Sommeranzug so nervös schwitzte, dass Studer ihn sogleich mochte.

– Inspecteur Picot? Stüdère, Police cantonale de Berne. Bonsoir!

Wachtmeister Jakob Studer von der Berner Kantonspolizei sprach das Französische fließend und ohne deutsche Färbung.

Picot sprang auf, schüttelte ihm die Hand.

– Sehr erfreut, Monsieur le Commissaire Stüdère! Seien Sie willkommen! Darf ich Ihnen Amélie Morel vorstellen – sie war es, die den Toten gefunden hat!

Studer wunderte sich, was hat dieses Frauenzimmer bei einem Gespräch unter Männern verloren? Als Picot seinen überraschten Blick bemerkte, meinte er verlegen, meine Tante! Studer verstand, so läuft das hier, und er reichte ihr mit einem Kopfnicken die Hand.

– Guten Abend, Madame!

– Mademoiselle! Commissaire, Mademoiselle!

– Oh pardon, Mademoiselle!

Natürlich, sie war unverkennbar eine ältere Jungfer, mit diesen züchtigen Kleidern – ein braves dunkelblaues Jäckchen über dem Blümchenrock –, wie alt mochte sie sein? In ihren dunklen Löckchen glitzerten zahlreiche Silberfäden, aber ihre Augen sahen ihn über die Brille so herausfordernd an, dass der Wachtmeister sofort wusste, mit dieser Jungfer Morel muss er während der Ermittlung rechnen ... Ach, und die leidige Kommissär-Wachtmeister-Sache wird man bei passender Gelegenheit klären, nahm sich Studer vor.

Die Herren setzten sich, der zierliche Korbsessel knackte entsetzt und entsetzlich, als der schwere Studer sich darauf niederließ ... Das Mobiliar der Hotelterrasse war so modern wie unbequem. Picot bestellte für den Wachtmeister ebenfalls einen Pernod, obwohl den wieder nach einem Bier dürstete, aber er sagte nichts, man wartet lieber mal ab.

Das Geplauder und Lachen an den Nebentischen wogte so ausgelassen hin und her und herüber, dass die Stummheit am Tisch der drei nicht besonders auffiel. Man konnte nicht behaupten, dass Studer dem Geplapper zuhörte, aber er nahm alles auf, gegen seinen Willen. An ihrem Tisch hockte bockig das Schweigen, es ließ sich nicht verscheuchen, obwohl Inspektor Picot sich abmühte, eine höfliche Konversation in Gang zu bringen. Aber die beiden Alten hielten es nicht für nötig, ihm zu Hilfe zu kommen. Amélie Morel musterte den behäbigen Schweizer Kommissar unverhohlen, Studer begann zu schwitzen und setzte sich unwillkürlich etwas aufrechter hin.

Inspektor Picot, der ein gewissenhafter Beamter war, seine Pflicht ohne besonderen Ehrgeiz tat und deshalb keine Rivalitäten unter Kollegen kannte, begann mit dem Bericht so harmlos wie möglich. Er sprach mit unterdrückter Stimme – die Terrasse spitze zur Stunde des Aperitifs die Ohren, hatte ihn der Hoteldirektor gewarnt, die Reporterin vom «Journal de

Challans» flaniere gerne zwischen den Tischen hindurch, und es dürfe unter keinen Umständen etwas an die Zeitung gelangen! Als Picot also anfing, halb flüsternd die Fakten darzulegen, hockte Studer sich in seine Lieblingsstellung, die Schenkel gespreizt, die Unterarme auf den Schenkeln, die Hände gefaltet und hörte zu ...

Der Inspektor erzählte, wie und wo man den Miller Montgomery gefunden hatte – der Schweizer Kollege wünschte morgen den genauen Ort zu sehen –, dass Madame Miller inzwischen den Toten zweifelsfrei als ihren Mann identifiziert habe und dass der Leichnam jetzt im Gerichtsmedizinischen Institut in La Roche-sur-Yon aufgebahrt sei, hier im Hotel sei es ja nicht möglich – ob sie nicht vielleicht ein Foto des Toten hätten?, fragte Studer. Nein, aber man werde Madame Miller darum bitten – nachdem jetzt also die Identität des Toten einwandfrei geklärt sei, wiederholte Picot mit besonderer Betonung, gehe man klar von einem Unfall, einem bedauerlichen Unfall, aus ... Vermutlich sei der Commissaire Stüdère vergebens aus der Schweiz angereist ... das bedaure er sehr. Aber es sei ja sehr schön hier – verlegenes Lachen – perfekt für ein paar Tage Urlaub, nicht wahr?

Irgendwie klingt das nach Frau Müller, kam es Studer vor.

Als der Inspektor schon wieder eine Zigarette anzündete, ziemlich nervös der Junge, erinnerte sich Studer an etwas. Er setzte sich auf, zog aus der Brusttasche ein schmales Lederetui und daraus eine Zigarre, eine merkwürdig dünne und leicht gekrümmte Zigarre, wie Picot sie noch nie gesehen hatte. Noch viel merkwürdiger war aber, wie der andere sie anzündete: Er zog einen Strohhalm aus der Zigarre, entflammte das Stroh mit einem Streichholz – Picot hatte ihm seine Streichholzschachtel kollegial über den Tisch geschoben – und über der kleinen Flamme des Halms drehte der Schweizer Kommissar dann genüsslich seine Zigarre, bis sie brannte.

Amélie Morel beobachtete das Prozedere so gebannt, dass sie dem kleinen Laurent nicht mehr zuhörte – sie kannte die Geschichte ja – und erst beim Wort «Unfall» aufmerkte. Sie runzelte die Stirn, bloß ein Unfall? So schnell sollte «ihr Fall» also abgeschlossen werden? Schon wieder vorbei, die Spannung, die Aufregung, die ungeklärten Fragen, die Hoffnung auf ein Verbrechen, einen Mord? Nein! Da ist doch eindeutig etwas faul am Tod des Monsieur Miller. Diese Kleidergeschichte! Den Gedanken, dass ihr Neffe vielleicht ein schlechter Polizist sein könnte, schob sie jedoch sofort und energisch beiseite. Und beschloss, selbst einige Nachforschungen anzustellen.

Studer, der von Zeit zu Zeit einen verstohlenen Blick zur Jungfer Morel schickte, sah, wie sich ihre Augen verengten. Ah, die denkt auch, dass an der Sache was faul ist ... Vermutlich langweilt sie sich hier – dafür hatte Studer allerdings Verständnis! Ferien hier, was für eine Vorstellung! Soll ein Wachtmeister etwa den ganzen Tag am Strand spazieren? Oder noch viel schlimmer, in einem Liegestuhl liegen? Dem Hedy allerdings würde das sicher gefallen ...

Während der junge Inspektor gewissenhaft alles betonte, was die Unfallthese bestätigte, observierten sich die beiden Alten, die eine hinter dem Zigarettenrauch ihres Neffen, der andere hinter seinem Brissago-Rauch.

Die abendliche Brise vom Meer frischte auf, ihr gefielen die hübsch gestreiften Markisen der Terrasse, sie spielte mit ihnen, blähte sie und blies dann energisch den Rauch am Polizistentisch ins Innere der gedeckten Terrasse.

Rauch? Was den Kopf von diesem Studer einhüllte, konnte man beim besten Willen nicht als Rauch bezeichnen, ein Qualm war das! Die Gäste rundum begannen einer nach dem andern diskret die Köpfe zu heben, um die ungewohnte Geruchsquelle ausfindig zu machen. Zwei Damen an den Nachbartischen drehten sich indigniert um, eine andere protestierte empört gegen diese Belästigung ihrer Nase und wedelte heftig mit ihrem Fächer durch die dicke Luft.

Man muss es sagen, die bizarre Zigarre des Schweizer Kommissars stank zum Himmel! Der zigarettenrauchende Inspektor Picot wagte schüchtern zu fragen:

– Darf ich Ihnen eine Zigarette anbieten?

Er reichte Studer ein geöffnetes Etui über den Tisch. Studer schüttelte ablehnend den Kopf. Ihm, dem Wachtmeister Studer, Zigaretten mit Mundstück! ... Amélie Morel hingegen beugte sich über das Tischchen und lächelte süß, *sie* würde nicht Nein sagen ...

– Oh, pardon, Tante, natürlich ...

Der Wachtmeister hüllte sich in seinen Qualm und lächelte.

– Montgomery R. Miller ... was denn eigentlich dieses «R» bedeute, fragte Studer nach zwei tiefen Zügen aus seiner Brissago.

– «R» für Robert, die Amerikaner haben die Gepflogenheit, ihren zweiten Vornamen als Initiale anzugeben, hüstelte Picot.

– Der Tote heißt mit richtigem Namen Müller, als Schweizer Staatsbürger heißt er Müller, man fragt sich, warum er sich und seine Frau im Hotel als Montgomery Miller und Madeleine Stettler, épouse Miller, eingetragen hat ... Studer schien ein Selbstgespräch zu führen, während er seinem gelblichen Rauch nachsah, wie der in der Höhe dem blauen Zigarettenrauch den Platz streitig machte ...

Als Madame Miller oder, wenn Sie wollen, Madame Müller behauptet hatte, der Tote sei nicht ihr Ehemann, habe er, Picot, den Miller-Müller – Studer kam es vor, als nehme der junge Inspektor das nicht ganz ernst, man hat so ein Gefühl, dass an der ganzen Namensgeschichte mit dem komischen «R» was merkwürdig ist –, habe er den Mann suchen lassen, Telegramme nach Nantes, wo er nach Aussagen der Ehefrau Geschäftsfreunde hatte, Telegramme nach Paris, wo er gemäß ihren Aussagen hinwollte. Unauffindbar, in Paris war jedoch derzeit Hochbetrieb wegen der Weltausstellung, er hatte keine schnelle Antwort erwartet. Als Madame Miller gestern Abend dann plötzlich erklärte, dass es doch ihr Gemahl sei, und sie den Toten offiziell als Montgomery Miller identifizierte, wurde die Suche nach ihrem Ehemann natürlich eingestellt.

Amélie Morel zog dreimal heftig an ihrer Zigarette, deren Mundstück sie spitz zwischen Zeigefinger und Daumen hielt, und schickte blaue Verstärkung in die Höhe.

– Die Dame sagte Montgomery *Miller?* Sie wusste also, dass sie unter diesem Namen im Hotel logierten … das hat sie mir verschwiegen …

Studer blies seinen gelblichen Rauch gedankenvoll und kraftvoll weit in die Luft hinauf.

Dieser Studer ist ein eigensinniger Ermittler, Picots Blick war verunsichert, den werden wir nicht so schnell wieder los. Amélie Morel nickte eifrig, auch sie findet dieses Hin und Her der Madame Miller seltsam, erst überzeugt, dass er nicht ihr Mann war, als sie den entblößten Oberkörper des Toten sah … irgendetwas am Toten schien für sie nicht zu stimmen … und jetzt ist es doch ihr Mann. Warum sagte Laurent dem Schweizer Kommissar nichts von der Autopsie, die er angeordnet hatte?

– Der Müller soll an diesem Abend betrunken gewesen sein? Gibt es dafür Zeugen? Studer schaute seinem Rauch nach.

Der arme Picot, der auf einen Unfall zu schließen hatte, wobei die Tatsache, dass der Tote betrunken gewesen war, ein ganz wesentliches Element in der Kette seiner Beweisführung darstellte, beeilte sich zu antworten, jedoch etwas verlegen.

– Wir haben aus Rücksicht auf den Hoteldirektor Monsieur Leroy das Personal mit größter Diskretion befragt, leider hat ihn keiner je betrunken gesehen, was jedoch nichts beweist, fügte er schnell an, ein Mann seiner Klasse hatte sich im Griff, auch wenn er ein Trinker war.

Studer nahm sich vor, noch heute Abend ein Telegramm nach Bern zu schicken und Erkundigungen über diesen Montgomery R. Müller einzuholen.

– Aber, fuhr der Inspektor hastig fort, als fürchte er unterbrochen zu werden, das Zimmermädchen, er blätterte in seinem Notizbüchlein, Anna heißt sie, Anna Blanchet, hat ausgesagt, dass sie Montgomery Miller im Hotel gesehen habe, die genaue Zeit wusste sie nicht, jedenfalls nach dem Abendessen, sie war dabei, die Betten der Gäste für die Nacht aufzudecken, also die Anna hatte den Miller an jenem Abend im zweiten Stock gesehen. Es kam ihr seltsam vor, dass er sein Zimmer im zweiten Stock suchte, denn das Zimmer der Millers befindet sich auf der ersten Etage ... Und diese Orientierungslosigkeit, schloss Picot mit einem kleinen Triumph in der Stimme, kann durchaus als Anzeichen von Trunkenheit gelten!

– Interessant, brummte der Wachtmeister, mit dem Mädchen muss man nochmals reden ...

Diese Meinung teilte Amélie Morel voll und ganz, fragte sich nur, wer zuerst mit dieser Anna reden würde, Mademoiselle Morel oder der Schweizer Kommissar ... Ihre Augen verengten sich zu zwei schmalen Schlitzen, und sie paffte so heftig an ihrer Zigarette, dass der blaue Rauch jetzt den gelblichen über ihren Köpfen ernsthaft in Bedrängnis brachte.

Studer nahm vier stramme Züge und jagte den Qualm unschuldig dem blauen Rauch nach.

Picot merkte nichts vom schwelenden Kampf über seinem Kopf, da er seine Zigarette inzwischen im Aschenbecher ausgedrückt hatte, er schaute vielmehr suchend umher und zeigte dann mit einer Kopfbewegung auf eine Kellnerin im Hintergrund. Das sei die Anna Blanchet – wenn Hochbetrieb auf der Terrasse herrsche, müsse sie jeweils beim Bedienen aushelfen.

Studer warf einen Blick über die Schulter, eine magere Jungfer, fünfundzwanzig, vielleicht dreißig Jahre alt, schwarzes Kleid, die weiße Schürze über die flache Brust gespannt, unter dem weißen Häubchen, das alle Serviererinnen trugen, schüttere braune Haare am Hinterkopf zusammengebunden. Ihr blasses Gesicht wirkte vergrämt, sie war linkisch, soeben kippte ein leeres Glas auf ihrem Tablett, als sie einen Tisch abräumte. Man merkte sofort, dass Servieren weit unter ihrer Würde als Zimmermädchen war.

Seltsam. Genau diese Serviertochter war dem Studer bereits aufgefallen, weil sie mit ihren Tabletts immer in der Nähe des Polizistentisches vorbeiging, obwohl das klar ein Umweg zum Tisch war, an den sie Getränke brachte, oder auf dem Weg zurück ins Haus.

Der Wachtmeister wies mit einer Kopfbewegung zu Anna, als sie erneut mit den gebrauchten Gläsern hinter ihnen vorbeistrich, und murmelte, die scheint zu horchen ...

– Laurent, es war doch dieses Mädchen, das im Hof herumlungerte, als ihr mit der Leiche des Montgomery Miller im Hotel ankamt? ... Und sie war es doch auch, die das Laken brachte und dabei ständig versuchte, einen Blick auf den Toten zu erhaschen? Das hat er ihr vorgestern erzählt, Amélie Morel erinnerte sich genau!

Der Neffe zuckte die Schultern, *er* erinnere sich leider nicht mehr, war alles etwas hektisch vorgestern ...

– Monsieur le Commissaire Stüdère, fragte Picot eifrig, was ist Ihre Ansicht?

Ansicht über den Fall? Der Junge will das Thema wechseln. Der Wachtmeister nahm einen Schluck aus dem Glas, wischte sich umständlich den Schnurrbart und meinte dann: Ansichten habe er nie. Er warte, bis er sich eingelebt habe. Dann ergebe sich die Lösung des Falles von selbst ...

– ... wie ein guter Freund von mir, Kommissär Madelin von der Police Judiciaire in Paris, zu sagen pflegte –

– Wie bitte? Commissaire Stüdère, *Sie* kennen den Commissaire Madelin aus Paris?, fiel ihm Picot ins Wort und wäre vor Begeisterung beinahe aufgesprungen. Er, Laurent Picot, war bei der PJ in Paris in der Ausbildung gewesen, ein halbes Jahr bei Madelin!

Studer sah dem jungen Inspektor geradezu an, wie sein Respekt vor dem Schweizer Kommissär mächtig wuchs. Studer verstand jedoch nicht, weshalb sich Picots Miene bald verdüsterte. Wenn dieser Stüdère den Commissaire Madelin seinen Freund nannte, musste er eine ebensolche Kapazität wie der Madelin sein ...

– Oh, Guten Abend, die Herren! Bonsoir Mademoiselle!

Ein munteres Mädchen in einem luftig gelben Sommerkleid kam die Treppe herauf und blieb neben ihrem Tisch stehen. Ihr lockiges Haar strahlte wie ein Goldkranz im Gegenlicht der Abendsonne. Ihr Begleiter hielt sich im Hintergrund, ein Bursche mit einem wilden gelben Haarschopf wie ein schlecht gemähtes Getreidefeld und stechend blauen Augen, auffällig war auch seine abgeschabte Samtjoppe und das rote, um den Hals geknüpfte Tuch.

Inspektor Picot sprang auf.

– Guten Abend, Mademoiselle Stettlär, wie geht es Ihnen?

Ihre jugendliche Stirn legte sich in Sorgenfalten, sie senkte den Blick.

– Danke, es geht, hauchte sie.

Theatralisch wie ihre Schwester, dachte Studer, während er sich ächzend erhob.

Niemand hatte ihn informiert, dass es eine zweite Stettlertochter gab und die sogar hier war, aber es gab keine Zweifel. Sie war vermutlich etwa zehn Jahre jünger, schätzte der Wachtmeister, aber sonst war das Mädchen ein Ebenbild ihrer älteren Schwester ... bloß das Fräulein hier leuchtete wie eine Farbfotografie, während Frau Müller der blasse Schwarzweißabzug war. Also noch ein Telegramm nach Bern heute Abend, Auskünfte über die Familie Stettler. Für den Fall, dass noch ein Stettlersohn auftauchen sollte, der ihn von den Ermittlungen abbringen will!

– Adrienne Stettler!, wandte sie sich jetzt mit süßer Stimme auf Französisch an Studer, Sie müssen der Spezialermittler aus Bern sein, den mein Vater hat schicken lassen.

Und sie hielt ihm ihre zierliche Hand so graziös hin, dass der verwirrte Wachtmeister nicht wusste, ob man einen Handkuss ...

Chabis! Studer packte das Händchen mit einem kräftigen Händedruck.

– Studer, richtig, Berner Kantonspolizei, ich habe den Auftrag, die Hintergründe zu ermitteln, die zum Tode Ihres Schwagers geführt haben.

Auch der Wachtmeister antwortete in der französischen Sprache, ohne nachzudenken. Weshalb eigentlich?

– Ach, Sie sagten doch aber, es war ein Unfall?

Mademoiselle Stettler wandte sich mit einem treuherzigen Augenaufschlag an Picot.

Warum kam dem Studer alles wie ein raffiniertes Theater vor?

Er hockte wieder ab, das Korbstühlchen knirschte kläglich. Ihm entging nicht, wie Amélie Morel das verführerische Fräulein und ihr Opfer, den naiven Laurent, scharf beobachtete. Nein, das kokette Fräulein Adrienne würde keineswegs die Ermittlungen behindern, nein, sie würde versuchen, ihn, den alten

Spürhund, um den Finger zu wickeln und zu verwirren, bis er seine Fährte zu verlieren drohte. Aufpassen, Studer!

Adrienne drehte sich zu ihrem Begleiter, legte ihr feines Händchen auf seinen Arm – kurz blitzte in der Sonne ein Rubin an ihrem Finger blutrot auf – er solle doch schon vorausgehen, sie komme gleich nach. Der nickte, warf einen misstrauischen Blick auf die Polizisten, hob halb die Hand zum Gruß und ging.

Studer sah dem Kerl nach, weiter hinten saßen an einem runden Tisch vier andere Burschen wie er, Samtjoppen, verwegene Halstücher, Schlapphüte hingen an den Stuhllehnen, und alle hatten Farbspuren an den Fingern. Lautes Lachen und große Biere gab es an ihrem Tisch, stellte der Wachtmeister seufzend fest. Die jungen Männer waren Künstler, das sah man von weitem, sie stellten das Bild, das man von Kunstmalern hatte, gleich selbst dar.

Ob der Herr Inspektor neue Erkenntnisse hätte? ... Wann der Leichnam denn in die Schweiz überführt werden könne? ... Ihre Schwester kümmere sich bereits um die Formalitäten ...

So, so, das Fräulein weiß sich auch ganz gewählt auszudrücken. Studer beobachtete sie scharf hinter seinem Rauch, der jetzt nur noch ein sterbendes Wölklein war, die Brissago tat ihre letzten Züge.

Auch Amélie Morel drückte gerade ihre Zigarette aus. Sie schien dem Wachtmeister etwas bleich geworden.

– Nein, nichts Neues, machen Sie sich keine Sorgen!, beschwichtigte der Inspektor eifrig, der Leichnam werde morgen freigegeben.

Er vermied Studers Blick, der wusste natürlich, dass man die Leiche obduzieren müsste ... aber der höchste Patron hatte unmissverständlich befohlen, dass ... Schweißtropfen perlten über die Stirn des kleinen Inspektors, erst wagte er nicht, sie wegzuwischen, dann gab er sich einen Ruck und setzte sich mutig auf. Er, Inspektor Picot, ist hier schließlich der zuständige Ermittler! Nicht der Ausländer! Er zog sein Taschentuch heraus und fuhr sich über die Stirn, ja, Picot leitet hier die Untersuchung, die es nicht geben wird!

– Hett Ihre Schwager gärn eis über dä Durscht trunke?, fragte Studer unschuldig auf Schweizerdeutsch, nach vorn gelehnt, die Unterarme auf den Schenkeln. Man wollte das selbstsichere Fräulein Stettler etwas überrumpeln.

Es gelang. Die Frage und das Schweizerdeutsche schienen die junge Dame aus dem Tritt zu bringen.

– Nei! Er isch nie betrunke gsi!, antwortete sie, ohne nachzudenken und irritiert auf Berndeutsch.

Erneut wischte sich Inspektor Picot über die Stirn und beugte sich zu seiner Tante: Was reden die beiden? Amélie schüttelte gereizt den Kopf. Wie soll sie das wissen!

Das Wort «betrunke» flog wie ein Tennisball zwischen dem Kommissar und Mademoiselle Miller hin und her. Alarmiert fragte sich Picot, was dieses verdächtige Wort wohl bedeuten könnte.

Adrienne Stettler, das schlaue Ding, schien zu merken, dass sie mit ihrer Aussage die Unfallversion nicht unterstützte. Sie nestelte am Medaillon herum, das sie an einem Goldkettchen um ihren Hals trug, und sprach auf Französisch weiter.

Der Schwager sei aber die letzten Tage oft merkwürdig gewesen ... so absorbiert und geistig abwesend ... Zu Hause war er oft wochenlang auf Geschäftsreise, das war normal ... aber auch hier während der Ferien sei er mehrmals den ganzen Tag weg gewesen, mal in Nantes, jetzt eben hätte er für ein paar Tage nach Paris gewollt ... Das sei doch ungewöhnlich, in den Ferien, meinen Sie nicht auch?

Welche Geschäfte ihr Schwager denn so betrieben habe,

fragte Studer schnell und ebenfalls auf Französisch, bevor die andern etwas sagen konnten.

– Ach, wich Adrienne Stettler aus und drehte das Goldkettchen um ihren Finger, Import, Export ... ich habe leider keine Ahnung. Er hat nie darüber geredet, mal habe ich zufällig gehört, wie er zu meiner Schwester sagte, je weniger du weißt, desto besser für dich!

Und sie fügte mit bekümmerter Miene hinzu:

– Mein Schwager Monty – Gott hab ihn selig!, sie schlug die Augen nieder und machte eine wirkungsvolle Pause – hat bestimmt ernsthafte Probleme gehabt und deswegen mehr getrunken als sonst. Sehr wahrscheinlich, ja, ich bin davon überzeugt, war er an jenem Abend leider betrunken, hat sich vermutlich in den Dünen verirrt und wurde von der Flut überrascht ... der Ärmste ... Sie schniefte geziert und hob erst jetzt wieder ihren Blick.

Der Wachtmeister schaute sie nachdenklich an, warum denkt man immer ans Theaterspielen, wenn man die Stettlerschwestern beobachtet? Und welche Rolle spielt man selbst im Stück?

Inspektor Picot richtete sich zu voller Größe auf, genau davon gehe auch die Polizei aus! Man wolle deshalb im Interesse der trauernden Angehörigen diese leidige Geschichte zügig erledigen, damit sie den Toten bald in der Heimat würdevoll bestatten könnten. Er vermied jeglichen Blick zu Studer.

Mademoiselle Stettler bedankte sich beim Inspektor mit einem huldvollen Nicken, verabschiedete sich honigsüß und begab sich an den Malertisch.

Der Wachtmeister saß mit finsterer Miene im Korbsessel und biss grimmig auf seiner erloschenen Brissago herum. Der kleine Inspektor machte einen gewaltigen Fehler und er konnte ihn nicht daran hindern! Picot war der offizielle Ermittler.

Schon vor einiger Zeit war aus dem Innern des Hotels ein

sanfter Gong ertönt. Rundum rückten die Sessel, die Hotelgäste begaben sich plaudernd in Richtung Speisesaal, die Terrasse leerte sich, zurück blieben die Gäste, die anderswo oder nirgends logierten, wie die Künstler am Malertisch.

Auch Studers Magen knurrte seit Längerem, er zog seine Uhr aus der Weste, beinahe Viertel nach acht! ... Um Punkt acht Uhr werde das Souper serviert, man erwarte absolute Pünktlichkeit der Pensionäre, was ja wohl kein Problem bei Schweizern sei, nicht wahr?, hatte Madame Merle ihm nachgerufen, als er kurz vor sieben weggegangen war, etwas süffisant, sie war beleidigt, dass er den Aperitif nicht in ihrem Garten einnahm, sondern auch ans Meer hinunterging, wie alle andern.

Der Wachtmeister stand eilig auf und verabschiedete sich. Morgen würde man weitersehen.

Nach dem Abendessen wurden etliche Telegramme aus Saint-Georges abgeschickt, die einen nach Bern, ein anderes nach Paris. Inspektor Picot hatte die Posthalterin überredet, die Telegramme des Schweizer Polizisten trotz der späten Stunde noch weiterzuleiten, ausnahmsweise und gegen ihre Prinzipien – sie müsse nach neun Uhr keine Telefongespräche mehr vermitteln, auch und besonders bei reichen Leuten mache sie keine Ausnahme! – Ja, sie habe völlig recht, aber es handle sich um einen schweizerischen Kommissar in offizieller Mission hier, da werde sich eine gewissenhafte Beamtin im Dienste Frankreichs doch von ihrer besten Seite zeigen wollen!

Der Wachtmeister schickte seine verschiedenen Anfragen an die Kantonspolizei Bern und fügte an, es sei nicht nötig, die Antwort im Polkod – dem Polizeikode – zu verschlüsseln, einfach Bärndütsch schreiben, das verstehe keiner hier!

Studer schickte auch ein Telegramm nach Paris. An seinen guten Bekannten, Divisionskommissär Madelin von der Police

Judiciaire, mit dem er mehrmals in Paris zusammengearbeitet hatte und gerade vor einem Jahr in Genf, bei einer komplexen Betrugsgeschichte in der Genfer Finanzwelt. Ein magerer, gemütlicher Mann, der unglaubliche Mengen Weißwein vertilgen konnte, ohne betrunken zu werden. In Genf hatten sie sich damals durch alle Weißen des Lavaux getrunken ... Madelin fuhr danach mit zwei Kisten Chasselas nach Paris zurück.

Studer schrieb dem Madelin: «Bin in Saint-Georges, offizieller Einsatz, aber geheime Mission, Aufklärung merkwürdiger Ertrinkungstod eines Schweizers, brauche Infos über einen Inspektor Laurent Picot. War in Ausbildung bei euch ...»

Währenddessen quoll am Horizont über dem Meer nächtliches Gewölk auf, die Sonne sank dumpf kupferfarben hinein, wie ein schlapper Ball, der nach dem Spiel in der Ecke ausrollt. Kein rotgelbes Schimmern auf dem Wasser heute Abend, es wurde von der Flut verschluckt, die über den Sand heraufgaloppierte.

SIMENON UND GLAUSER AM STRAND: WARUM EINE REINE RÄTSELLÖSUNGS-GESCHICHTE LANGWEILIG UND DIE ENTLARVUNG DES TÄTERS NICHT DAS WICHTIGSTE IST

Pas mal!, lacht Simenon, pas mal du tout! Alle Achtung, Monsieur Glosère, Sie haben meiner Amélie Morel und dem braven Laurent Picot ganz schön Charakter verpasst. Sie mögen meine Figuren, wie ich sehe.

Er lacht und überspielt sein Unbehagen. Ein merkwürdiges Gefühl, das er nicht einordnen kann. Seine beiden neuen Figuren, Personen, die in seiner Vorstellung erst langsam Farbe und Konturen bekommen, werden von einem andern Schriftsteller verwendet, ja in Besitz genommen ... sie handeln *auch in dessen Kopf,* in dessen Vorstellung ... Eine ungewohnte Erfahrung. Simenon weiß noch nicht, ob er die Erfahrung nützlich findet. Es sind *seine* Figuren, er hat sie geschaffen ... Es fühlt sich an wie Eifersucht, was Simenon nicht mag. Aber es sind die Spielregeln, die er selbst bestimmt hat. Gemeinsam eine Kriminalgeschichte entwerfen.

Zu Glauser, immer noch lachend: Ich wusste nicht, dass mein kleiner Inspektor bei der PJ in Paris war, hat er mir nicht erzählt.

Das Lob seines Vorbildes macht Glauser verlegen, aus lauter Verlegenheit steigt er auf dessen Tonfall ein und tut auch so, als pflege er locker mit seinen Figuren zu reden.

Ach, wissen Sie, auch mir erzählt der Studer längst nicht alles, bei jedem neuen Fall kommen unbekannte Dinge aus seiner Vergangenheit ans Tageslicht. Von der Betrugsgeschichte in der Genfer Finanzwelt, bei der er angeblich mit Madelin zusammengearbeitet hat, wusste ich bisher selbst nichts!

Ja, er ist ganz zufrieden, wie er den Studer in den Fall hineingebracht hat. Es scheint ihm à peu près gelungen zu sein. Obwohl – ein Spalt klafft ja stets zwischen dem, was man sagen will, und dem was man sagt.

Glauser war es jedoch ziemlich unwohl, als Amélie Morel und Laurent Picot so selbstverständlich bei ihm in der Geschichte auftauchten und ihren Platz beanspruchten. Simenons Figuren. Aber es lag auf der Hand, dass Studer nach seiner Ankunft den französischen Inspektor treffen musste, um den bisherigen Stand der Untersuchungen zu erfahren. Und es war zu erwarten, dass die neugierige Jungfer Morel sich einmischen würde, sie hatte doch den Toten gefunden! Also hat sie auch das Recht, den Schweizer Polizisten zu sehen.

Glauser und Simenon sind während des Gesprächs achtlos immer näher ans Wasser geraten, es läuft sich leichter im harten feuchten Sand. Beide haben sie schon vor einer halben Stunde ihre Schuhe ausgezogen und die Hosen hochgekrempelt. Glauser hat die Socken in die Schuhe gestopft, die er an den Bändeln verknüpft über der Schulter trägt, einer der schweren Lederschuhe baumelt ihm auf dem Rücken, der andere vor der Brust. Simenon trägt die blauen Leinenschuhe an den Bändeln in der Hand.

Sie bleiben am Wasserrand stehen. Glauser ist nach seinem Erguss ziemlich außer Atem.

Ebbe ist vorbei, links und rechts und hinter ihnen eine unendliche Sandweite, vor ihnen schiebt das Meer seine Wassermassen aus der Tiefe heran, um die ganze Fläche wieder zu erobern. Hie und da leckt eine voreilige Welle kalt an ihren bleichen Füßen. Glauser tritt hastig zurück, er friert ohnehin im auffrischenden Wind.

Wenn er nur nicht solchen Hunger und Durst hätte. Er drückt die Hand gegen den Magen. In den unteren Regionen knurren die leeren Eingeweide wütend, in den höheren Regionen trocknet das Hirn vor sich hin …

Simenon hat ausgiebig und spät gefrühstückt, er braucht kein Mittagessen, er sollte ohnehin ein bisschen auf den wachsenden Bauchumfang achten, hat ihm seine Frau kürzlich zu verstehen gegeben. Bei Tigy schlägt nichts an.

Mir fällt gerade auf, Monsieur Glosère, dass Sie mir in dem Spiel – um ein solches handelt es sich ja bei unserer Idee einer gemeinsamen Kriminalgeschichte – immer einen Zug voraus sein werden. Sie kennen die französische Lebensart, Sie scheinen zu wissen, wie unsere Polizei arbeitet – ich jedoch kenne weder Ihren Stüdère noch seine Methoden, leider auch die alemannische Mentalität Ihres Landes nicht!

Glauser zuckt die Schultern. Schön, dass man selbst auch mal im Vorteil ist. Und in einer Sache etwas zu sagen hat! Ja, dazu ist man fähig, zwischen französischem und deutschem Geist zu vergleichen und den Vergleich zu fördern. Man fühlt sich so «zwischen den Rassen», zu keinem Lande gehörig und doch zu allen, dass man vielleicht in dieser Richtung Gutes tun könnte. Vielleicht mit diesem unmöglichen Fall, den sie da am Erfinden sind.

Beide schauen auf die kleinen anrollenden Wellen, Simenon kickt rote Algenbüschel ins Wasser, dann dreht er sich zu Glauser.

Wie dem auch sei – ich nehme die Herausforderung an! War ein geschickter Schachzug von Ihnen, den Miller zu einem Amerikaschweizer zu machen.

Dann zögert Simenon und meint vorsichtig: Aber vielleicht müsste man die Szene etwas straffen, was denken Sie?

«Ich denke nie!», würde Ihr Maigret jetzt antworten.

Simenon hebt lachend die Hand, der ist jetzt in Pension und hat hier nichts mehr zu sagen! Aber der Punkt geht an Sie!

Glauser holt Luft.

Kürzen. Ja, natürlich. Wie immer ... Seine Texte müssen immer gekürzt werden. Aber nicht die Szene mit dem «Alten»! Die will er so haben! Denn dass der Studer in Frankreich ermitteln soll und darf, muss gut begründet sein.

Seit Tagen plagt sich Glauser mit der «Fieberkurve» herum, die nicht werden will, gestern gerade hat er an der Szene zwischen Studer und dem «Alten» gearbeitet, Studers oberstem Vorgesetzten, der Polizeidirektor des Kantons Bern persönlich, der als Einziger solch außergewöhnliche Einsätze im Ausland (in der «Fieberkurve» wollte der Studer unbedingt nach Marokko ...) bewilligen oder gar erteilen kann. So viel faktische Genauigkeit muss sein.

Und weshalb soll man bei diesem «Spiel» nicht eigene Textstellen verwenden? Zweitverwertung eigener Texte wird wohl erlaubt sein. Besser man fragt nicht genauer nach den Spielregeln. Zu vermuten ist, dass auch der Simenon bereits Geschriebenes hervorkramt und in unsere Geschichte einbaut.

Simenon stopft seine Pfeife, dreht sich aus dem Wind, um sie anzuzünden, und pafft einige Male, bis alles schön brennt. Er bemerkt die süchtigen Blicke Glausers, der die letzte Zigarette längst geraucht hat. Simenon fühlt sich beinahe schuldig, weil er keine Zigaretten dabei hat.

Sie nehmen ihren Spaziergang wieder auf, diesmal in Richtung Düne.

Hören Sie, Glosère, dem Amerikaschweizer Montgomery Miller-Müller müssen wir jetzt eine Biografie verpassen. Also, was haben Sie bereits vorgegeben: Sein Vater Theo Müller ist im letzten Jahrhundert nach Boston ausgewandert, nannte sich danach Miller, Montgomery kam mit seinen Eltern – war er Einzelkind? – nach dem Krieg in die Schweiz zurück, weil seine Mutter – eine Amerikanerin, nehme ich an? – Schwindsucht hatte und nach Arosa ins Sanatorium kam. Sie ist gestorben. Montgomery R. Miller ist Geschäftsmann ... Wir müssen ihm ein ganzes Leben erfinden, ebenso den beiden Damen Stettler! Und dem Zimmermädchen Anna. Die Kleine gefällt mir!

Glauser schaut ihn erstaunt von der Seite an, ob er das immer so mache bei seinen Figuren?

Selbstverständlich! Die Figuren müssen einen richtigen Lebenslauf haben, sie dürfen im Roman nicht nur in Bezug auf das Verbrechen existieren. Ein Mensch ohne Vergangenheit ist für mich kein ganzer Mensch. Ich habe den Maigret im Laufe seiner Untersuchungen der Familie und der Umgebung eines Verdächtigen mehr Zeit widmen lassen als dem Verdächtigen selbst – wodurch er oft ein Geheimnis entdeckt, das sonst im Verborgenen geblieben wäre. Wie gehen Sie denn vor, wenn Sie einen neuen Studer in Angriff nehmen?

Glauser kratzt sich am Kopf. Ja, das ist die Frage, wie geht er vor? Man hat oft am Anfang keine Ahnung, wie der Roman enden wird, man lässt die Leute halt gern ein wenig leben ... Aber das sei wohl entschieden ein Fehler bei einem Kriminalroman, fügt er schnell an.

Keineswegs, ruft Simenon, früher, da schrieb ich alle zwei Wochen einen ganzen Roman. Erst denkt er sich in die Hauptfiguren des neuen Romans ein, macht während einiger Tage lange einsame Spaziergänge. Beobachtet, wie die Figuren miteinander umgehen und reden. Er muss sich in eine Person einfühlen, vermutlich wie ein Schauspieler, der sich mit seiner Rolle identifiziert. Aber er notiere keine Charakterisierungen von Personen, das mache er dann spontan aus der Stimmung heraus beim Schreiben. Er schreibe etwa zehn Tage lang, jeden Tag ein Kapitel, immer vormittags. Ziemlich diszipliniert, man darf ihn dabei absolut nicht stören!

Glauser wirft seine Jacke in den Sand und lässt sich erschöpft

darauf fallen. Sie sind mittlerweile oben im trockenen Strandteil angelangt. Ihm ist geradezu schlecht vor Hunger. Ist ein
Simenon denn nie hungrig? Vor seinen Augen wogen die Sandhäufchen auf und nieder wie das gelbe Wasser in der Ferne, das
seinerseits über die Ebene stiebt wie ein Mehlsturm …

Simenon bleibt neben ihm stehen. Er schaut aufs Meer.

Aber noch vor dem Schreiben wird ein gelbes Kuvert angelegt!

Wie bitte?

Ja, ein bis zwei Tage lang sammelt er die Fakten, die er für
die Handlung braucht und notiert sie auf einem großen gelben
Umschlag, alles was hilft, dass die Geschichte authentisch wird
und in der Wirklichkeit verankert ist, zum Beispiel Namen von
Straßen, Adressen von Hotels, Telefonnummern, Vornamen,
Nachnamen und Alter der Leute, Lebensläufe, Grundrisse von
Häusern, damit man sich die Bewegungen der Personen darin
vorstellen kann – solche Sachen halt. Und es muss ein gelbes
Kuvert sein … Eine Marotte, er weiß, bei seinem ersten Maigret
habe er diese Sachen auf ein gelbes Kuvert geschrieben, das
zufällig auf seinem Schreibtisch lag, und seither gehört es zum
Ritual!

Die Hand von Glauser häufelt Sand auf die nackten Füße.
Er schweigt.

Simenon lacht leicht verlegen und dreht sich zu Glauser:
Und Sie, Glosère, haben Sie nicht auch solche Rituale beim
Schreiben?

Hat Glosère nicht. Kann sich ein Glosère gar nicht leisten. Der
Glauser ist froh, wenn er überhaupt einen Tisch zum Schreiben
hat, Papier, Bleistifte, Schreibmaschine und – Ruhe!

Darum war es im kleinen Häuschen in La Bernerie, wo er
jetzt seit bald vier Monaten mit Berthe lebt, anfänglich ja so
wunderbar. Ein großer sonniger Raum, das Meer rauschte, die

Luft prickelte und er war wieder in eine Regelmäßigkeit gekommen. Aber die ewigen Geldnöte sind ihnen gefolgt, der Vormund, der die Honorare einkassiert, der Druck zu schreiben, damit Geld reinkommt ... Simenon hat vermutlich noch nie an drei Romanen gleichzeitig geschrieben, wie er jetzt an drei Studer-Romanen ... einen zum hundertsten Mal überarbeiten, einen schreiben und einen entwerfen!

Glauser seufzt. Mein Fluch ist, dass ich so langsam arbeite. Ich bin immer so verdammt unzufrieden, wenn ich etwas schreibe, und fange Sachen immer ein paarmal an, bevor sie mir gut scheinen. Gewöhnlich werfe ich den Anfang des Romans, wenn er zu zwei Dritteln gediehen ist, noch viermal um, das ist das mindeste, ich schwindle Sie nicht an! Den Anfang des «Schlumpf», mein erster Studer-Roman, hab ich acht Mal umgeschrieben!

Und der große Simenon überarbeitet nie, wirklich nie?

Simenon setzt sich ebenfalls, endlich.

Doch, nach der Phase des Schreibens kommt das Durchlesen, aber erst, wenn er sich ein paar Tage erholt hat. Dabei begnügt er sich mit einer Bereinigung der Sprache. Meist streiche ich radikal Adjektive und Adverbien, ändere aber nie die Grundstruktur der Handlung und Szenen.

Simenons Füße scharren eine Kuhle in den Sand. Immer größer. Immer tiefer.

Die Kritik werfe ihm oft vor, Aufbau, Stil, Sprache seiner literarischen Romane seien unsorgfältig, schluderig, ja schlampig. Es kostet Simenon sichtlich Mühe, das zu sagen. Einer der Gründe für seine Ungenauigkeiten ist sicher, dass er es hasst, seine Texte nochmal zu lesen. Wenn der Text geschrieben ist, ist er fertig. Man bringt ihn nicht dazu, Änderungen vorzunehmen. Was er instinktiv geschrieben hat, muss die Qualitäten und die Fehler des Instinktiven behalten.

Glauser häufelt rund um ihn herum weitere Sandhügelchen auf. Er wagt nicht, etwas zu sagen.

Simenon spricht zum Sand.

Gerne wäre ich auch fähig, am Text herumzuschleifen. Aber da ich nicht weiß, wie er gemacht ist, weiß ich noch weniger, wie er geflickt werden kann.

Ein solches Kokettieren kann sich ein Glauser nicht erlauben. Der große Simenon mag offensichtlich weniger das Schreiben als das Geschriebenhaben.

Glauser steckt trockene Grashalme in seine Sandhäufchen.

Ich habe die Durcharbeitung immer nur auf ein bescheidenes Durchfeilen des Stils beschränkt. Aber mir fehlt die Arbeitsmethode vollständig, ich habe doch bis jetzt eigentlich immer heruntergesaut, was die Konstruktion betrifft.

Simenon, die erloschene Pfeife im Mundwinkel, hat seine Arme auf die angewinkelten Knie gestützt, die Hände verschränkt und beobachtet, wie das Meer sich nähert.

Ja, genau, die Konstruktion. Wo stehen wir bei unserem Fall? Wir haben einen Toten, aber mit einer zweifelhaften Identität, eine Tat, von der man noch nicht genau weiß, ob Unfall, Selbstmord oder Mord, also folglich auch nicht, ob es dafür einen, keinen oder mehrere Täter oder eine Täterin gibt ... und wir haben zwei Ermittler: einen jungen, eifrigen, der müsste und nicht will, und einen Ausländer, der erst sollte und jetzt wieder nicht soll ... und als Sahnehäubchen eine Möchtegerndetektivin, die will und nicht darf – reichlich kompliziert, meinen Sie nicht auch Glosère?

Glauser hat einen kleinen Haufen Muscheln zusammengesammelt und steckt jetzt eine zu jedem Grashalm in die Sandhügelchen. Wie Grabhügel.

Na ja, mit dieser Ausgangslage riskieren wir wenigstens nicht, ins Schema einer banalen Rätselgeschichte zu fallen. Wo nach dem Mord auf der ersten Seite bald der Schlaumeier erscheint, allen Personen den Psychologenblick in einen unsichtbaren Schlitz einwirft, am Ring zieht und Geständnisse empfängt samt notwendiger Indizien. Nur die Hand braucht er auszustrecken. Dann geht er hin mit seinen Tickets, wie mit einem Rabattsparmarkenbüchlein, und kauft sich den Täter. Die Lösung blüht als Blümchen am Weg, der Schlaumeier pflückt sich die Lösung, steckt sie ins Knopfloch oder an den Hut und wandert weiter, andern Taten zu.

Simenon lacht schallend. Pas mal! Sie halten also auch nicht viel von Detektivgeschichten, die wie Brettspiele funktionieren, mit Regeln, die der Leser schnell erkennt: Der Mord ist ein Rätsel, der Superermittler ermittelt, Leute werden verhört, und Indizien werden geliefert und am Schluss gibt es vor den versammelten Verdächtigen die große Auflösung des Rätsels!

Glauser nickt, wie eine algebraische Gleichung mit einer Unbekannten und mit einer sauber hergeleiteten Lösung, und je besser der Schreiber den Leser in die Irre geführt hat, je überraschender und unerwarteter der Täter ist, desto besser die Kriminalgeschichte.

Nein, das langweilt mich!

Der Wind schiebt immer dichtere Wolken vom Horizont her über den Himmel. Es wird kühl. Glauser zieht seine Jacke über und vergräbt seine Hände wieder im sonnenwarmen Sand.

Simenon spürt den auffrischenden Wind nicht.

Aber was ist ein literarisch guter Kriminalroman?

Oh, Glauser hat durchaus eine klare Vorstellung. In seinem Brockhoff-Brief hat er es kürzlich unmissverständlich gesagt: Bei einem Autor habe er all das vereinigt gefunden, was er bei der gesamten Kriminalliteratur vermisst habe.

Der Autor heißt Simenon, und er hat einen Typus geschaffen, der, obwohl er einige Vorläufer hatte, nie mit einer solchen

Leidenschaftlichkeit gesehen worden ist: Kommissär Maigret. Ein durchschnittlicher Sicherheitsbeamter, vernünftig, ein wenig verträumt. Nicht der Kriminalfall an sich, die Entlarvung des Täters und die Lösung sind Hauptthema, sondern die Menschen und die Atmosphäre, in der sie sich bewegen. Merkwürdig an diesen Romanen – die eher längere Novellen sind – ist: Man bleibt gleichgültig, im Grunde, gegen die Lösung, obwohl die Fabel meist nach bewährtem Rezept hergestellt ist. Aber es weht zwischen den schwarzen Druckzeilen jene Traumluft, es scheint jenes Licht, das auch die bescheidensten, kleinsten Dinge zum Leben erweckt – zu einem bisweilen gespenstischen Leben. Der Täter? Er ist ein Mensch unter andern, wie es im alltäglichen Leben auch der Fall ist. Dass er entlarvt wird, ist gar nicht so wichtig, es gibt kein Aufatmen am Ende, keinen Theatercoup, die Geschichte hat eigentlich kein Ende, sie hört auf – es ist ein Abschnitt des Lebens, aber das Leben läuft weiter, unlogisch, packend, traurig und grotesk zugleich.

Doch von dieser Lobrede erzählt er Simenon nichts, erstens ist Glauser kein Arschkriecher und zweitens möchte er wissen, was Simenon selbst dazu sagt. Doch der wartet immer noch, was Glauser meint …

Glauser meint zögernd: Ich hab da so meine Theorie, nur weiß ich nicht, ob sie stimmt. Nicht wahr, die Handlung eines Kriminalromans kann man gewöhnlich auf drei Seiten erzählen, wenn es sein muss. Der Rest – die übrigen hundertachtundneunzig Schreibmaschinenseiten – sind Füllsel. Eigentlich ist das Problem nur das, was man mit diesem Füllsel anstellt.

Simenon lacht laut heraus, perfekt! Ganz genau! Um das Füllsel geht es mir, die vielen kleinen Dinge, die den Alltag der Menschen bestimmen, sie beschäftigen, ihnen das Leben erschweren – meistens jedenfalls –, deren Häufung manchmal so unerträglich ist, dass ein Verbrechen passiert.

Er sinnt über das Wasser, das steigt. Dann klopft er die Pfeife an einem Stein aus, schaut auf seine Armbanduhr und bemerkt Glausers Blick. Ein teures Ding, ja, die kommt aus Ihrem Land! Mon dieu, schon halb zwei, haben Sie denn keinen Hunger oder Durst?

Er sagt das taktvoll, denn er hat das heftige Magenknurren seines «Kollegen» sehr wohl gehört. Womöglich hat der sich vorhin aus lauter Hungerschwäche in den Sand gesetzt.

Glauser schüttelt den Kopf.

Doch Simenon hat verstanden – die Schweißtropfen auf der Stirn, der unstete Blick Glausers …

Aber *ich* sterbe vor Hunger (was er nie tut), dürfte ich Sie vielleicht zum Mittagessen einladen? Damit wir unsere Geschichte fortführen können.

Sie stehen auf, Sand klebt überall, Glauser schüttelt seine ausgebeulte Baumwollhose am Bund, Simenon steckt die Pfeife in die Tasche und klopft den feinen Flanell seiner Hosenbeine aus.

Sie stapfen barfuß durch den weichen Sand zurück. Den Wind haben sie meist im Rücken, stoßweise puscht er sie geradezu in Richtung Strandcafé und Hôtel de la Plage.

Glauser schlägt vor, dass die beiden Fahnder und die Möchtegerndetektivin endlich loslegen. Monsieur Simenon, Sie schicken Ihren Inspektor Picot und heimlich auch die Amélie los und ich kümmere mich um meinen Studer – der erste Ermittlungstag.

Simenon bleibt brüsk stehen. Halt, erst müssen wir bei unserem Montgomery Miller die Geschichte des Verbrechens erfinden – so es denn eines gegeben hat!, lacht er. Danach einigen wir uns über die Geschichte des Aufdeckens, das heißt über die Reihenfolge, in der die Leser was wie erfahren – eben den Kriminalroman.

Glauser sieht ihn verblüfft an.

So geht der Simenon also vor ... könnte man ja übernehmen für die nächsten Romanideen. Denn vieles spukt ihm im Kopf herum, Studer in Ascona, Studer in Angles ...

Simenon geht weiter.

Also, was haben wir bisher als Ausgangslage festgelegt: Der Montgomery Miller ist ungefähr um halb zwölf nachts, nachdem er im Café de la Plage noch etwas getrunken zu haben scheint – worüber wir jedoch keine Gewissheit, nur eine Vermutung von Amélie Morel haben – in die Dünen gegangen. Weshalb? Mögliche Gründe könnten ...

Die beiden Kriminalschriftsteller entfernen sich, ein jüngerer Herr in modischer Freizeithose mit assortiertem Hemd und ein sorglos und einfach gekleideter Mann, der älter ist als der andere, aber irgendwie jungenhafter wirkt.

Wirbelt der launische Wind anfänglich noch Fetzen von Sätzen heran – Simenons Lachen ... mal gespannt ... was Ihr Madelin über meinen Picot sagt ... – verebben ihre Stimmen endgültig, als die beiden Männer hinter einer Dünensenke verschwinden.

Der Wind pfeift über die trockenen Gräser, und das Meer steigt unaufhaltsam.

VIERTER TAG, ERSTER ERMITTLUNGS-TAG VON WACHTMEISTER STUDER, WÄHREND AMÉLIE MOREL IHRE EIGENEN WEGE GEHT

Am nächsten Morgen lag ein gräulicher Himmel über Saint-Georges: über dem Marktflecken am Rand des Marschlandes, über dem lichten Dünenwald und über den kunterbunten Sommervillen im Seebadviertel am Meer vorn. Der Wind schlief tief und fest, die Wolken frohlockten, hockten dick und behäbig da und ließen keinen Sonnenstrahl durch.

Im Grand Hôtel de la Plage stand im zweiten Stock seitlich ein Zimmerfenster offen. Über Balkone verfügen nur die Zimmer auf der ersten, nobleren Etage. Eine Möwe flog gelangweilt mehrere Runden, setzte sich dann auf das Fensterbrett und äugte schamlos ins Zimmer.

Amélie Morel stand im langen Barchent-Nachthemd vor dem großen Spiegel über dem Waschbecken, ihre Hand fuhr beinahe zärtlich den Kurven des weißen Porzellans nach und über die blitzenden Wasserhähne, einen für kaltes und, welch unglaublicher Komfort, einen für warmes Wasser! Du drehst einfach den Hahn mit dem roten Punkt und warmes Wasser fließt da raus! Sie drückte den Stöpsel ins Loch und füllte das Becken mit dem luxuriösen Nass, das durfte man nicht einfach so den Abfluss hinunter vergeuden! Sie netzte einen Waschlappen und fuhr sich genussvoll warm über Gesicht und Hals. Dann legte sie ihre dicken Strümpfe ins warme Wasser und wusch sie mit der kostbaren Seife, die den Gästen hingelegt wurde, wrang sie aus und jetzt – wohin damit zum Trocknen in diesem edlen Zimmer?

Schließlich hingen die tropfenden Strümpfe verschämt zuhinterst auf der Handtuchstange neben dem Waschbecken. Das Becken war von der morgendlichen Toilette arg verspritzt, Amélie rieb es mit dem Handtuch trocken. Oder macht das ein richtiger Hotelgast etwa nicht? Amélie Morel seufzte, wie soll sie das bloß alles wissen?

Ihr Zimmer war das erste im zweiten Stock und lag gleich gegenüber der Treppe, mit dem Vorteil, dass es nur ein angrenzendes Zimmer gab – das zurzeit nicht belegt war –, aber mit dem Nachteil, dass die beiden Badezimmer mit Toiletten – ja, das Grandhotel verfügte pro Etage über zwei Bäder! – ganz am andern Ende des Flurs lagen. Was wiederum den Vorteil hatte, dass man nachts nicht durch die Closetspülung geweckt wurde, wie in den Zimmern neben den Bädern, aber den Nachteil, dass man morgens manchmal vergebens den langen Gang unter die Pantoffeln nehmen musste. Die Diskretion in diesem Haus verbietet, dass man vor dem besetzten Bad wartet, alle Geräusche mitbekommt und sieht, wer den Raum verlässt. Nein, man kehrt ins Zimmer zurück und versucht es fünf Minuten später erneut. Auch das wusste sie jetzt, nachdem ein Herr beim Verlassen der Toilette die wartende Amélie Morel mit einem stechenden Blick durchbohrt hatte. Heute früh hatte sie Glück, ein Badezimmer mit Toilette war frei gewesen.

Sie band ihr Haarnetz los und rollte einen Lockenwickler nach dem andern aus dem Haar. Es war grässlich unbequem, damit zu schlafen, aber das kleinere Übel. Hier wollte sie jeden Tag perfekt frisiert sein. Mademoiselle Morels Eitelkeit wurde jedoch von ihren beschränkten finanziellen Möglichkeiten gedemütigt, sie konnte es sich nicht leisten, jeden zweiten Tag die Haare machen zu lassen wie die Damen hier im Hotel. Während sie ihr Haar ausbürstete, warf sie einen prüfenden Blick durch das offene Fenster und atmete tief ein. Die Luft war weich, mild und salzig.

Die Möwe flog gelangweilt davon und suchte sich ein offenes Fenster, hinter dem es aufregender zu- und herging.

Auf dem noch leeren Strand war der kleine Gaston eifrig dabei, Liegestühle und Sessel hinauszutragen, sie zu öffnen, ebenso die Strandkabinen, trotz des grauen Himmels, denn als Einheimischer wusste er, dass die Sonne spätestens am Mittag gegen die wichtigtuerischen Wolken gewinnen würde.

Die Kleider legte Amélie Morel immer am Vorabend heraus, heute das beige Sommerkostüm mit der grüngeblümten Bluse. Und die dünnen Strümpfe. Ihre Garderobe war bescheiden, zwei Kostüme, ein dunkles und ein helles, zwei Sommerkleider, zwei Röcke, zwei Kurzarm- und zwei Langarmblusen und die dunkelblaue Strickjacke, die zu allem passte. Die Damen hier im Haus zogen sich mehrmals täglich um ... Da kann sie nicht mithalten. Aber sie kombinierte die wenigen Stücke ihrer Garderobe so geschickt und immer wieder anders, dass man glaubte, die Demoiselle Morel trage täglich etwas Neues. Darauf kommt es doch an, die Wahrnehmung der Leute zu täuschen.

Amélie Morel durchfuhr ein heißer Gedanke: Und wenn das auch beim Tod des armen Monsieur Miller so ist? Dass man den Toten wahrnehmen soll als Ertrunkenen, dass alles danach *aussehen* soll? Wenn das, was man um den Tod von Miller herum *sah*, alles *falsch* war?

Aufgeregt bürstete und bürstete sie ihre Löckchen so heftig, dass sie schließlich kraftlos herunterhingen und die silbernen Haare aus der Bürste quollen. Am ganzen Fall Miller – der gemäß dem kleinen Laurent keiner war – gab es so viel Unerklärliches! Der Ehemann, an dem etwas so merkwürdig war, dass die Ehefrau kurz zweifelte ... die bizarre Kleidergeschichte ... das auffällige Verhalten des Zimmermädchens ... und ob er wirklich ertrunken war, konnte nur die Autopsie klären. Aber aus unerfindlichen Gründen will Laurent keine durchführen ...

Sie setzte sich an den Bettrand und zog sich kopfschüttelnd an. Was war nur mit ihrem Laurent los? Er sollte als Inspektor doch eine ordentliche Ermittlung durchführen! Aber was macht er – er verschwört sich mit diesen Millerschwestern! Die jüngere hat den dummen Jungen bereits schön bezirzt! Und er mauert. Auf dieser Mauer stand mit dicken Lettern: UNFALL. Unfall und basta. Dem Schweizer Kommissar, einer der ganz brummigen Sorte, fand Amélie Morel, dem scheint das auch nicht zu gefallen.

Es klopfte heftig an die Zimmertür, Frühstück, Madame!

Mademoiselle öffnete entrüstet die Tür.

– Das ist ein Irrtum! Niemals würde sie im Zimmer frühstücken, das geht dann doch zu weit!

Oder kann sich etwa jemand Mademoiselle Morel im Nachthemd im Bett sitzend vorstellen, die Kissen in den Rücken gestopft, damit die Stangen des Messinggestells nicht so drückten, das Frühstückstablett auf dem Schoß, wie sie mit kleinen Schlucken den Morgenkaffee aus der zarten Porzellantasse schlürft und genüsslich das Croissant in den Kaffee tunkt, wobei sie achtgibt, dass keine Brosamen auf die rubinrote Satinbettdecke fallen? Unvorstellbar, nicht wahr! Im Bett frühstücken war aller Laster Anfang!

Der junge Boy entschuldigte sich für das Versehen, er habe seine Saisonstelle erst vor einem Tag angetreten, und zog mit seinem Frühstückstablett zum nächsten Zimmer weiter.

Nein, Mademoiselle Morel nimmt das Frühstück selbstverständlich im Speisesaal ein, ordentlich an einem Tisch sitzend, aufrecht. Da sie jeweils als eine der ersten herunterkommt, hat die Serviererin ihr einen schönen Fenstertisch zugeteilt. Obwohl sie nur ein Gast aus der zweiten Etage ist ...

Sie schloss die Zimmertür. Sie wird gleich hinuntergehen. Ihr Blick fiel auf das ungemachte Bett. Wie peinlich das doch ist, wenn die Spuren, die ihr Schlaf hinterlassen hat, so vor dem Zimmermädchen zur Schau gestellt werden ... Oder in den Zimmern der Paare, was deren zerwühlte Betten der neugierigen kleinen Marthe wohl so alles erzählen ... Amélie schauderte, nein, die Bloßstellung ihrer nächtlichen Intimität, auch wenn die selbstredend völlig tugendhaft war, ließ sie nicht zu.

Es war stärker als sie. Sie schlug die rubinrote Satinbettdecke und das Laken säuberlich über das Fußende zurück, um das Bett gut auszulüften, dann zog sie das Unterleintuch seitlich straff unter die Matratze.

Auch diese Nacht hatte sie schlecht geschlafen. Lange war sie wachgelegen. Üble Träume plagten sie. Sie folgte einer Gestalt – war es ein Mann oder eine Frau? – durch die Düne, stockfinster rundherum, sie war barfuß und sank bei jedem Schritt tief im Sand ein, sie keuchte, und als sie aufsah, hatte die Gestalt kehrtgemacht, kam auf sie zu und begann, *sie* zu verfolgen!

Kerzengerade saß sie danach im Bett, es hämmerte wild in ihrer Brust, von Wiedereinschlafen keine Rede.

Wer mag vor ihr in diesem Bett geschlafen haben? Ein glücklicher oder ein trauriger Mensch? Hockten seine Träume oder Alpträume vielleicht noch heimtückisch tief im Kissen? Ihr war der Atem gestockt ob dieser Vorstellung. Als sie jeweils in den Kammern der Hotelangestellten schlief, waren ihr nie solche Gedanken gekommen, das waren Leute wie sie, deren Hoffnungen und Ängste kannte sie. Aber in diesem Hotelbett lauerten Stimmen der Reichen ... die wundern sich ... wie kommt denn eine kleine Krankenschwester in dieses Zimmer?

Das Meer rauschte ferner als die Nacht zuvor, kam ihr vor,

als ob es sich zurückgezogen hätte, um die Kulisse den Geräuschen des Hotels zu überlassen.

Die Zimmerwände begannen zu flüstern ... sie machten sich lustig über die kleine Krankenschwester ... die wollen wir ganz schnell vertreiben ... die Tapetengirlanden wanden sich, wisperten und kicherten ... Amélie hatte vergeblich die Hände gegen die Ohren gepresst ... In den dunklen Zimmerecken atmeten noch die heimlichen Gedanken der letzten Bewohner, von keinem Staubwedel vertrieben.

Irgendwann gegen Morgen hatten ihre eigenen Träume es schließlich geschafft, die fremden zu vertreiben, und sie war in einen unruhigen Schlaf gefallen.

Während sie jetzt schnell den Inhalt ihrer Handtasche überprüfte – Brille war drin, auch das Taschentuch, Portemonnaie, der Hausschlüssel, der kam immer mit, selbst im Grandhotel liess Amélie Morel ihre Tasche nie im Zimmer liegen – wirbelten alle ihre Gedanken um *einen* Gedanken, der sich im Kopf festgekrallt hat: Wenn der kleine Laurent nichts unternahm, dann muss Tante Amélie all diese flagranten Unstimmigkeiten im Fall Miller klären! Er zwingt sie geradewegs dazu!

Das wird natürlich auch der Schweizer Kommissar tun, das hat sie in seinen misstrauischen Augen gesehen. Dem musst du aus dem Weg gehen, mit dem ist nicht gut Kirschen essen ...

In Amélies Brust wuchs mit einem Mal ein Ehrgeiz heran, ein Gefühl, das ihr heiß zu Kopf stieg und die Wangen rötete ... Amélie Morel hat es gepackt. Sie wird ihre eigenen Nachforschungen anstellen. Der Laurent wird schon sehen! Und dieser Commissaire Stüdère auch!

Es wurmte sie allerdings, dass der Schweizer mit den beiden Miller-Damen in ihrer Sprache reden kann ... Aber Mademoiselle Morel wohnt im Hotel und genießt quasi Heimvorteil ... sie kann dafür sorgen, dass sie zufällig gewissen Personen begegnet, die sie in ein absichtsloses Gespräch verwickelt ... als Hotelgast ... während der Schweizer Kommissar seine Befragung hier im Haus nicht ohne entsprechendes Aufsehen durchführen kann ... was der Hoteldirektor doch um jeden Preis vermeiden will!

Vor allem mit dem Zimmermädchen musst du als erste reden, Amélie! Denn ein Gefühl sagte ihr, dass die misstrauische Anna sich nicht zweimal ausfragen ließ.

Mit einem entschlossenen Lächeln, das gar ein klein wenig boshaft schien, packte Amélie Morel ihre Handtasche mit der einen, die Zimmerschlüssel mit der andern Hand und öffnete die Tür.

Vom Grand Hôtel de la Plage ging es Richtung Dorf etwa zweihundert Meter die Avenue de la Plage hinauf, mit ihren eleganten Geschäften, die zu dieser Morgenstunde alle noch die Gitter heruntergelassen hatten, dann kurz vor dem Dünenwald nach rechts und man stand nach wenigen Schritten vor der Familienpension Zur Goldenen Glocke.

Im zweiten Stock war eines der Zimmerfenster gegen den Wald zu geöffnet. Eine Elster hüpfte unentschlossen auf einem langen Kiefernast hin und her und beobachtete den Mann am Fenster, wo es verführerisch glitzerte.

Studer stand im Unterhemd vor dem kleinen Spiegel, den er an den Fenstergriff gehängt hatte, das Gesicht voller Schaum, die Hosenträger baumelten über die Hose. Gerade fuhr er mit dem Messer langsam über die Backe bis zum Schnauz, die Klinge schnitt nicht recht, Studer hatte einen starken Bart, als die gierige Elster aufflog und auf dem Fenstersims landete. Der Wachtmeister zuckte zusammen und ein brennender Stich durchfuhr ihn, warm rann es bald über das Kinn.

Gopfridstutz! Er riss das Handtuch vom Ständer, ließ ein

paar Tropfen Kölnischwasser – s'Hedy hat immer dabei – auf eine Ecke tropfen und presste es auf den kleinen Schnitt mitten auf der Backe ... es brannte höllisch!

Grimmig schlug der Wachtmeister mit dem Handtuch nach der lauernden Elster. Schimpfend flatterte sie davon.

– Was isch das au für än Lärm? Frau Studer setzte sich mit verschlafenen Augen und verstrubeltem Haar im Bett auf, wie spät es denn sei?

– Kurz nach sieben, brummte Studer, die Lippen noch mit Schaum bedeckt, s'Hedy brauche noch nicht aufzustehen ...

Keine Lust zu sprechen, er musste nachdenken, über vieles nachdenken!

Er tauchte die Klinge ins trübe Wasser der Schüssel auf dem Waschtisch, schwenkte sie, bis sie sauber war, füllte aus dem Krug frisches Wasser in seine gewölbte Hand und spritzte es ins Gesicht. Es gab in der Pension kein fließendes Wasser in den Zimmern, bloß im Badezimmer auf dem Flur. Früh aufstehen muss man, wenn man baden oder auf Toilette will. Vor dem Bad stehen zwei Stühle wie im Wartezimmer beim Doktor.

Studer sah aus dem Fenster, sah in den Kiefernwald hinaus und rubbelte sich Gesicht und Kehle trocken, rieb die Seifenreste aus den Ohren, mit dem Handtuch voller Blutflecken.

Er hatte schlecht geschlafen. Kaum ein Auge zugetan. Trotz des offenen Fensters war ihm heiß. Die ganze Nacht öffneten sich Türen, draußen auf dem Korridor schlurften Schritte zur Toilette, nichts Ungewöhnliches, es schien ihm jedoch, dass auf dem Flur viel mehr Leute hin- und hergingen, als die Pension überhaupt beherbergte. Er wartete jeweils ergeben, bis das Rauschen der Wasserspülung durch das Haus hallte, danach musste man während zehn Minuten zuhören, wie das Wasser langsam in den Kasten floß, bevor man versuchen konnte wieder einzuschlafen.

Ein kleines Kind schrie im Zimmer nebenan. Schwere Schritte tappten über seinem Kopf. Auf der andern Seite schnarchte der Nachbar, die dünne Wand zwischen ihren Zimmern vibrierte. Auch das Hedy schnarchte, aber zarter, und daran ist man gewöhnt. Zwischen den Geräuschen ist er wohl immer wieder eingenickt. Die Gedanken, die ihn plagten, krochen in seinen Schlaf und belästigten ihn als wirre Träume.

Dass der Montgomery Müller betrunken ertrunken sein soll, stinkt doch zum Himmel! Umso mehr, weil alle es so wollen, alle, außer diese Jungfer Morel, die hat dem Inspektor – ihrem Neffen! – auch entrüstet zugehört. Aber die zählt ja nicht …

Studer rieb gedankenverloren mit dem Tuch über die Schnittwunde und verschmierte die Blutstropfen über seine frisch rasierte Backe. Warum will der Inspektor den Toten so schnell wie möglich loswerden? … Was verbirgt die Müllerin? … Was weiß das hübsche Fräulein Adrienne? … Wovor hat das Zimmermädchen Anna Angst? … Sie musste er als Erste befragen … dann Zeugen suchen, die den Müller am letzten Abend gesehen hatten … Was zum Teufel trieb der reiche Geschäftsmann, der er offensichtlich war, spät nachts in den Dünen?

Der Wachtmeister seufzte, und das alles musste er herausfinden, bevor … Doch für wen arbeitete er eigentlich? Für die Wahrheit, für die Gerechtigkeit! Nicht für den einflussreichen Stettler, dem der oberste Polizeidirektor keinen Gefallen abzuschlagen wagt, den man nicht kennt und der einen auch nicht kennt. Und dessen Töchtern nichts daran liegt, dass man ernsthafte Ermittlungen anstellt … Aber das wird er, bevor man ihm den Fall, der keiner sein darf, offiziell entzieht!

Denn Studer war keineswegs sicher, ob der «Alte» in Bern nicht einknicken wird, wenn der einflussreiche Stettler ihm nahelegt, den Berner Fahnder in Frankreich abzuziehen … obwohl man dem Polizeidirektor gestern Nacht telegrafiert hatte, dass mit Sicherheit etwas an der Sache faul sei und der Leichnam nach Ankunft in der Schweiz beschlagnahmt und obduziert, kurz eine Untersuchung eingeleitet werden müsse ... Aber man hat keine Beweise!

Also los, Alter, Indizien sammeln ... und dabei die Jungfer Morel im Auge behalten! Die gwundrige Spürnase wär durchaus imstande, auf eigene Faust zu ermitteln ... die soll sich hüten, dem Wachtmeister in die Quere zu kommen! ... Denen hier zeigen wir's! Ein grimmiges Lächeln lag um Studers Mund, als er sein Hemd zuknöpfte.

Marthe, das Zimmermädchen der zweiten Etage des Grandhotels, die mollige Kleine mit roten Wangen und zwei dicken Zöpfen um den Kopf gewickelt, grüßte Mademoiselle Morel mit einem schrägen Lächeln, bevor sie mit frischen Handtüchern in einem Zimmer verschwand.

Amélie Morel, mit dem ersten Fuß auf der Treppe, nickte zerstreut. Der Zeitpunkt schien günstig ... die Anna arbeitet auf der ersten Etage ... wenn man sich dort etwas aufhielte, könnte man ihr zufällig begegnen ...

Der Flur im ersten Stock war breiter als im zweiten, zierliche Tischchen mit frischen Blumen standen zwischen den Zimmertüren. Ein sanfter Geruch nach frischer Wäsche und Rosen füllte den Korridor. Seltsam, auf ihrer Etage roch es eher nach Lavendel. Der Flur war leer. Es gab absolut keinen Grund für einen Gast der zweiten Etage, sich hier herumzutreiben.

Amélie trippelte den breiten Korridor hinunter, der grünrot gemusterte Teppich dämpfte ihre Schritte. Ein verirrter Gast, der ein bestimmtes Zimmer zu suchen schien? Hinter einer Tür rasselte ein Wecker, hinter einer andern rauschte der Wasserhahn, aus der nächsten drang Stimmengemurmel.

Sie hatte das beschämende Gefühl, unrechtmäßig in eine

fremde Wohnung einzudringen, und hoffte inständig, dass sich bald die Tür zur Wäschekammer – hinter der die Personaltreppe lag, so viel hatte sie bereits gestern ausgekundschaftet – oder eine Zimmertür öffnen und das Zimmermädchen Anna heraustreten würde.

Hinter ihrem Rücken öffnete sich eine Tür. Ein Luftzug strich über Amélies roten Kopf und entwich am Ende des Flurs durch das offene Fenster. Die Tür fiel ins Schloss und eine Männerstimme in Begleitung einer helleren Frauenstimme entfernte sich langsam Richtung Treppe.

Wie peinlich, die ehrenwerte Demoiselle Morel schlich wie eine Diebin auf der Hoteletage umher. Aber wenn eine Idee sich in ihrem Kopf einnistete, blieb sie dort für lange Zeit! Und diese Idee jetzt kam von ihrem Ehrgeiz, unbedingt als Erste mit der Anna zu reden!

Nichts rührte sich mehr auf dem Flur. Die Tür zur Wäschekammer blieb hartnäckig zu. Enttäuscht kehrte sie um und ging zurück zur Treppe. Vielleicht gibt es in der Hotelhalle eine unverhoffte Gelegenheit, mit dieser Anna ein paar Worte zu reden, insbesondere über die Kleidergeschichte, die Amélie hartnäckig verfolgte.

Als sie die Hotelhalle betrat, gab es eine unverhoffte Gelegenheit, allerdings nicht mit Anna, sondern mit dem Hoteldirektor, für den die Gelegenheit aber erhofft war, hatte er doch auf die Tante des Inspektors gelauert.

Monsieur Leroy kam mit ausgebreiteten Armen und Honiglächeln so zielstrebig auf sie zu, dass Amélie Morel verdutzt hinter sich schaute, er meinte doch wohl nicht sie …

– Hat das Fräulein Doktor gut geschlafen?

Nicht nur die schwarzen, quer über die glatzköpfige Stirn geklebten Haare von Leroy waren ölig, auch seine Stimme klang so.

Sie nickte eingeschüchtert, was wollte der wichtige Herr Hoteldirektor ausgerechnet von ihr?

– Mademoiselle, Sie wissen vermutlich ... Monsieur Leroy brach ab und führte sie etwas auf die Seite, da sie den Gästen, die zum Frühstück herunterkamen, am Fuß der Treppe den Weg versperrten.

– Gestern Abend, auf der Terrasse, wer war denn dieser Herr, der zu Ihnen gestoßen ist? Wohl ein Kollege des Herrn Inspektor?

Amélie nestelte verlegen in ihrer Handtasche herum. Ein Solidaritätskampf wogte in ihrer Brust, sie musste dem Herrn Hoteldirektor, eine Respektsperson!, antworten, aber Laurent war ihr Neffe! Er vertraute darauf, dass sie nichts von dem ausplauderte, was sie gehört hatte ... Und sie hatte doch mit Anna reden wollen ... Sie warf einen verstohlenen Blick nach hinten, wo eine Schwingtür in den Personalbereich führte.

– Ist der andere Inspektor im Urlaub hier? Aber es war kein zufälliges Treffen, nicht wahr?

Hörte Mademoiselle Morel überhaupt zu? Das Lächeln des Hoteldirektors wurde immer gequälter.

Amélie sah es nicht, aber sie malte es sich aus, während sie in ihrer Tasche kramte und fieberhaft überlegte, was sie dem besorgten Herrn Hoteldirektor sagen durfte und wollte. Als sie den Kopf hob, trat gerade der Portier aus der Personaltür, und sie erhaschte einen kurzen Blick in den Raum – die Anna stand dort und füllte saubere Wäsche in den Warenaufzug. Wie sollte sie es bloß anstellen, mit dem Mädchen zu sprechen?

– Sie müssen verstehen, Mademoiselle, dass ich äußerst beunruhigt bin und mich natürlich frage, warum noch ein Herr Inspektor ... Was bedeutet das? Ja, ich bin höchst besorgt, Mademoiselle, das verstehen Sie als Gast bestimmt ... dieser unglückliche Unfall ... mon dieu, und ausgerechnet ein Gast meines Hauses ... die Reputation ... und das zu Beginn der Urlaubssaison ... ich bin untröstlich ... Monsieur et Madame Miller aus Zürich sind treue Stammgäste ... die arme Madame Miller ... seit drei Jahren verbringen sie den Monat Juli in unserem Haus, dieses Jahr sind sie etwas früher gekommen, wegen der Weltausstellung in Paris, Monsieur besucht jeweils Geschäftsfreunde, wenn er ...

– Stüdère, platzte Amélie Morel heraus und unterbrach etwas unhöflich den Redeschwall. Sie ließ die Personaltür nicht aus den Augen. Der Hoteldirektor wich leicht zurück.

– Wie bitte?

– Stüdère. Commissaire Stüdère heißt er. Aus der Schweiz.

– Wie bitte? Aus der Schweiz? Leroy flatterte nervös mit seinen Händen, warum denn ein Kommissar aus der Schweiz ... Der Herr Inspektor hatte ihm doch gestern versichert, es sei ein Unfall und die Geschichte so gut wie erledigt ... Ebenso Madame Miller, sie war sicher, dass ...

Nein, die Geschichte ist bestimmt nicht erledigt und dafür wird Amélie Morel sorgen! Monsieur Leroy kann keine Gedanken lesen ... Amélie Morel hob unschuldig die Schultern, tja, was soll sie dazu sagen ...

– Da wär noch etwas ...

Leroy senkte seine Stimme auf ein verschwörerisches Flüstern und wies mit dem Kopf auf einen der Sessel beim Eingang, auf dem ein hagerer Mann saß, dessen förmlicher Anzug wie ein moralischer Mahnfinger aus der leichtsinnigen Strandkleidung der Hotelgäste herausragte.

– Der Fremde dort sitzt seit einer halben Stunde da, er hat an der Rezeption nach Miller gefragt ... ein Geschäftspartner von ihm? Ich habe ihm angeboten, Madame Miller zu rufen ... aber sie will er auf keinen Fall sehen ... seither wartet er ...

Er jammerte weiter:

113

– … was soll ich dem Mann sagen … ich kann doch nicht …
dann haben wir die Zeitung gleich im Haus … oh mon Dieu,
bestimmt ist das ein Reporter, der uns eine Falle stellt …

Diese Vorstellung versetzte den armen Hoteldirektor derart
in Panik, dass er die Hände verwarf – und Amélie endlich losließ.

– Wenn Sie es wünschen, Herr Direktor, rede ich mal mit
dem Mann. Wenn es wirklich ein Reporter ist, dann weiß ich,
wie man ihn abwimmelt, keine Sorge, Herr Direktor!

Erleichtert packte Amélie Morel die Gelegenheit wegzu-
kommen, sie war aufgeregt, wer ist der Mann und was will der
von Miller?

Sie näherte sich von der Seite und hatte Zeit, den Wartenden
zu begutachten. Der Mann trug einen dunklen Anzug, dessen
Jackett ähnlich einer Litewka hochgeschlossen war. Er sah aus
wie eine unbekömmliche Mischung aus Gerichtsvollzieher und
Bestatter – ihm fehlt nur noch die braune Ledermappe mit dem
Gerichtsbeschluss oder mit dem Katalog von Sargmodellen,
aber ganz bestimmt ist das kein Reporter!

Der «Bestatter» – so nannte sie ihn der Einfachheit halber
– saß unbeweglich da und schaute durch die offene Eingangstür
hinaus. Ein scharfes Profil mit einer hervorspringenden Nase
über dünnen Lippen und einem grauen Spitzbärtchen, glatt
zurückgekämmtes graues Haar, graue Büschel, die aus dem Ohr
wucherten, und am Ohrläppchen eine Warze.

– Gestatten Sie, Monsieur? Amélie Morel rückte den nächst-
stehenden Sessel zurecht und setzte sich dem «Bestatter» gegenüber.

Der Mann schaute die aufdringliche Dame befremdet an
und rückte mit seinem Sessel unwillkürlich etwas weg.

– Bitte sehr!, meinte er abweisend und fixierte weiter die
offene Eingangstür.

– Herrliches Wetter heute, nicht wahr, Monsieur? Vielleicht

noch etwas frisch, aber, machen Sie sich keine Sorgen, gegen Mittag wird es aufhellen! ... Ein sehr angenehmes Hotel, nicht wahr, Monsieur? ... Es gefällt mir ausgezeichnet hier ... Sie sind wohl erst heute angekommen? ...

Amélie Morel saß aufrecht im Sessel, die Handtasche auf den Knien, den Griff mit beiden Händen umfasst, und strahlte den fremden Herrn an, mit der unerträglichen Munterkeit der alleinstehenden älteren Damen, die im Hotel keine Höflichkeitsdistanz kennen und andere Gäste leutselig ansprechen – man ist eine Schicksalsgemeinschaft, wenn man unter dem gleichen Dach schläft, nicht wahr? In jedem Hotel der Welt gibt es sie. Amélie spielte die Rolle so überzeugend, dass ihr Neffe, hätte er sie jetzt beobachtet, seinen Augen nicht getraut hätte, schauspielerte sie oder war das vielleicht doch eine Seite von Tantchen, die er noch nicht kannte?

Der «Bestatter» tat, als ob er nichts gehört hätte, und schickte seinem Gegenüber sämtliche Zeichen, dass er nicht mit ihr sprechen wollte: Er drehte sich weg, er schaute aufmerksam vorbeigehenden Gästen nach, er nahm gar die Zeitung von gestern vom Tisch und begann interessiert darin zu blättern.

Aber so leicht wird man eine Amélie Morel nicht los!

– Sie sind bestimmt soeben angekommen und noch fremd hier? Das wird sich bald ändern, Sie werden sehen, alles nette Leute hier ... angefangen mit mir!

Amélie Morel lächelte leicht verschämt, sie beugte sich nach vorn, hielt dem «Bestatter» die Hand hin.

– Wir hatten noch nicht das Vergnügen ... Amélie Morel, *Mademoiselle* Morel ... seit vier Tagen im Urlaub hier! Und sie drückte die Hand, die man ihr widerwillig reichte, mit größter Herzlichkeit.

Der Hoteldirektor, der kurz aus seinem Büro herausgetreten war, sah mit größter Besorgnis zu den beiden hinüber.

Der «Bestatter» murmelte etwas, das sich anhörte wie: Bin kein Gast hier!, und las weiter angestrengt in den Nachrichten von gestern.

– Dann warten Sie wohl auf jemanden, Monsieur ...?

– Lopez!

Der «Bestatter» oder eben Monsieur Lopez wurde hochrot und biss sich sogleich auf die Lippen. Wie konnte er nur, sich so hinreißen lassen und seinen Namen nennen!

– Bestimmt warten Sie auf Ihre werte Frau Gemahlin, Monsieur Lopez! Ja, wir Damen brauchen eben unsere Zeit, bis wir bereit sind!

Und wieder lächelte sie harmlos und lauernd, auf dass der andere endlich einknicke. Er zischte hinter der Zeitung – nein, Geschäfte!

– Oh je! ... Und Ihr Geschäftspartner ist noch nicht aufgetaucht!

Amélie Morels Stimme wurde vertraulich und mitfühlend.

– Wie heißt er denn, Ihr Geschäftspartner? Wissen Sie, ich kenne alle Gäste hier ... verschämtes Lächeln und Hüsteln ... ich kann Ihnen vielleicht sagen, wo er sich gerade aufhält!

Und Amélie Morel, die alte Füchsin, hatte richtig spekuliert.

Der «Bestatter» ließ die Zeitung sinken und schaute sein nervtötendes Gegenüber erstmals richtig an ... Lopez hatte stechende Augen, in denen jetzt ein unangenehm drohender Ausdruck lag. Was Amélie nicht weiter erschütterte, auch nicht, als der andere seine Augen prüfend zu schmalen Schlitzen verengte, denn sie las Lopez Gedanken: Vielleicht könnte ihm die Klatschbase tatsächlich nützlich sein ...

So erfuhr die neugierige Möchtegernermittlerin in den nächsten zehn Minuten einiges, was *ihr* nützlich war, sie aber auch ziemlich verwirrte, denn es passte nicht zum Bild, das sich Amélie Morel von Monsieur Miller gemacht hatte.

Der hatte Lopez ins Hôtel de la Plage bestellt ... vor ein paar Tagen schon, aber er konnte erst heute kommen ... Miller schuldete Lopez Geld, richtig viel Geld (darum wartete Lopez so hartnäckig!) ... Oh! Woher denn? ... Achselzucken ... Was für Geschäfte denn? ... Ausweichen – Warenhandel, Kolonien, Import-Export ... Wann hatte er Monsieur Miller denn zum letzten Mal gesehen? ... Ausweichen – vor einiger Zeit ... Hatte Monsieur Miller etwa Feinde? ... Achselzucken ...

Die Fragen der Nervensäge machten Lopez langsam misstrauisch. Wozu brauchte sie das alles zu wissen, nur um ihm zu sagen, wo dieser verfluchte Miller steckte?

Dennoch hätte die mitfühlende Amélie Morel dem Monsieur Lopez vermutlich noch mehr höchst Interessantes entlocken können, wenn nicht ... ja, wenn nicht in diesem Augenblick der Schweizer Kommissar die Hotelhalle betreten hätte!

Der marschierte stracks zur Rezeption, sah Mademoiselle Morel nicht oder tat so, als ob er sie nicht sähe.

Amélie vergaß Lopez und starrte ihm nach ... und sie musste zusehen, wie der kurz mit Monsieur Bertrand sprach ... wie der Portier an die Tür der Direktion klopfte ... wie ein honiglächelnder Monsieur Leroy heraustrat und dem Schweizer beinahe mit einem Bückling die Hand schüttelte ... wie die beiden sich kurz unterhielten ... wobei Monsieur Leroy eins ums andere Mal heftig nickte ... wie er den Commissaire Stüdère am Arm Richtung Personaltür führte ... und wie die beiden schließlich dort hindurch verschwanden ...

Und Amélie Morel blieb überrumpelt in der Hotellobby sitzen – sitzengelassen!

Der Schweizer Kommissar, wer hätte das gedacht, war ihr zuvorgekommen ... das ist ein alter Spürhund ... der zieht der Anna jetzt bestimmt die Würmer aus der Nase ... genau wie sie selbst es getan hätte ... wäre sie hartnäckiger gewesen! Amélie

Morel hatte das Nachsehen, es blieb ihr nichts anderes übrig, als zu warten, bis sie an die Reihe kam. Sie presste die Lippen zusammen.

– Und Sie, Madame, Sie wissen also, wo Miller ist? Wo ich ihn finden kann? Lopez hatte ihre Fragen beantwortet, jetzt war es an der Klatschbase, ihm endlich zu sagen, wo Miller steckte!

– In der Gerichtsmedizin!, warf Amélie hin, sie hatte jetzt keine Augen mehr für Monsieur Lopez, sie musste nachdenken!

Was hatte der Schweizer Kommissar vor? Der besprach sich nicht mit Laurent. Der verfolgt seine eigene Fährte ... Gedankenverloren sah sie den lachenden Familien nach, die mit Bällen, Eimerchen und Schaufeln bewaffnet an ihnen vorbei zum Ausgang zogen.

Sie bemerkte das erstaunte Gesicht von Lopez nicht, der glaubte, sich verhört zu haben.

– Wo bitte soll Miller sein?

– Im Gerichtsmedizinischen Institut, tot ist Monsieur Miller, mausetot!

Amélie Morel kümmerte sich nicht mehr um den armen Lopez. Sie wartete höchst ungeduldig darauf, dass der Schweizer Kommissar wieder herauskam. Und wenn sie sich ihm an die Fersen heften, ihm Schritt für Schritt folgen würde? ... Nein, besser sich in die Überlegungen ihres Rivalen hineindenken ... um seine nächsten Schritte vorauszusehen ... und immer einen Schritt schneller als er zu sein! ... Aber wie? Amélie begriff plötzlich: Der Commissaire Stüdère machte das, was sie selbst vorhatte! Nämlich Zeugen suchen und ausfragen!

Lopez' Gesicht wurde kreidebleich, als er hörte, dass Miller tot war. Was Amélie Morel nicht bemerkte, so versunken in ihre Gedanken, wie sie war.

Hastig raffte Lopez die braune Ledermappe an sich – die es tatsächlich gab und die am Boden an den Sessel gelehnt stand, sodass Amélie sie bisher nicht gesehen hatte – und eilte, ja rannte mit großen Schritten aus dem Hotel hinaus, ohne sich von seinem unheimlichen Gegenüber zu verabschieden.

Amélie Morel schaute ihm verdutzt nach, dann fiel ihr auf, dass der «Bestatter» keine Fragen gestellt hatte, dass er nichts über die genaueren Umstände von Monsieur Millers Tod wissen wollte ... Aber er scheint nichts von diesem Unfall gewusst zu haben.

Sie wiegte den Kopf hin und her und nickte dann heftig – es war eben kein Unfall! Denn dieser merkwürdige Lopez bekam offensichtlich Angst, dass man es auch auf ihn absehen könnte! Weshalb sonst hätte er das Hotel so panikartig verlassen?

Darüber vergaß sie für einen Augenblick gar ihren Konkurrenten, der jetzt bestimmt wichtige Hinweise aus Anna herausquetschte. Sie strich ihren Rock glatt und zog sich mit einiger Mühe aus dem tiefen Sessel hoch. Sie packte ihre Handtasche, Amélie, jetzt gilt es, Zeugen zu suchen, mit denen Monsieur Miller zuletzt noch gesprochen hatte!

Murmelnd und kopfschüttelnd ging sie zum Ausgang. Dubioser Kerl, dieser «Bestatter» ... dem möchte sie nicht nachts allein auf dunkler Straße begegnen ... Sie schauderte ... Aber einiges hat sie erfahren, sieh einer an, vielleicht kein so weißes Schaf dieser Monsieur Miller, trieb undurchsichtigen Handel mit den Kolonien, hohe Schulden hatte er, merkwürdige Geschäftspartner ebenso ...

Ja, Wachtmeister Studer durchquerte die Hotelhalle mit großen Schritten, denn gleich beim Betreten fühlte er sich fremd. In die Enge getrieben. Die Welt der Grandhotels kannte er nicht von innen, dort ermittelt in der Regel kein einfacher Fahnder.

Aber hier hielten ihn ja alle für einen Kommissär ... So sei es! Trotzig beschloß er, dieses leidige Missverständnis künftig nicht mehr zu klären. Jawoll!

Die Halle des Grandhotels war zwar um einiges imposanter als der Eingang seiner Familienpension, aber «Halle» war auch hier etwas übertrieben, sie entsprach eher einem sehr breiten Flur, auf den die Gästetreppe mit ihrem dicken dunkelroten Läufer mündete, links das Büro der Hoteldirektion hinter einer Milchglasscheibe und rechts die Rezeption, hinter der Monsieur Bertrand sich um ein neu angekommenes Ehepaar kümmerte.

Beidseits der Eingangstür standen ein paar Sessel herum, auf den niedrigen Tischchen dazwischen versuchten bunte Illustrierte und die zerfledderte Abendzeitung von gestern die Aufmerksamkeit der Vorübergehenden zu erhaschen. Dort saß die Jungfer Morel von gestern Abend, wie Studer aus den Augenwinkeln sehr wohl bemerkt hatte. Ganz offensichtlich fragte die jemanden aus, einen seltsamen Kerl ... der Tante des Inspektors soll bloß nicht einfallen, seine Ermittlung zu behindern! Studer musste auf der Hut sein, was er dem Inspektor berichtete.

Madelins Antworttelegramm war ihm bereits heute Morgen in die Pension gebracht worden, die aus Bern ließen noch auf sich warten. Es war eine diplomatische Antwort, aber der erfahrene Wachtmeister wusste bestens zwischen den Zeilen zu lesen. Laurent Picot war sechs Monate bei Madelin in der Ausbildung gewesen, ein braver Kerl, willig, eifrig, fleissig. Mit andern Worten: Wenn Picot von oben Druck bekommt, wird er gehorchen. Befehl ist Befehl. Auch wenn man die Tatsachen etwas zurechtbiegen muss.

Der Wachtmeister wartete an der Rezeption und schwitzte, er fuhr mit dem Zeigefinger zwischen Hals und Kragen, doch der klebte an der Haut und aufknöpfen schickte sich wohl nicht in dieser schicken Hotelhalle.

Während das ältere Paar vor ihm die Anmeldeformulare ausfüllte, nahm Studer die Stimmung des Ortes auf, ja, er atmete sie geradezu ein. Das Ehepaar sah ziemlich nobel aus, eine doppelreihige Perlenkette lugte zwischen Hut, silbernen Locken und Jackenkragen der Dame hervor, schwer lag sie auf ihrem faltigen Nacken.

Aber der Wachtmeister ließ sich nicht von der Heiterkeit der nichtsahnenden Hotelgäste in Freizeitkleidung täuschen, die an ihm vorbei zum Ausgang schlenderten, um sich allerlei Urlaubsvergnügungen zu widmen wie Strandspaziergänge, Ballspiele im Sand, Eselsritte in den Dünen, Zeitunglesen im Strandcafé, Einkäufe auf der Avenue de la Plage oder im Dorf. Wie ein elektrisches Kribbeln auf der Haut spürte Studer eine merkwürdige Spannung in dieser Hotelhalle ...

Die Spannung rührte von der Nervosität des Portiers her. Hinter seiner freundlichen Geschäftigkeit knisterte es. Oder noch vielmehr hinter derjenigen des Hoteldirektors, den Monsieur Bertrand sogleich holte, als Studer sich vorgestellt hatte (Stüdère, Police cantonale de Berne ... en Suisse!). Ein wahres Nervenbündel war dieses Männchen mit Spitzbauch, das sich Studer als Eugène Leroy, Directeur de cet établissement!, vorstellte und dabei Studers Hand mit seinen beiden feuchten Händchen festhielt.

Hocherfreut sei er, den Kommissar aus der Schweiz kennenzulernen! Aber warum der verehrte Kommissar denn nicht in seinem Hotel – das beste Haus am Ort! – abgestiegen sei? Es wäre ihm eine Ehre, bestimmt haben wir noch ein schönes Zimmer ... er regle das sogleich mit Monsieur Bertrand!

Sein Händedruck war klebrig. Als könne er seine Finger gar nicht mehr von Studers Hand lösen.

– Nein, nein!, seufzte Studer, kein Zimmer, die Spesen …

Er war verlegen und das hasste er. Ein Wachtmeister steigt in der billigen Familienpension ab, nur ein Kommissär könnte sich das Hôtel de la Plage leisten!

Womit er denn dem verehrten Herrn Kommissar dienen könne? Studer sah die Angst in Leroys Augen flackern.

Mit dem Zimmermädchen Anna möchte man reden!

Studer wurde vom Hoteldirektor auf die Seite gezogen, ganz dicht an seinem Ohr sagte das Männchen – Leroy war mehr als einen Kopf kleiner als der kräftige Wachtmeister, stellte er sich gar auf die Zehenspitzen? –, selbstverständlich könne er das, aber er müsse um größtmögliche Diskretion bitten! Größtmögliche! Wenn die Zeitung vom Toten in seinem Etablissement erfahre, dann könne er sein Hotel schließen! Schließen! Das renommierteste Haus am Platze! Und das gerade jetzt zu Beginn der Hauptsaison! Der sehr verehrte Herr Kommissar verstehe seine Lage bestimmt …

Der sehr verehrte falsche Herr Kommissar nickte. Nichts verstand er. Vor allem nicht, weshalb ein sogenannter Unfall, alle wollen doch, dass es einer ist, solch ungeheuerliche Folgen wie die Schließung des Hotels haben sollte.

Er folgte dem Hoteldirektor zu einer Schwingtür mit der Aufschrift «Privé», hinter der sich der Personalbereich befand.

Als sie eintraten, waren zwei Zimmermädchen damit beschäftigt, saubere Laken und Frotteewäsche in den Warenaufzug zu laden, sie hielten beim Anblick des Direktors verschüchtert inne, begrüßten ihn mit einem Knicks und sahen aus den Augenwinkeln beunruhigt zum massigen Fremden an seiner Seite: Ein Polizist, das war sonnenklar!

– Anna, das ist ein sehr wichtiger Kommissar aus der Schweiz! Er muss noch Einzelheiten zum Unfalltod – ein Unfall, nicht wahr! – von Monsieur Miller klären. Er möchte mit dir sprechen.

Sofort fiel ein Schleier über das verhärmte Gesicht der Jungfer Anna, ihre Augen wurden hart. Studer seufzte ein weiteres Mal, das versprach ein mühsames Gespräch zu werden.

Damit sie beide in Ruhe sprechen könnten – tatsächlich wollte er die beiden außer Sicht der andern Angestellten haben, bloß kein Aufsehen –, führte Leroy den breitschultrigen Wachtmeister mit Anna in ein Zimmer weiter hinten im Flur. Ausgerechnet ins Chauffeur-Zimmer, wo der Tote gelegen hatte!

Die Augen des Zimmermädchens weiteten sich vor Schreck – sie wusste es, hatte sie doch die Laken dorthin bringen müssen –, aber Studer war ahnungslos.

Der Raum war düster, die Läden, bei denen mehrere Jalousiebrettchen schief hingen, waren vor dem Fenster zugezogen. Der Direktor drehte den Lichtschalter, aber es blieb schummrig im Zimmer, als ob die matte Deckenlampe verhindern wollte, dass Heimliches aus den dunklen Ecken ans Licht gezerrt würde.

Studer winkte den Hoteldirektor weg, er soll sie beide jetzt allein lassen. Mit sichtlichem Bedauern zog sich Leroy zurück und ließ die Tür nur angelehnt. Der Wachtmeister drückte sie kräftig hinter ihm zu.

Er nahm den einzigen Stuhl beim kleinen Tisch, schwang ihn zu sich herüber, setzte sich rittlings darauf, legte die Unterarme auf die Stuhllehne und das Kinn auf die gefalteten Hände.

– Sitz ab, Mädchen, Studer zeigte mit dem Kopf auf das Bett ihm gegenüber.

Anna schüttelte heftig den Kopf, dort hatte doch der Tote gelegen! Sie blieb störrisch bei der Tür stehen, bereit zur Flucht …

– Ich beiß schon nicht, brummte Studer, brauchst keine Angst zu haben!

Das Mädchen kniff die Lippen zusammen und sah zu Boden.

– Kommst du aus dem Dorf? Bist hier aufgewachsen?

Annas Kopf schoss hoch, Studer war sich später sicher, in ihren aufgerissenen Augen kurz Panik gesehen zu haben, dann senkte und schüttelte sie sofort wieder den Kopf.

– So, so, du bist also nicht von hier … wo kommst du denn her?

Das Mädchen reagierte nicht.

Der Wachtmeister seufzte. Sie misstraut jedem. Er fragte mit der sanftesten Stimme, zu der sein mächtiger Brustkorb fähig war:

– Möchte nur wissen, Mädchen, was du gesehen hast, am Montagabend, als dir Monsieur Müller, äh Miller, auf dem Korridor begegnet ist.

– Nichts.

Sie bewegte kaum die Lippen und sah starr auf den abgewetzten Teppich.

– Wo genau ist er dir denn begegnet?

– Auf dem Korridor eben.

– Hör mal Kleine, du kanntest Monsieur und Madame Müller, äh Miller, doch gut, sie haben ihr Zimmer auf der ersten Etage, wo du Zimmermädchen bist. Haben sie sich in den letzten Tagen irgendwie anders verhalten als sonst? Ist dir etwas aufgefallen?

– Nein.

Sie trat von einem Bein auf das andere, blickte stur zu Boden.

Studer, so geht das nicht, so wird dir das alte Mädchen nie und nimmer was sagen. Die hat irgendwas gesehen, das nicht normal war, jetzt hat sie Angst, in die Sache verwickelt zu werden. Oder – war sie etwa von Anfang an darin verwickelt? Man muss die Befragungstaktik ändern ...

Sachlich muss man die verstockte Jungfer fragen, sonst bringt man nichts aus ihr heraus. Man war schließlich nicht vergebens neunundfünfzig Jahre alt geworden, man hatte ein wenig Menschenkenntnis erworben. Und die war nicht aus Büchern erlernt, sie stützte sich nicht auf Körperformen, Schriftbilder, Typenlehren oder Phrenologien. Er hatte sich angewöhnt, die Menschen einfach auf sich wirken zu lassen – dann verließ er sich auf seinen Instinkt.

– Um welche Zeit machst du abends die Runde, um die Betten aufzudecken?

– Denk dann, wenn die Leute beim Diner sind!

Jetzt schaute sie den dummen Polizisten verächtlich an.

– Und wann ist das genau?

– Zwischen acht und halb zehn ...

– So, so. Dann hast du Monsieur Müller also zwischen acht und halb zehn gesehen ... War er denn nicht beim Abendessen?

Woher soll sie das wissen!

Eine solch bockige Mamsell ist dem Wachtmeister in seiner ganzen Karriere noch nie untergekommen.

Er räusperte sich, sie habe ausgesagt, Monsieur Müller auf der zweiten Etage gesehen zu haben, er habe sie gebeten, auch die Handtücher auszuwechseln, stimmt das?

Böse funkelte sie ihn an, nein! Nie habe sie so etwas gesagt!

Das war richtig, denn die Sache mit den Handtüchern hatte Studer soeben erfunden, um sie zu überrumpeln. Und es hatte funktioniert.

Sie habe Monsieur Miller nur ganz von Weitem am andern Ende des Korridors gesehen. Bei der Treppe!

– Aha ... Und du bist ganz sicher, dass es Monsieur Miller war?

– Denk ja, kein anderer Gast trägt so grüne Hosen und so ein auffälliges Hemd!

Sie kicherte und blickte verschämt zu Boden.

Studer nickte, Picot hatte die auffälligen Kleider des Toten ebenfalls erwähnt.

– Und er, hat er dich auch gesehen?

– Nein. Nicht auf der zweiten Etage. Ich hab vorher mit ...

Anna schlug sich heftig beide Hände vor den Mund, wieder mit Panik in den Augen.

Studer horchte auf:

– Du hast ihn an diesem Abend also zweimal gesehen? Wo genau beim ersten Mal?

Das Zimmermädchen schüttelte den Kopf, schwieg mit zusammengepressten Lippen und sah zu Boden.

Studer bemerkte, dass sie am ganzen Leib zitterte – ein Vögelchen, das aus dem Nest gefallen war. Und er wusste, da war nichts mehr zu machen, auch wenn er sie noch stundenlang befragen würde. Wovor bloß hatte die Kleine solche Angst?

Er stand auf, stellte den Stuhl zurück und öffnete die Tür. Anna floh hinaus wie ein verfolgtes Reh und stieß beinahe mit dem Herrn Hoteldirektor zusammen, der aus unerfindlichen Gründen auf dem Personalflur zu tun hatte.

Als Mademoiselle Morel sich nach der Flucht des Herrn Lopez in der Hotelhalle zum Ausgang wandte, entschlossen auf der Suche nach weiteren Zeugen, gingen vor ihr zwei braungebrannte Jünglinge im weißen Tennisdress, jeder mit einem Tennisschläger in der Hand, und zwischen den beiden Burschen ein Mädchen, dessen unglaublich kurzes Röckchen vor Amélies Augen so aufreizend auf und nieder wippte, dass sie vor Entrüstung schnaubte.

Das war doch ... kein Zweifel, es war Mademoiselle Stettler, die mit ihren beiden Begleitern fröhlich schäkerte und bei jeder Kopfbewegung zum Burschen nach links oder zum andern nach rechts ihre goldenen Locken, jetzt zu einem mädchenhaften Pferdeschwanz zusammengefasst, hin- und hertanzen ließ. Der Tod ihres Schwagers schien Mademoiselle nicht allzu tief zu treffen …

Die Gelegenheit für ein zufälliges Gespräch war wegen der beiden Begleiter aber ungünstig. Amélie Morel musste sie mit Bedauern ziehen lassen.

Draußen blieb sie auf den Stufen der Eingangstreppe geblendet stehen und atmete tief ein, die Sonne schien noch nicht, aber sie arbeitete seit Stunden so eifrig am Verdunsten der Wolken, dass deren Grau schon durchscheinend war und wie rohe Seide schimmerte.

Der Strand war belebt wie jeden Tag um diese Zeit, heute jedoch weniger mit Faulenzern in den Liegestühlen, dafür mehr mit Spaziergängern – viel marschieren an der frischen Meeresluft! Sport treiben!, predigten neuerdings die Ärzte. Aber täglich verlässlich anwesend, egal ob Sonne oder nicht, waren die buddelnden und herumschreienden Kinder.

Der Strandjunge Gaston winkte heftig, als er das Fräulein Doktor entdeckte, schon lange hielt er nach ihr Ausschau und hatte ihr einen Liegestuhl freigehalten. Er hatte ihr auch etwas ganz Wichtiges zu sagen!

Amélie Morel schüttelte den Kopf und ließ den enttäuschten Jungen stehen. Sie braucht heute keinen Liegestuhl – nicht etwa, weil sie zur Fraktion der Sporttreibenden übergelaufen wäre, nein, weil sie zu tun hat! Weil sie eine wichtige Aufgabe hat!

Es ging schon auf elf Uhr zu, und wenn man etwas großzügig rechnete, war es bereits Zeit für einen kleinen Aperitif. Mademoiselle Morel steuerte zum Strandcafé, wo zahlreiche andere Gäste mit derselben Absicht an den Tischchen saßen (die Damen) oder an der Bar standen (die Herren).

Das Wirtshaus Café de la Plage lag am Ende der Avenue de la Plage, bereits auf dem Strand, im Grunde war es ein überdimensionierter Imbissstand, ein verzierter Holzbau mit einem weiten, pyramidenförmigen Dach und offenen Seitenwänden, ähnlich einer Veranda, wo man jedoch bei kühlem Wetter und als Windschutz Fensterscheiben einhängen konnte. Die kleinen Tische und Bänke, die tagsüber auf den Dielen und auf der Terrasse standen, wurden abends zur Seite gezogen, um Platz zu machen, das Strandcafé wurde am Abend zum begehrten Tanzlokal.

Amélie Morel sah sich nach einem freien Tisch um, es gab noch einige und sie wählte einen in der Nähe der Bar. Wo man hört, was dort gesprochen wird. Die Holzdielen waren nicht mit Sägemehl bestreut wie in den Cafés im Dorf, sondern hier passend mit Sand. Den der Wirt nachts zusammenwischt und mit Unrat und Spucke vermutlich hinterm Haus auf dem Strand verschwinden lässt. Die Wirtin rieb Gläser trocken und rief hinter dem Tresen hervor, was Madame wünsche. Der Wirt stand hinter dem Zapfhahn und plauderte mit zwei Männern.

Mademoiselle wünschte einen Suze. Sie stellte ihre Handtasche auf den leeren Stuhl neben sich und sah sich um.

Die Tischchen waren meist von Damen besetzt, man ist im Urlaub, und wenn man sich täglich freundlich nickend über den Weg läuft, kommt man schnell ins Plaudern ... die größer werdenden Enkel ... das außergewöhnlich warme Juniwetter heuer, letztes Jahr um diese Zeit ... das Essen in der Pension Atlantique war letztes Jahr besser, die haben eine neue Köchin, die spart überall! Ja, die Zeiten ...

Jetzt brach die Sonne vollends durch das lichte Grau, und

sofort wurde es grell. Der junge Kellner spannte eilig die Sonnenschirme zwischen den Tischchen auf der Terrasse auf.

Amélie Morel nippte an ihrem Suze und lehnte sich zurück. Welch ein Frieden! Eine unwirkliche Leichtigkeit lag in der Luft, ihr war warm und sie öffnete die Jacke ihres Kostüms. Geradezu paradiesisch kam ihr alles um sie herum vor, hinter ihr die biertrinkenden Männer, die sich so wichtig nahmen ... Politik, Geschäfte, Pferderennen ... die unter ihren Sommerhüten plaudernden Damen ... die sportlichen jungen Leute im Laufschritt auf dem Strand oder unterwegs zum Tennisspielen (der hoteleigene Tennisplatz lag gleich dahinter in den Dünen) ... die beschäftigten Mütter, die ihre Kinder und oft auch die Kindermädchen beaufsichtigten, die auf die Sprösslinge aufpassen sollten, aber manchmal lieber mit ihresgleichen tratschten ...

Das Geplapper rundum lullte sie ein, sie schloss die Augen, fern war das Geschrei beim Spielplatz, das Gebimmel der vorbeitrottenden Reitesel, das Klirren der Gläser, das Fauchen der Kaffeemaschine hinter ihr, alle Geräusche schwebten davon ... Die Menschen schienen alle so glücklich hier! Es konnte nur ein Unfall gewesen sein ... etwas anderes, etwas Böses, ein Verbrechen war in dieser wohligen Urlaubsstimmung einfach nicht vorstellbar.

Aber wer ein Verbrechen aufdecken will, darf sich nicht täuschen lassen! Amélie Morel seufzte. Der friedliche Urlaubsort war bestimmt nur eine Fassade.

Als der junge Kellner hinter ihr vorbeikam, hielt sie ihn auf.

– Läuft abends auch immer so viel hier?

– Oh, wissen Sie, Madame, nur bei schönem Wetter. Neulich, als es so stürmte ...

– Sie meinen vor drei Tagen?

– Ja, genau, da waren kaum ...

– Henri! Gäste warten an andern Tischen!

Die Stimme der Wirtin war scharf, sie sah Amélie Morel misstrauisch an, als die sich umdrehte. Der junge Kellner hastete mit roten Wangen zu einem Tisch vorn auf der Terrasse.

Anders anpacken, Amélie! Die grantige Wirtin einwickeln. Sie packte ihre Handtasche und stellte sich mit einem Honiglächeln an den Tresen. In die Nähe der Kasse.

Jetzt kaufte ein Gast Zigaretten, und die Wirtin gab das Wechselgeld heraus.

– Bitte, ich hätte gerne eine Schachtel Blonde, mit Mundstück!

Die Wirtin sah sie überrascht an, hätte sie der biederen Jungfer nicht zugetraut, dass die raucht. Sie schob ihr die Zigarettenschachtel zu und kassierte.

– Gibt viel zu tun, so ein Café, nicht wahr?

– Kommt drauf an.

Kurzangebunden, die Frau. Sie ließ Amélie stehen und verschwand in der Küche.

Amélie hatte Zeit. Der nächste Gast, der Tabak kaufen wollte, ließ nicht auf sich warten, und die Wirtin stand wohl oder übel wieder vor ihr.

– Ja, fuhr Amélie fort, als ob keine Unterbrechung gewesen wäre, bei schlechtem Wetter ist es bestimmt ruhiger. Da kann man auch mal mit den Gästen plaudern, mit den wenigen, die da sind … Am Abend vor drei Tagen, als es so stürmte, war vermutlich gar niemand da, nicht?

– Keine Ahnung.

Die alte Tante nervte gewaltig, die Wirtin hatte alle Hände voll zu tun kurz vor Mittag, was wollte die Klette von ihr?

Die wollte nur herausfinden, ob Monsieur Miller am Abend seines Todes, als er spät nachts noch ins Strandcafé ging, hier jemanden getroffen hatte. Seinen Mörder gar! Amélie Morel seufzte, sie musste ihre Taktik nochmals ändern. Wenn sie nur wüsste, wie ein Polizist, Laurent zum Beispiel, so eine Befragung anpackte. Wie bringt man bloß die Leute zum Reden?

– Bitte helfen Sie mir, Madame … ach, wie peinlich mir das doch ist … Madame Miller, sie logiert im Hôtel de la Plage, schickt mich … eine sehr delikate Angelegenheit … sie vermutet, dass ihr Mann sie … na ja, Sie wissen schon … und ich soll herausfinden, ob Monsieur Miller am Montagabend, vor drei Tagen, als es so kühl und windig war, hier im Café war …allein oder … Madame, Sie erinnern sich bestimmt an ihn … er war ziemlich betrunken …

Die Wirtin sah Amélie Morel noch misstrauischer an.

– Dann wissen Sie ja alles. Sie stieß die Kassenschublade heftig zu und wollte entwischen.

– Bitte warten Sie! Was für Kleider trug Monsieur Miller?

War diese alte Jungfer jetzt völlig übergeschnappt?

– Wie soll ich das wissen? Ständig diese Herumschnüffler! Jetzt lassen Sie mich meine Arbeit machen, sonst …

Es war klar, von der Frau würde Amélie nichts mehr erfahren. Sie verstand nur nicht, weshalb die Wirtin so unwirsch war!

Plötzlich fuhr ihr die Gewissheit durch die Gedanken: der Schweizer Kommissar! Natürlich, der andere war ihr auch hier zuvorgekommen, das war's! Ihr Instinkt hatte sie nicht getäuscht, man muss bei Befragungen zuerst sein! Wer als Zweiter kommt, hat das Nachsehen, die Leute lassen sich nicht zweimal ausfragen …

So kann es nicht weitergehen.

Sie drehte sich mit dem Rücken zur Theke. Sie riss die Zigarettenschachtel auf, steckte eine Zigarette in das Mundstück und paffte grimmig in die Luft. Alles andere als ladylike.

Vor ihr wedelte eine Zeitung den Rauch weg. Dahinter schauten sie ein paar belustigte Augen über einem rotgeschminkten Mund an. Eine junge Dame mit diesem schrecklichen Pagenschnitt saß am Tisch vor ihr, sie war auch eigenwillig gekleidet mit einem Matrosenleibchen und weiten blauen Hosen.

Die junge Dame lachte ihr verschwörerisch zu.

– Welch eine unhöfliche Frau, diese Wirtin, nicht wahr!

Ihre Worte waren Balsam auf Amélies Seele.

– Entschuldigen Sie, Mademoiselle, dass mein Rauch Sie ...

– Ach! Stört mich keineswegs ... wollen Sie sich nicht an meinen Tisch setzen? Vielleicht kann ich Ihnen ja weiterhelfen?

– Mit Vergnügen, Mademoiselle, wenn Sie erlauben ... Amélie Morel, Urlauberin im Hôtel de la Plage!

Die Einladung der jungen Frau schmeichelte Amélie. Was wusste die junge Dame wohl?

– Suzy Furet, sie reichte Amélie charmant die Hand, nehmen Sie doch Platz, Madame!

Wusste Mademoiselle Morel, dass vor ihr die ehrgeizige Reporterin des «Journal de Challans» saß, die Frau, die Hoteldirektor Leroy wie die Pest fürchtete? Diese hielt es jedenfalls nicht für nötig, die Tante von Inspektor Picot, was ihr natürlich bestens bekannt war, über ihre Tätigkeit ins Bild zu setzen.

Und so geschah es, dass im folgenden Gespräch zwischen den beiden die Rollen vertauscht waren, dass Suzy Furet die Plauderei lenkte und dass Amélie Morel so geschickt ausgefragt wurde, bis die Reporterin triumphierte und die große Schlagzeile für die heutige Abendausgabe hatte: «Mysteriöser Todesfall eines reichen Geschäftsmannes in Saint-Georges! Ist der Gast aus dem Hôtel de la Plage ertrunken? War es ein Unfall oder ein Verbrechen? Die Polizei tappt noch im Dunkeln» ... und sie wird für ihren Artikel bestimmt die ganze Titelseite bekommen!

Oder – war es doch Amélie Morel, die mit unschuldiger Miene auf die harmlosen Fragen der jungen Frau antwortete und dafür sorgte, dass der Fall, der keiner sein durfte, an die Öffentlichkeit kam und so zu einem Fall wurde? Was den Herrn Hoteldirektor und Madame Miller gehörig ins Schwitzen bringen wird ... Wenn die Zeitungen von der Sache wussten, würden sich ernsthafte Ermittlungen nicht mehr einfach vom Tisch wischen lassen, indem zum Beispiel keine Autopsie gemacht wurde!

Was Amélie Morel jedoch nicht bedacht hatte: dass sie damit auch dem Schweizer Kommissar half, der natürlich bleiben wird! Den man nun nicht mehr vom Fall abziehen konnte.

Die nette Unterhaltung mit Suzy Furet verlief aber nicht als einseitige Ausfragerei. Suzy war eine faire Reporterin und gab Mademoiselle Morel den Tipp mit dem alten Père Joe, der habe als Letzter noch mit dem Toten gesprochen, gegen Mitternacht, als das Café schloss, er habe ihn vermutlich angebettelt ...

Woher Mademoiselle Furet denn das wisse, staunte Amélie.

Ach, kurz bevor sie gekommen sei, habe ein anderer Mann – der sah ganz nach einem alten Kommissar aus –, der habe auch mit Pauline, der Wirtin, gesprochen und sie ausgefragt. Suzy hat gehört, dass Pauline, als sie gegen Mitternacht am Aufräumen war, die Stühle stapelte, den Miller mit Père Joe gesehen hatte, die beiden hätten im Sand gesessen, jeder eine Flasche in der Hand ...

Amélie Morel runzelte die Stirn. Ihr schwante, dass eine Ermittlung etwas viel Komplizierteres und Mühsameres war, als sie es sich vorgestellt hatte. Aber es gab kein Zurück mehr, jetzt hast du Blut geleckt, Amélie! Und sie wusste auch, was zu tun war: So schnell wie möglich diesen Père Joe finden und befragen, bevor ihr wieder dieser vermaledeite Stüdère ...

Amélie Morel lag vollkommen richtig, genau das hatte der Wachtmeister vor, nachdem er das renitente Zimmermädchen fortgeschickt hatte. Er schloss die Tür hinter Anna und blieb im Zimmer, scheinbar ohne den Direktor bemerkt zu haben, der als lauerndes Fragezeichen im Flur stand.

Studer war schlechter Laune nach dem Gespräch, das man eher einen Monolog nennen musste, und er mochte jetzt keinem öligen Hoteldirektor in die Fänge laufen.

Er zog sein Notizbüchlein aus der Tasche – es war ein neues Ringbuch, das stark nach Juchten roch, ein Weihnachtsgeschenk seiner Frau, die sich immer über seine billigen Wachstuchbüchli geärgert hatte. Mit seiner winzigen Schrift notierte er:

- Anna hat Müller 2 × gesehen, warum will sie das
nicht sagen?
- Was wusste sie von Müller? (Verachtung in ihrem Blick!)
Was verbindet sie mit Müller?
- Wovor hat sie Angst??
- Im Auge behalten!

Die zweite Tür im Chauffeurzimmer hatte Studer schon vorher entdeckt und als er sie jetzt öffnete, gelangte er direkt in den Hof hinter dem Hotel. Neben ihm stand eine schlecht verschlossene Tonne mit verfaulenden Küchenabfällen, heftig umschwärmt von dicken schwarzen Fliegen. Er hielt sich die Nase zu und ging eilig ein paar Schritte weg. Er wollte sich etwas umsehen.

Vor ihm auf der andern Seite befanden sich die Garagenboxen für die Automobile der Gäste. Die meisten standen leer, die stolzen Besitzer führten vermutlich ihre Wagen und Familien spazieren, heute war kein Strandtag, die Gräue des Himmels klebte wie feuchter Tüll auf dem Land. Der Wachtmeister, erst seit gestern in Saint-Georges, wusste im Unterschied zum

Strandjungen Gaston nicht, dass dies die typische Wetterlage bei Wind vom Landesinnern her war und dass die Junisonne in Kürze den Schleier zerrissen haben würde.

In einer der Boxen stand eine prächtige weiße Limousine. Studer trat näher, ein Chevrolet mit einem Schweizer Kennzeichen, einer Zürcher Nummer. Zweifellos das Automobil des Toten. Man fragt sich, wie es wieder zurück in die Schweiz kommt. Der zarten Dame Müller traut man nicht zu, eine solche Luxuskarosse zu chauffieren. Dem Fräulein Adrienne schon eher.

Studer stand in der Mitte des Hofes, hinter ihm stotterte ein Motor, der noch nicht rundlaufen wollte, der Auspuff knallte und kurz darauf scheuchte eine herrische Hupe den Wachtmeister aus dem Weg – ein dunkelblauer Peugeot 301 rollte an ihm vorbei, der Fahrer lüftete den Hut und nickte Studer gnädig zu.

Neidisch schaute der dem Gefährt nach ... da reichen zehn Wachtmeisterlöhne nicht aus, um sich sowas leisten zu können ... unsereiner muss sich mit einem Töff begnügen und ist bei Regen immer pflotschnass!

Mehr gab es im Hof nicht zu sehen. Das Zufahrtstor stand weit offen, Studer trat auf die Avenue de la Plage hinaus und um ein Haar in einen Haufen dampfender Pferdeäpfel hinein. Fluchend sprang er zur Seite und kam so dem breiten Karren eines eiligen Gemüsehändlers in die Quere, der nun ebenfalls fluchte, irgendwas mit ständig im Weg herumstehenden Touristen.

Der Wachtmeister fauchte irgendwas Unhöfliches auf Schweizerdeutsch zurück und versuchte danach, die betriebsame Avenue de la Plage zu überqueren. Es waren jedoch nicht die flanierenden Touristen, die die Straße verstopften.

Um diese Tageszeit wurden die Hotels, Pensionen und Geschäfte beliefert, von Pferdefuhrwerken wurden Bierfässer und Eisblöcke abgeladen, auch Holz und Kohle, auf einem standen viele blaue Metallbehälter. Das müssen sie sein, Studer staunte, er hatte gehört, dass man heute das Gas gar in Flaschen kaufen konnte!

Die scharrenden Pferde nutzten die Wartepause, um ihr Geschäft zu verrichten. Lächelnd beobachtete er einen Jungen, der den wertvollen Dünger in seinem Hemd einsammelte ...

Dazwischen schoben oder zogen die Händler und Bauern ihre übervollen Handkarren durch die Menge. Sie schellten mit ihren Glocken und Rufen den Weg frei, ein Bursche, auf dessen Mütze in Goldbuchstaben «Grand Hôtel de la Plage» stand, schob keuchend seinen überladenen Gepäckkarren im Zickzack durch die Menge, kleine Lieferautomobile, die nur im Schritttempo vorwärtskamen, hupten im Getümmel, Peitschen knallten dem Wachtmeister um die Ohren.

Er stand am Straßenrand und holte eine Brissago aus dem schmalen Lederetui, zog den Strohhalm heraus, zündete ihn an und dann die Zigarre. Er sog genüsslich an seiner Brissago und schaute dem lebhaften Treiben eine Weile lang zu. Über seinem Kopf kreiste kreischend ein Schwarm hungriger Möwen und hoffte auf Abfälle auf der Avenue de la Plage.

Das war die Welt, in der er sich wohler fühlte, die Welt der kleinen Leute, der Bäcker, Metzger, Fischhändler, der Bauern aus dem Marschland, die gerupfte Hühner und Enten lieferten, Spargel, Zwiebeln, Erdbeeren, erste Melonen, frische Milch, Eier, ihren Käse ... dort eine Wäscherin, die schmutzige Leintücher im Hotel abholte ... vor ihm ein Chauffeur, der kleine Weinfässer und Konservenkisten lieferte ... Sie alle sorgen dafür, dass das Seebad funktioniert, die Welt der Urlauber, der Flaneure, der Müßiggänger, der Faulenzer!

Seinen letzten großen Fall, die Ermordung des «Chinesen», nannte Studer manchmal die Geschichte der drei Atmosphären, wenn er davon erzählte, denn der Fall hatte in drei verschiedenen Atmosphären gespielt: in einem Dorfwirtshaus, in einer Armenanstalt, in einer Gartenbauschule.

Den Müller-Fall hier, der keiner sein darf, den wird man vielleicht einst die Geschichte der zwei Atmosphären nennen ... hier das Grandhotel im Seebad am Meer und dort der alte Marktflecken auf der Nordseite der Düne. Wo die Einheimischen wohnen, die für die Touristen chrampfen! Zu dieser Atmosphäre gehört die Anna, man muss unbedingt mehr über ihre Familie und ihre Freunde herausfinden! Studer zog sein Notizbüchlein heraus und fügte diesen Punkt auf der Liste zu Anna noch hinzu.

Wie findet man den alten Säufer, diesen Père Joe? Der offensichtlich als Letzter noch mit dem Toten gesprochen hatte ... natürlich als der noch nicht tot war ... Was macht ein Säufer am Tag? ... Den Suff ausschlafen ... Wo würde man hier hingehen? Wo wäre man ungestört? ... Vermutlich in den Dünen ... in einer windgeschützten Kuhle.

Studer ging vor der fast vollbesetzten Terrasse des Café de la Plage vorbei und in Richtung der Dünen. Gewohnheitsmäßig warf er einen Blick in den offenen Schankraum – und sah dort schon wieder die Jungfer Morel, diesmal im Gespräch mit einer eigenwillig gekleideten jungen Frau – von denen es hier im Seebad allerdings einige gab –, Fräulein Morel schien ganz im Banne dieser temperamentvollen Dame zu stehen ...

So, so, sieh mal einer an ... murmelte Studer, hat man's doch gewusst, sieht ganz so aus, als ob sich die Mamsell auch als Fahnder betätigen will ... Pass auf, Alte, die jungen Dinger, die wickeln uns um die Finger!

Nach dem Café de la Plage drehte der Wachtmeister auf den

Weg ab, der etwas erhöht den Strand entlangführte. Die Möwen folgten ihm.

Der alte Marktflecken und das aufstrebende Seebad – nicht nur zwei Welten, auch zwei Zeiten prallten in Saint-Georges aufeinander, Tradition und Moderne. Man kann sie geradezu hören, die Einheimischen, wenn sie am Sonntagnachmittag über den Strandweg spazieren und das Treiben der Halbnackten auf dem Sand beäugen und sich empören – das Meer ist doch nicht zum Baden da! Nur verrückte Städter kommen auf solch dumme Ideen ... Dafür hat Studer volles Verständnis, nie und nimmer würde man in Badehosen – die man auch nicht besaß – seinen nackten Bauch der Öffentlichkeit präsentieren!

Gleich hinter den Häusern, die die Avenue de la Plage säumten, gelangte der Wachtmeister nach wenigen Schritten zum Tennisplatz des Grandhotels. Zwei junge Burschen und Mädchen spielten im Doppel.

Studer steckte seine spitze Nase durch eine Masche des Drahtnetzes und sah ihnen zu. Und hier bleiben die Alten aus dem Dorf sonntags stehen und schauen verächtlich diesen Jungen zu, die lieber nach solch sinnlosem Herumrennen – Sport nennt sich das neumodisch – schwitzen als nach harter Arbeit!

Dem Wachtmeister kam es ebenfalls etwas lächerlich vor, wie die vier sich unablässig abmühten, einen armen kleinen Ball über ein Netz zurückzuschlagen. Aber es schien sie zu amüsieren.

Die Mädchen trugen so kurze Röckli, dass die, wenn sie mit dem Rücken zum Wachtmeister breitbeinig dastanden, nach vorne gebeugt, beide Hände am Schläger, kaum mehr etwas verdeckten ...

Dem Studer stieg die Hitze in den Kopf. Er fuhr sich mit

dem Taschentuch über das rote Gesicht und unter den Hut, den er in den Nacken schob. Er vergaß sogar, an der Brissago zu ziehen, und sie erlosch um ein Haar.

Die Sonne war inzwischen der Wolken Herr geworden, die grelle weiße Scheibe verbrannte triumphierend die letzte Gräue.

Dann war das Spiel plötzlich zu Ende und eines der aufreizenden Röckli kam direkt auf Studer zu, als er im Begriffe war zu gehen. Man war ja auf der Suche nach dem Père Joe.

– Sieh mal an, der Herr Kommissar Studer, äh ... der Herr Wachtmeister Studer!

Ihre Stimme klang gleich weniger respektvoll, als sie «Wachtmeister» sagte, schien es Studer.

– Was machen Sie denn hier? Spielen Sie auch Tennis?

– Gott behüte!, knurrte der beleibte Studer.

Das Fräulein Stettler war alles andere als erfreut über diese Begegnung, das sah man sofort, und sie gab sich umso leutseliger. Wovon sich ein alter Wachtmeister bestimmt nicht täuschen lässt.

Dem Fräulein scheint der Tod des Schwagers nicht besonders nahezugehen, wenn sie zwei Tage später so munter herumhüpft mit ihrem aufreizenden Röckli!

Sie nahm ein Frotteetuch aus der Tasche, die neben Studer am Boden stand, blies die Haare aus ihrem erhitzten Gesicht und tupfte Wangen und Stirn, während sie ihn wachsam ansah. Sie war auf der Hut ...

Auch er war überrumpelt und das verunsicherte ihn. Dann wurde er verlegen und das hasste er. Denn man ist keineswegs so weltgewandt wie das Töchterchen aus reichem Hause! Man hat sehr wohl mit dieser selbstsicheren Adrienne sprechen wollen, ihr auf den Zahn fühlen, sie befragen wollen – aber zu was? Jetzt ist die Birne leer.

Der Wachtmeister sog verdrießlich an seiner Brissago.

– Seit wann sind Sie denn schon hier in den Ferien?

Irgendwie muss man ja ein Gespräch anfangen, Studer setzte den Hut wieder auf, die Sonne brannte auf den Schädel.

– Warten Sie – es sind bald drei Wochen – wie doch die Zeit rast! Nicht wahr, Herr Wachtmeister?

Auch das Fräulein machte Konversation und stopfte das Handtuch in die Tasche.

– Hat Ihr Schwager, Montgomery Müller, auch Tennis gespielt?

Weshalb stellte Studer diese Frage? Auch diese Antwort interessierte ihn keineswegs.

Aber er erhaschte einen scharfen misstrauischen Blick von ihr, dann lächelte sie wieder locker.

– Oh ja! Er war ein fantastischer Spieler, wir spielten jeden Tag. Wenn er da war.

– Er spielte mit *Ihnen?* Und Frau Müller, ihre Schwester?

– Ach, wissen Sie, Madeleine war immer leidend, sie treibt keinen Sport.

Adrienne Stettler beschäftigte sich mit dem Einpacken ihres Schlägers, was Studer reichlich umständlich vorkam, ihre Hände waren fahrig.

– Woran leidet ihre Schwester denn?

– Sie war schwindsüchtig, ist seit Jahren geheilt, aber immer noch schwach. Sie hat vier Jahre in Arosa verbracht ... im gleichen Sanatorium wie Montys Mutter ... so haben meine Schwester und Monty sich kennengelernt.

Klang dieses «Monty» nicht sehr vertraut? Etwas allzu sehr vertraut.

Als sie aufschaute, hatte sie sich im Griff. Sie warf ihren Pferdeschwanz nach hinten und schaute den behäbigen Wachtmeister maliziös an, leider sei sie damals erst zwölf gewesen!

Und leider sei der Monty ein Einzelkind. Und leider sei nirgends ein jüngerer Bruder in Sicht!

Das Fräulein Adrienne war wieder Herrin der Lage – sie kannte die Wirkung sehr gut, die sie auf ältere Herren ausübte. Dem armen Studer brach der Schweiß aus allen Poren … wenn das Hedy einen jetzt sähe … mit diesem Meitschi … das so nahe vor ihm stand … mit diesem unverschämten Röckli … beinahe ihr Großvater könnte er sein!

Er merkte sehr wohl, dass sie mit ihm spielte, aber er wusste auch, dass sie damit ihre Nervosität überspielte.

– Monty war ein sehr schöner Mann! Haben sie ihn noch gesehen, Herr Kommi… Herr Wachtmeister?

Nein, leider nicht, und das wurmte ihn. Der Leichnam war bereits in der Gerichtsmedizin, als Studer gestern in Saint-Georges ankam. Und er kann sich nicht in das Leben eines Toten hineinversetzen, wenn er kein Gesicht hat.

– Warten Sie!

Adrienne Stettler beugte sich über die Tasche am Boden … und das kurze Röcklein … Der Wachtmeister blies energisch den Rauch aus dem Mund.

Sie kramte in ihrer Tasche und zog dann ein dünnes schwarzes Lederetui hervor, das sie öffnete. Sie betrachtete das Innere nachdenklich, dabei kam etwas Hartes in ihre Augen. Schien es Studer. Sie hielt ihm die Fotografie hin.

Ein großer, drahtiger, dunkelhaariger Mann in Tenniskleidung schaute Studer mit einem spöttischen Blick in die Augen – feingeschnittenes Gesicht, aristokratische Nase, selbstsicheres Lächeln – neben ihm stand eine Dame, die genauso aussah und genauso gekleidet war wie das Fräulein Stettler jetzt. Nicht nur nahe – sehr eng stehen die beiden auf dem Bild zusammen, er hat ihr den Arm über die Schulter gelegt, sie drückt sich regelrecht an ihn, beide lachen übermütig – und verliebt, hätte der Wachtmeister beinahe gedacht. Aber nein, man interpretiert da wohl etwas in eine Fotografie hinein. Halt deine Fantasie im Griff, Studer!

Lange betrachtete Studer den Mann. Jetzt hatte sein Toter endlich ein Gesicht, jetzt konnte er ihn im Kopf zum Leben erwecken. Ein erfolgsverwöhnter Mann, dieser Montgomery Müller, das sah Studer an seiner Haltung. Und bestimmt ein Frauenliebling.

Er versuchte, auf der Fotografie den Kopf von Adrienne mit demjenigen ihrer Schwester zu ersetzen. Wie es sein sollte. Es passte einfach nicht. Dann sah er wieder Adriennes Augen vor sich, die hart geworden waren, unbarmherzig irgendwie. Die zu sagen schienen, dass die ständig kränkelnde Madeleine keine Frau für einen vollblütigen Mann in den besten Jahren war. Dass sie, Adrienne, die bessere Wahl gewesen wäre ... Wie weit sind die beiden gegangen? Hinter dem Rücken der leidenden Frau Müller? Und wer hatte dieses Bild gemacht?

Fräulein Stettler streckte fordernd die Hand nach der Fotografie aus ... ihre Freunde warten, sie muss sich vor dem Mittagessen umziehen. Sie wirkte wieder angespannt, nicht, weil sie zu viel verraten hätte, nein, weil der alte Wachtmeister zu viel erraten könnte. Schon viel zu lange studierte er die Fotografie.

Studer seufzte und gab sie ihr mit Bedauern zurück, gerne hätte er sich etwas länger in das Bild vertieft, das ihm so viel erzählen wollte ...

– Wann reisen Sie denn wieder zurück, Herr Studer?, fragte sie zuckersüß. Jetzt, da es nichts mehr zu ermitteln gibt? Der Inspektor hat versprochen, dass er den Leichnam schnell freigeben wird, mein Vater kümmert sich bereits um die Formalitäten der Rückführung in die Schweiz.

– Ihr Vater? Hat Ihr Schwager denn keine Verwandten in der Schweiz?

Studer vermied so elegant die Antwort bezüglich seiner Rückreise. Erst will er die faulen Eier in diesem Miller-Müller-Nest finden!

– Nein. Wie gesagt, er war der einzige Sohn, seine Mutter ist vor über zehn Jahren an Schwindsucht gestorben, der Vater, er war sehr viel älter, vor zwei Jahren, woran weiß ich nicht. Da war irgendwann mal von einer alten senilen Tante die Rede, die ist bestimmt auch längst gestorben.

Fräulein Stettler stand marschbereit mit der Tasche neben Studer, sie drehte die Haare ihres Pferdeschwanzes um den Zeigefinger. Ihre Freunde winkten ungeduldig am Ende des Tennisplatzes, der jetzt leer und ermattet unter der Sonne lag.

– Meine Schwester und ich reisen auch bald zurück, zur Beerdigung.

So, jetzt müsse sie aber gehen, die andern sind auf dem Sprung! Der Wachtmeister sah ihr nach – wie einer der Tennispartner ihr galant die Tasche abnahm, wie sie sich links und rechts bei je einem der Burschen einhängte, das andere Mädchen war verschwunden, wie sie lachend nach links und nach rechts schäkerte, sodass ihr Pferdeschwanz fleißig hin und her flog.

Zwei Atmosphären. Zwei Mädchen etwa gleichen Alters … Die eine schweigt eisern, weil man in ihrem Milieu kein Wort herausbringt, wenn man Angst hat … und die andere plappert umso mehr, weil man in ihrer Welt Angst mit geschliffener Konversation zudeckt. Aber der alte Studer durchschaut sie alle beide! Beide haben Angst vor etwas, wovor bloß?

Studer hatte vor dem Mittagessen noch eine Sache zu erledigen: den Père Joe finden!

Er folgte dem Pfad, der zwischen dem Dünengras schlängelnd durch die Sandlandschaft führte. Kein Mensch weit und breit. Nur die spöttischen Lachmöwen, die ihn zu verfolgen schienen. Das Meer schickte von Zeit zu Zeit eine leichte Brise. Der beleibte Wachtmeister blieb mehrmals schnaufend stehen, wischte sich mit dem Nastuch über Stirn und Nacken, der Filzhut heizt, er braucht dringend einen Strohhut.

– Psst! Monsieur!

Erschrocken drehte sich Studer um, er hatte nirgends einen andern Menschen gesehen. Die Stimme klang eigenartig hohl. Eine Möwe über seinem Kopf lachte hell auf.

Hinter ihm stand ein Mann auf eine Krücke gestützt, sauber gekleidet, kein Bettler, das sah Studer sofort, sein Gesicht lag im Schatten der breiten Krempe seines Hutes, ein Ärmel seiner Jacke flatterte im Wind, als ob er winken würde ... Nein, der Ärmel war leer. Der Mann hatte nur einen Arm! Ein Kriegskrüppel ... was wollte der von ihm, da draußen in der menschenleeren Düne?

Jetzt drehte sich der Einarmige leicht und Studer sah es: Der Mann hatte kein Gesicht, es war eine Maske! Allerdings eine sehr merkwürdige. Die Maske war weiß mit einer langen spitzen Nase, einer Vogelnase. Dem guten Wachtmeister standen die Haare zu Berge.

– Was willst du von mir? Wer bist du?

Wenn Studer sich unbehaglich fühlte, und unbehaglich war ein viel zu sanftes Wort für seinen jetzigen Gefühlszustand, dann wurde er ruppig und unhöflich.

– Ein Augur, Monsieur.

Der maskierte Kerl machte sich wohl lustig über ihn!

– Ich ergründe aus dem Vogelflug, ob die Götter einem Vorhaben wohlgesonnen sind oder nicht. Für zehn Sous. Was möchten Sie wissen, Monsieur? Sie sind auf der Suche, nicht wahr?

Studer fuhr sich über die Augen. Er schlief nicht, er träumte nicht, er war vollkommen trocken wie diese nüchterne Düne im Westen von Frankreich und hatte außer der guten Brissago nichts geraucht. Nicht wie damals in jenem Wüstenkaff in Marokko, als der Mulatte Achmed ihm eine Pfeife mit einem Kraut füllte, dessen Rauch an den Geruch von Asthmazigaretten erinnerte ... der Rauch kratzte ein wenig im Schlund, aber im Kopf begann es farbig auszusehen ... alle Regenbogenfarben tanzten Gavotte ... himmlische Heerscharen spielten den Bernermarsch ...

Nein, das hier war kein Haschischrausch, das weiße Vogelgesicht kam zwei Schritte auf ihn zu. Der Wachtmeister suchte verzweifelt in seiner Hosentasche nach einer Münze, fand aufatmend einen Franc, zwar viel zu viel, und gab ihn dem Einarmigen, ohne seine Hand zu berühren.

– Tausend Dank, Monsieur!

Der Mann beugte leicht seinen Kopf, da funkelte doch purer Spott in den Augen hinter der Maske ... Dann hob er den Möwenkopf und starrte lange in den Himmel.

Studer fand das ganze Theater lächerlich, dennoch blieb er wie angewurzelt stehen. Die Neugier stachelte.

– Sie werden es finden, Monsieur, aber es wird nicht das sein, was Sie suchten. Wir sind alle nur Figuren in diesem Spiel ...

– Werden ja sehen, knurrte Studer, drehte sich um und stapfte tapfer davon.

Nach ein paar Schritten wagte er einen Blick zurück über die Schulter. Wie erwartet, keine Menschenseele weit und breit, der Wind spielte unschuldig mit den Grasbüscheln. War vermutlich auch keine Menschenseele, brummte Studer in seinen Schnauz. Bald Mittag, man muss dringend diesen Père Joe finden ... man will unbedingt als Erster mit ihm reden ... weil man ahnt, dass der alte Säufer sich nicht zweimal ausfragen lässt.

Eine ähnliche Ahnung hatte auch Amélie Morel, als Suzy Furet mit dem Vorwand, sie habe noch eine Verabredung, sich etwas abrupt von ihr verabschiedete und beinahe aus dem Café de la Plage rannte. Amélie schmunzelte, die ehrgeizige junge Dame ging mit der sensationellen Neuigkeit geradewegs in die Redaktion! Bereits in der letzten Viertelstunde war sie zappelig auf ihrem Stuhl hin und her gerutscht, während Amélie sie mit banalem Geschwätz hinhielt, um ihre Geduld zu testen …

Amélie Morel stand auf und bezahlte auch den Suze der Reporterin – die hatte vor Aufregung nicht mehr ans Zahlen gedacht. Sie trat in den Sand hinaus und zog den hellen Sommerhut tiefer über die Augen, die noch nicht an das grelle Licht gewöhnt waren.

So, wie findet man nun den alten Trinker, diesen Père Joe? Der offensichtlich als Letzter noch mit dem Miller gesprochen hatte … Was macht ein Trinker am Tag? … Den Rausch ausschlafen … Wo würde man hier hingehen, um nicht gestört zu werden? … Vermutlich in die Dünen … in eine windgeschützte Kuhle!

Nach dem Café de la Plage drehte sie auf den Strandweg ab. Bei der Abzweigung zum Tennisplatz zögerte sie kurz und schaute hinüber.

Es war nicht zu fassen! Dort, am Rande des Tennisplatzes, stand schon wieder dieser Stüdère, und zwar in ein angeregtes Gespräch mit einer jungen Frau vertieft! … Ja, es ist Mademoiselle Stettler … Einmal mehr war ihr dieser übereifrige Schweizer Polizist zuvorgekommen!

Sie schaute den beiden aus der Entfernung eine Weile zu. Welche Befragungsmethode wendet der andere wohl an? Aber nein, es ist die Kleine, die den Commissaire ganz schön zu bezirzen scheint! Amélie lachte schadenfroh, den wickeln die jungen Dinger ganz schön um die Finger!

Beim Tennisplatz war Père Joe bestimmt nicht zu finden. Sie nahm den Pfad, der den Dünenrand entlangführte und sich nach etwa zweihundert Metern im Strandhafer verlor.

Ab dort schritt sie langsam zwischen den Grasbüscheln hindurch, sah sich nach Dünensenken um und schaute in jede größere hinunter.

Von Zeit zu Zeit blieb sie schnaufend stehen, lüftete ihren Hut und fächelte sich damit eine Illusion von Frische ins Gesicht. Dann zog sie aus der Handtasche das Taschentuch und tupfte sich die Stirn. Die Luft war heute feucht, wegen der Wolken am Morgen. Vom Meer her säuselte nur ein schwaches Lüftchen, das keine unsportliche ältere Dame zu kühlen vermochte, auch wenn die mittlerweile ihre Kostümjacke über dem Arm trug und die Blusenärmel aufgerollt hatte.

Was macht sie so sicher, dass der Alte in den Dünen liegt? Der schläft vielleicht unter einem kühlen Baum im Wald, und die dumme Demoiselle Morel stapft wie eine Irre durch den Sand!

Aber die dumme Demoiselle irrte sich keineswegs: Vor ihr in einer Kuhle, den Kopf im Schatten eines dicken Grasbüschels, seitlich zusammengerollt wie ein kleines Kind und friedlich schnarchend, lag ein alter Mann. Das musste Père Joe sein.

Während sie überlegte, wie sie ihn wecken könnte, betrachtete Amélie den Schlafenden. Sie hatte ihn sich verwahrloster vorgestellt, der Alte zu ihren Füßen trug einen in die Jahre gekommenen Anzug, aber von gutem Schnitt, der braune Stoff war abgetragen, aber ebenfalls von bester Qualität. Darunter trug er allerdings kein Hemd, sondern eines dieser gestreiften Trikots, wie sie die Fischer trugen. Und er war barfuß.

Vermutlich war er auch nicht so alt, wie er mit der gegerbten Haut unter dem struppigen weißen Bart aussah, der lange keine Schere mehr zu spüren bekommen hatte, ebenso wenig wie die schulterlangen grauen Haare, die wie ein Heiligenschein um seinen Kopf drapiert im Sand lagen.

Amélie Morel beugte sich über ihn und rüttelte an der Schulter, erst sanft, dann immer kräftiger, als der Schläfer keinen Wank tat.

Plötzlich fuhr der Alte auf und schlug mit seinem Arm so heftig um sich, dass die kauernde Amélie das Gleichgewicht verlor und unsanft auf ihrem Hintern im Sand landete.

Aber bevor der sitzende und mit schlafblinden Augen in die Sonne blinzelnde Alte eine weitere unerwartete Bewegung machen konnte, sprang Amélie Morel wieder auf die Füße, und das mit einer solchen Behändigkeit, die ein zufällig anwesender Beobachter der älteren Demoiselle nie zugetraut hätte.

– Was zum Teufel ... wer sind Sie?, krächzte der Alte.

– Mademoiselle Morel, pardon, sind Sie ... Monsieur Joe?

Die Antwort war ein Hustenanfall, der den eher schmächtigen Mann durchschüttelte. Er hustete, keuchte, spuckte in den Sand.

Die Krankenschwester Amélie ließ sich davon nicht abschrecken, spuckende alte Männer kannte sie, aber sie kam besser gleich zur Sache.

– Vor drei Tagen haben Sie nachts mit einem Mann im Sand vor dem Café de la Plage gesessen, erinnern Sie sich, Monsieur?

Père Joe drehte den Kopf hin und her, als suche er etwas, dann hielt er eine Flasche hoch und seufzte erleichtert. Er setzte sie an den Mund und fluchte, kein Tropfen mehr drin.

Er schaute zum Fräulein hoch, mit listigen Äuglein, die zu fragen schienen: Was bringt mir die Erinnerung?, und schwenkte die Flasche in der Luft.

Die Krankenschwester Amélie kannte auch die Gebärdensprache der alten Trinker.

– Gut – ich lass sie Ihnen nachher im Café wieder füllen!

– Aber mit dem Grünen! Mit dem, der verboten ist!

Père Joe kicherte.

Amélie Morel blieb nichts anderes übrig, als zu nicken. Der Alte würde ja wohl wissen, wo man den kriegte. Sie musste allerdings aufpassen, dass der Laurent nicht Wind davon bekam – die Polizei hatte bestimmt überall ihre Spitzel –, wenn Tante Amélie mit der Grünen Fee …

Der Alte versuchte, auf die Beine zu kommen, um nicht immer zur Dame aufschauen zu müssen. Doch er schaffte es nicht und blieb nach dem zweiten Versuch schließlich keuchend im Sand sitzen. Amélie hatte es nicht für nötig gehalten, ihm zu helfen. Besser, der Mann blieb auf dem Boden. So war sie größer als er.

– Sie erinnern sich also an den Mann?

– Sie meinen, der Tote?

– Na ja, da war er ja noch ziemlich lebendig, als Sie beide im Sand saßen. Worüber haben Sie denn geredet?

Der Alte wiegte den Kopf hin und her, wenn man das noch wüsste … er tippte mit dem Zeigfinger an die Stirn, leer ist es da drinnen, mein Fräulein! Leer wie diese Flasche!

– Hat er Ihnen Geld gegeben? Oder zu trinken gekauft?

Père Joe lächelte in die Ferne, ein nobler Herr war das … aber Probleme hatte der …

– Hab ich immer gesagt, Mademoiselle, auch die Reichen haben Probleme! Gott ist gerecht!

– Welche Probleme hatte er denn? Geschäftliche? Oder gar mit Frauen?

Das würde Mademoiselle Morel um einiges mehr interessieren.

Der Alte grunzte, wenn man das noch wüsste … ein netter Herr war das …

– Auf Brüderschaft haben wir getrunken! Ja, auch wenn Sie das dem alten Joseph nicht glauben, Mademoiselle! Brüderschaft! Und er hat mir seine Fee gegeben, die Flasche war fast voll!

– Erinnern Sie sich an seine Kleider?

Der Alte schaute das Fräulein verständnislos an.

Amélie wurde immer gereizter, über sich selbst, weil sie wider jegliche Vernunft gehofft hatte, aus dem Trinkerhirn etwas herausholen zu können, irgendetwas, das sie weiterbringen würde.

– Die Farbe seiner Hose zum Beispiel?

Père Joe schüttelte den Kopf, beinahe ehrlich betrübt, weil er dem netten Fräulein nicht helfen konnte. Er hat nur grün gesehen ... in der Flasche, durch die Flasche, auf der Hose? Wenn man das wüsste ...

Ein massiger Schatten fiel plötzlich über die ausgestreckten Beine von Père Joe ...

Verdutzt schaute der hoch und noch verdutzter Amélie Morel.

– Sind Müllers Kleider denn aus irgendeinem Grund wichtig?, fragte Studer, als er langsam, bei jedem Schritt im Sand versinkend, mehr hinunterrutschte als schritt, bis er vor den beiden zum Stehen kam.

Der Alte, der nach wie vor im Sand saß, schaute vom einen zur andern, fuhr sich mit der Hand über die Augen, er war noch nicht nüchtern, klar, aber den größten Rausch hatte er ausgeschlafen, jetzt stand auf einmal noch einer da ... was wollen die denn alle vom alten Père Joe?

Studer hatte ihn nur dank Amélie gefunden. Wenn ihr Sommerhut nicht aus der Senke herausgeragt hätte, wäre er in weiter Entfernung an dieser Stelle vorbeigegangen.

– Vielleicht, meinte Amélie Morel schnippisch, sie fühlte

sich erwischt wie eine Füchsin, die in eine Falle getappt war, die sie doch kannte!

– Warum? Warum sind Müllers Kleider wichtig?, fragte der Wachtmeister sehr höflich.

Jetzt musste Amélie mit ihrem Verdacht herausrücken. Aber sie wollte nicht. Doch dann siegte die Vernunft und ihr Verantwortungsgefühl als geheime Ermittlerin.

Widerwillig erzählte sie dem Kommissar Stüdère, dass sie selbst den Miller am letzten Abend gesehen hatte, gegen elf Uhr nachts, als er Richtung Café de la Plage ging. Miller habe eine dunkelblaue Hose und ein gestreiftes Hemd getragen ... und am andern Morgen habe man ihn mit einer grünen Hose und einem Karohemd gefunden! Das seien zwar Millers Kleider gewesen, aber wann und vor allem warum hatte er sich mitten in der Nacht umgezogen?

Mademoiselle Morel erzählte das alles hastig und halbe Sätze verschluckend, weil sie das Gefühl nicht loswurde, ihren einzigen Trumpf aus der Hand zu geben ...

Studer nahm den Hut ab und kratzte sich am Kopf. Merkwürdige Sache mit diesen Kleidern ... Aber die Mamsell musste sich getäuscht haben, denn – brummte er zurück – die Anna, das Zimmermädchen, habe den Müller an jenem Abend auf der zweiten Etage mit den Grünkaro-Kleidern gesehen, ja, vermutlich habe sie ihn sogar zweimal gesehen, darüber wollte sie aber aus noch unerfindlichen Gründen nicht reden, ja, sie habe mit dem Wachtmeister überhaupt nicht reden wollen!

Amélie Morel hatte nur den letzten Satz gehört und das mit Genugtuung. So, der andere hat also nichts aus der Anna herausgekriegt ... vielleicht ist der Schweizer doch nicht solch ein Ass, wie der kleine Laurent glaubt ... Sie wird es selbst versuchen und als Frau die Kleine schon zum Reden bringen!

Sie nickte. Laut sagte sie:

– Wusst ich's doch! An dieser Kleidergeschichte stimmt etwas nicht … wir müssen unbedingt herausfinden, wann die Anna den Miller zum zweiten Mal gesehen hat und wie er gekleidet war!

Die Augen des Wachtmeisters zogen sich zu schmalen Schlitzen zusammen … *wir müssen* … wir? Fehlte gerade noch, dass die Jungfer Morel sich an ihn hängte!

– Ich war der Meinung, Ihr Neffe, Inspektor Picot, habe den Fall, der keiner ist, bereits abgeschlossen? Wollen Sie etwa auf eigene Faust weitere Nachforschungen betreiben? Was wird wohl Ihr Neffe dazu sagen, Madame?

Der Spott in Studers Stimme war nicht zu überhören … und er hatte Amélie mit Absicht *Madame* und nicht *Mademoiselle* genannt! Obwohl er genau weiß, dass sie …

– Lasst die Kinder in Ruhe!, murmelte jetzt Père Joe, bereits wieder halb im Schlaf.

Er hatte den beiden Fremden erst verständnislos zugehört und sich, da sie sich nicht mehr um ihn scherten, wieder hingelegt und die Augen geschlossen.

– Was sagt er?

Studer hatte wohl gehört, was der Alte gebrummelt hatte, aber er verstand es nicht. Er betrachtete den Père Joe, der Mann tat ihm leid, denn Studer hatte ein weiches Herz.

Amélie Morel zuckte die Schultern.

– Ach, ein Schwätzer und bestimmt noch betrunken.

Ihre Wangen wurden dunkel, wie sie so die Unbeteiligte spielte. Denn sie frohlockte – es war die erste Äußerung von Père Joe, die vielleicht etwas brachte! – wen hatte er mit den Kindern gemeint, die sie in Ruhe lassen sollten …?

Sie schaute mit scheinheiligem Lächeln zu Studer hoch, sie müsse jetzt leider zurück, Mittagessen. Sie überlasse den Monsieur Joe gerne dem Commissaire Stüdère, vielleicht schaffe er es ja, etwas aus *ihm* herauszubekommen …

Der Wachtmeister drehte sich zu Père Joe um. Nein, da war nichts mehr zu holen, die Mühe konnte man sich sparen.

Als Antwort drehte sich der Alte mit einem lauten Schnarcher auf die andere Seite und brabbelte:

– … die Flasche Grünen! Nicht vergessen, Mademoiselle!

Das hingegen hatte Studer gehört *und* verstanden. Sie wich seinem fragenden Blick aus. Der Wachtmeister war mit wenigen großen Schritten an den Rand der Senke hinaufgestiegen, drehte sich um und bot dem Fräulein galant die Hand. Doch selbst ist die Frau, Amélie Morel übersah die helfende Hand und kraxelte mit rotem Kopf eilig den Sand hinauf.

Und so stapfte ein kurioses Paar mit zwei Metern Abstand durch den Dünensand Richtung Avenue de la Plage. Vorne eine kleine, leicht mollige Dame, den Sommerhut tief ins Gesicht gezogen, den Arm, der die Handtasche und darüber die beige Kostümjacke trug, an den Bauch gepresst, sie murmelte unentwegt und gestikulierte mit der freien Hand, dreist drang der Sand zwischen den Riemchen in ihre Schuhe, stoisch stapfte sie weiter. Sie machte zwei Schritte, während der große, massige Mann hinter ihr einen machte. Sein hellgrauer Konfektionsanzug war leicht ausgebeult, auch er trug die Jacke über dem Arm, die Hemdsärmel aufgerollt, man sah die Hosenträger, die er wegen des Bauchumfangs brauchte, den Hut hatte er in den Nacken geschoben, und zwischen den zusammengepressten Lippen hing unter dem Schnauz die bald letzte Brissago …

Die Vordere dachte, zu dumm eigentlich … wenn man sich mit diesem Stüdère zusammentäte, könnte man Laurent zügig die Hinweise liefern, um den Fall richtig aufzurollen (wozu er nach der heutigen Ausgabe des «Journal de Challans» gezwungen sein wird – dessen war sich Amélie Morel sicher).

153

Der Hintere fragte sich, wie man es anstellen könnte heraus-
zufinden, was diese Jungfer Morel noch alles wusste – oder sie
gar für seine Ermittlungen einzuspannen, allerdings ohne dass
sie es merkte! Einer andern Frau gegenüber waren die weiblichen Zeugen meist gesprächiger ... Es sieht ganz so aus, als
würde das Fräulein hinter dem Rücken ihres Neffen eigene
Nachforschungen anstellen ... als wäre die Tante auch nicht einverstanden, dass Ungereimtheiten einfach unter den Tisch ge-
kehrt werden, weil ... sonst ein Verbrechen an den Tag käme?

Auf dem Rückweg traf der Wachtmeister zufällig auf Inspektor Picot. Amélie Morel war zuvor mit einem flüchtigen Ab-
schiedsgruß in Richtung Hotel abgebogen, und Studer ging
gemächlich die Avenue de la Plage hinauf in seine Pension zum
Mittagessen, die Sonne brannte auf seinen breiten Rücken. Als
er beim Café du Sport vorbeikam, saß dort Picot draußen an
einem Tischchen. Neben ihm Frau Müller.

Der Inspektor winkte heftig.

– Commissaire Stüdère!

Studer blieb vor den beiden stehen, zog seinen Hut und
reichte Frau Müller die Hand. Picot sprang eifrig auf.

– Setzen Sie sich doch zu uns, Commissaire! Ich habe Neuig-
keiten ... habe soeben Madame Miller informiert ...

Studer schüttelte den Kopf, brummte etwas von spät zum
Essen. Wenn der Wachtmeister hungrig war, das war er jetzt,
und wie!, wurde er gereizt wie ein Bär.

Der Inspektor setzte sich. Er holte Luft und Studer fiel auf,
wie der junge Polizist wieder schwitzte. Sein Chef habe heute
Vormittag die Leiche des ertrunkenen Montgomery Miller
freigegeben, ein paar Kleinigkeiten seien zwar noch zu klären,
aber eindeutig ein Unfall.

Der Inspektor vermied Studers Blick. Man wolle, dass die

Familie, er warf einen hastigen Seitenblick auf Frau Müller, so schnell wie möglich die Beerdigung in der Schweiz vorbereiten könne, er habe heute Vormittag in La Roche-sur-Yon persönlich alles für die Überführung angeordnet, der Leichnam sei jetzt vermutlich bereits auf dem Weg in die Schweiz ...

Der Wachtmeister nickte. Es überraschte ihn nicht. Im Gegenteil, er war zufrieden. Sehr sogar. Vorsorglich hat man nämlich gestern Abend nach Bern telegraphiert: «Leichnam Müller Montgomery nicht an Familie freigeben Stopp In das Gerichtsmedizinische Institut bringen Stopp Dr. Malapelle benachrichtigen Stopp Autopsie Stopp».

Frau Müller war gefasst, sie danke dem Inspektor für die unbürokratische und zuvorkommende Abwicklung dieser traurigen Angelegenheit, dank ihm könne sie ihren Gatten endlich in aller Würde bestatten.

Bestimmt zieht die Dame gleich das Tüchlein hervor und tupft ihre Augen ... Und das tat sie. Studer schüttelte den Kopf, warum wird man das Gefühl nicht los, die Stettlerfrauen spielten einem ständig etwas vor?

– Dann sei ja alles bestens, murmelte er.

– Herr Wachtmeister, Sie brauchen ja nicht gleich zurückzufahren. Genießen Sie doch mit Ihrer Frau Gemahlin noch ein paar Ferientage hier im schönen Seebad Saint-Georges! Keine Sorge, ich spreche mit meinem Vater, diese Zusatzspesen wird er bewilligen. Ein Wachtmeister kommt ja bestimmt nicht oft ins Ausland ...

Zuckersüß war die Stimme von Frau Miller-Müller-Stettler.

Man werde sehen! Er verabschiedete sich, setzte den Hut auf, zog ihn in die Stirn und bog in das Seitensträßchen ein, das zur Pension führte.

Denn noch ist der Studer nicht vom Fall Montgomery Müller abgezogen worden!

Der erste Ermittlungstag von Wachtmeister Studer in Saint-Georges endete abends mit einem Paukenschlag. Genau so, wie Amélie Morel es sich am Vormittag vorgestellt hatte.

Sowohl der Wachtmeister als auch die geheime Ermittlerin hatten den Nachmittag mit Beschäftigungen verbracht, die nur in einem indirekten Zusammenhang mit der Miller-Müller-Geschichte standen.

Amélie hatte vor und nach dem Mittagessen vergeblich nach dem Zimmermädchen Anna Ausschau gehalten, es ließ ihr keine Ruhe, *sie* würde bestimmt mehr aus der Kleinen herausbringen als der brummige Kommissar. Aber Anna ließ sich nicht blicken ... ahnte sie, dass Amélie sie suchte, und ging ihr aus dem Weg?

Das Mittagessen war üppig gewesen wie üblich. Nach der Bouillon mit verlorenem Ei wurde im Grand Hôtel de la Plage ein pochierter Wolfsbarsch aufgetragen, gefolgt von einem Kalbsbraten mit glasierten Karotten und Kroketten und als Abschluss eine gebackene Eierspeise, Flan maraîchin genannt, eine lokale Spezialität, die Amélie kannte und für die sie eine Schwäche hatte.

Nach dem reichhaltigen Mahl verlangte die Verdauung nach einer Siesta im kühlen Hotelzimmer. Danach ging Amélie Morel wie jeden Tag mit ihrem Strickzeug an den Strand, ihre Hände mussten sich immer beschäftigen. Tante Amélie war eine leidenschaftliche Strickerin, sie deckte all ihre Nichten und Neffen mit Pullovern, Westen, Schals und Mützen ein.

Den frühen Vormittag verbrachte sie mit Lesen am Strand. Aber am Nachmittag gab es rundum jeweils so viel zu hören und sehen, dass sie ihr Strickzeug mitnahm. Sie saß gerne inmitten der plaudernden Leute, lauschte ... Wenn die Nadeln klapperten, sammelten ihre Ohren emsig die Fäden der Gespräche links und rechts, und im Kopf verstrickten sich die Worte dann zu den fantastischsten Geschichten. Weil sie strickte, achtete niemand auf sie. Was man da nicht alles zu hören kriegt, entsetzliche Familiendramen!

In der Pension Zur Goldenen Glocke gab es zum Mittagessen erst eine Gemüsesuppe (vermutlich aus den Resten des Vortages gekocht), dann als Vorspeise drei Sardinen mit Tomaten auf einem Salatblatt und als Hauptgang zwei Scheiben Andouille mit Bratkartoffeln.

– Eine berühmte französische Spezialität aus Schweinedarm!, klärte Madame Merle die unwissenden Schweizer auf, worauf Frau Studer tapfer lächelte …

… und, als Madame Merle am nächsten Tisch Guten Appetit wünschte, die gebratenen Darmwursträder schnell auf Studers Teller schob. Der Köbu mochte Innereien, zu Hause kochte sie ihm oft seine geliebten Kutteln. Dafür erhielt s'Hedy den Caramelpudding von ihrem Mann.

Während der Wachtmeister wie üblich sein Mittagsschläfchen hielt, packte Frau Studer ihre Lismete ein – sie strickte an einem Sommerjäckli für den kleinen Jakobli, der Ende Jahr schon zwei wurde –, sie werde an den Strand gehen, Dörfer könne sie ja daheim auch anschauen, aber nicht das Meer!

Wachtmeister Studer spazierte am Nachmittag ins Dorf und setzte sich ins Café du Commerce, um die Luft der Einheimischen zu schnuppern. Der zweiten Atmosphäre.

Kurz nach sechs Uhr abends rannten die aufgeregten Zeitungsjungen im Dorf über den Place de la République, über die Hauptstraßen und im Seebadviertel die Avenue de la Plage hinunter und herauf, hielten vor allen Terrassen der Cafés und Restaurants und schrien sich das Herz aus dem Leibe:

– Rätselhafter Todesfall in Saint-Georges! Ein Gast vom Hôtel de la Plage! Kaufen Sie das Abendblatt! Alles über den mysteriösen Ertrunkenen! Nur im «Journal de Challans»!

Und die Urlauber griffen zu, welch eine willkommene Aufregung in der Gleichförmigkeit der Strandtage! Und das im friedlichen Seebad von Saint-Georges! Innert kürzester Zeit war die Sonderauflage von fünfhundert Stück verkauft, die letzten Exemplare rissen sich die Neugierigen beinahe gegenseitig aus den Händen.

Suzy Furet saß im Café du Commerce, dort wo sich spätabends jeweils die Künstler trafen, wenn sie auf der Terrasse des Grandhotels nicht mehr willkommen waren, und sie ließ sich von ihren Freunden, von denen sie plötzlich unglaublich viele hatte, als große Reporterin feiern. Alle wollten von ihr mehr über die Affäre wissen, wer war der Tote? War er wirklich ertrunken oder vielleicht gar einem Verbrechen zum Opfer gefallen? Klar war es ein Verbrechen, bei einem der Reichen aus dem Grandhotel nicht verwunderlich. Vielleicht gar ein Auftragsmord? Endlich lief mal was in diesem Kaff! Und der Mörder war keiner aus dem Dorf, so viel stand für die Einheimischen fest.

Es war das Gesprächsthema des Abends. Der Wachtmeister und Hedwig saßen mit andern Pensionären im lauschigen Gärtlein hinter der Pension unter einer Glyzinie, diesmal beim Aperitif mit einem Glas Bier und ohne Meerblick, dafür aber zur großen Befriedigung von Madame Merle.

Frau Studer trank eine Limonade und schwärmte von ihrem Nachmittag am Strand, mit dem Anflug einer ersten Sommerbräune auf den Wangen. Sehr offen seien die Leute hier, man komme leicht ins Gespräch, nicht so wie bei uns, Köbu! Sie hat sich den ganzen Nachmittag mit einer sehr liebenswürdigen

Dame unterhalten, die auch strickte! Und, Köbu, kaum zu glauben, der Neffe der Frau ist auch Polizist! Ach, seufzte das Hedy, wir hatten uns so viel zu berichten ...

Dann brachte Madame Merle in heller Aufregung die neuste Ausgabe des «Journal de Challans», sie hat es doch gewusst! Man macht einer Madame Merle nicht so schnell was vor! Deswegen ist der Schweizer Kommissar hier, keineswegs um Urlaub zu machen – nein, um das Verbrechen aufzuklären! Leider bot sich an diesem Abend keine Gelegenheit, Commissaire Stüdère auszufragen, diskret natürlich, darauf verstand sich Madame Merle, sie wurde von den andern Pensionären belagert.

Alle redeten durcheinander und über die Tische hinweg. Ein solches Ereignis schmiedete gleich eine Schicksalsgemeinschaft, umso mehr, wenn man selbst davon nicht betroffen ist.

Ein Verbrechen in Saint-Georges? Womöglich ein Mord? Ja, bestimmt war es Mord! Insgeheim erhoffte man das – tot war der Mann ja so oder so. Einer aus dem Grandhotel war es ... die halten sich eh für was Besseres mit ihren Luxuslimousinen! ... während man selbst nur mit den Eisenbahn-Gutscheinen für die Angestellten und Arbeiter in den Urlaub reisen kann ... Hoch lebe der Front populaire und Präsident Léon Blum!

Niemand schien den Tod dieses Unbekannten zu bedauern, als ob eine dumpfe, jedenfalls unbewusste Ahnung den Leuten eingegeben hätte, dass es nichts zu bedauern gab ... Im Gegenteil, welch eine Sensation, welch eine Aufregung! Und jede Menge Gesprächsstoff für die nächsten Tage! Und nach dem Urlaub zu Hause erst – man wird im Mittelpunkt stehen und den neidischen Nachbarn jedes kleinste Detail erzählen, man war vor Ort, mitten in einer Mordermittlung!, und selbstverständlich alles gehörig ausschmücken. Die Pensionäre in der Goldenen Glocke waren beinahe begeistert.

Frau Studer sah ihren Mann vielsagend an, sagte aber nichts. Der Wachtmeister hatte einen nichtssagenden Gesichtsausdruck aufgesetzt, der wie eine Maske wirkte. Jetzt hob er die Augen und sein Blick war ausdruckslos. Aber unter dem dicken Schnurrbart versteckte sich ein Schmunzeln, leicht verzogen wegen der Brissago im Mundwinkel.

Als er die Schlagzeile gesehen hatte, war ihm sogleich klar, dass der Fall Montgomery Müller, der keiner sein sollte, jetzt mit Sicherheit einer war. Jetzt musste Picot ermitteln, und das mit dem Studer zusammen! Jawoll! Der Wachtmeister hätte viel darum gegeben, jetzt auf der Terrasse des Hôtel de la Plage zu sitzen ...

Dort war es genauso, wie man es sich vorstellte. Amélie Morel saß mit dem Ehepaar Legrand, ihren Tischnachbarn aus dem Speisesaal, in einer Ecke beim Aperitif und genoss das Schauspiel. Madame Legrand wunderte sich, wie die Zeitung von der Sache Wind bekommen hatte.

– Ach, Sie wissen doch, Madame, wie raffiniert die Reporter heutzutage vorgehen!

Amélie betupfte ihre Lippen mit der kleinen Serviette, um ihr triumphierendes Lächeln zu verbergen.

Der Hoteldirektor Monsieur Leroy flatterte von Tisch zu Tisch, von Gast zu Gast, wie ein Falter, den man ständig aufscheucht, und rief, bestimmt zum hundertsten Mal:

– Es war ein Unfall, meine verehrten Damen und Herren, ein bedauerlicher Unfall! Mit unserem Haus hat das nichts zu tun! Ein dummer Zufall, dass es einen Gast von uns getroffen hat! Machen Sie sich bitte keine Sorgen!

Man sah niemanden, der sich Sorgen zu machen schien, im Gegenteil, die Hotelgäste und deren Gäste, die dort nur ihren Aperitif nahmen, tranken plaudernd ihre Whiskys und ihre bunten amerikanischen Cocktails, die Damen ihre Likörs und ihre Limonaden, wie jeden Abend, selbstverständlich berührte niemand auch nur mit einem Wort das unangenehme Ereignis.

Alle waren sie grandiose Schauspieler. Die diskrete Nonchalance der Bourgeoisie, der ehrwürdigen Notabeln aus La Roche-sur-Yon, Nantes, vermutlich auch aus Rennes, Angers … Gegenüber dem Hoteldirektor von gewöhnlicher Herkunft, der keine Haltung zu wahren wusste, gebot die Erziehung, höchstens höflich zu nicken, man bedaure außerordentlich … Dabei beschäftigte alle nur eine Frage: Wer war der Tote? Hatte man ihn gar gekannt? Immerhin einer der ihren … Man gehörte zur selben Klasse.

Nur in den Augen der Neureichen, die dem bourgeoisen Verhalten nacheiferten, sah man prickelnde Neugier, trotz ihres schlecht gespielten Desinteresses.

Obwohl niemand wusste, um wen es sich beim Ertrunkenen handelte, die Zeitung nannte keinen Namen, hatten Madame Miller und Mademoiselle Stettler es vorgezogen, weder zum Aperitif noch zum Diner zu erscheinen. Sie bestellten das Abendessen auf ihre Zimmer. So etwas hatte die Küche noch nie gemacht! Aber angesichts einer solchen auch noch nie dagewesenen Katastrophe hatte der Hoteldirektor dem empörten Küchenchef Anweisung gegeben, dem Wunsch der beiden Damen ausnahmsweise stattzugeben.

Später saß Amélie Morel im Speisesaal neben dem Ehepaar Legrand zu Tisch und löffelte die Consommé mit Eierstich, als Madame Legrand die Frage stellte, mit einem diskreten Blick seitlich, wo in ihrem Blickfeld einige Tische entfernt drei Plätze unbesetzt waren, ob die Schweizer Familie heute Abend wohl auswärts esse?

– Vielleicht unpässlich, lächelte Mademoiselle Morel, ein

kleiner Sonnenstich, die Sonne war heute Nachmittag doch gar brennend!

– Mir fällt gerade auf, dass wir Monsieur seit einigen Tagen nicht mehr gesehen haben ...

In Madame Legrands Stimme lag etwas Lauerndes, als sie den Löffel in den leeren Teller legte und leicht mit der Serviette über die Lippen wischte.

Auch Amélie war mit ihrer Consommé fertig und lächelte wieder.

– Oh, Madame Miller hat mir vor ein paar Tagen erzählt, Monsieur müsse für einige Zeit nach Paris, wichtige internationale Verträge abschließen, die Weltausstellung, wissen Sie!

Allgemeines Nicken am Tisch, aha, man versteht ... Amélie strahlte, innerlich, sie war über sich selbst hinausgewachsen! Wer hätte gedacht, dass sie über solch diplomatisches Geschick verfügte, unangenehmen Fragen auszuweichen, ohne zu lügen! Nein, Amélie Morel lügt nie. Nie richtig jedenfalls. Und meist hat sie auch recht. Dennoch tappte sie wie eine Blinde in dieser Miller-Geschichte herum ... viel Merkwürdiges und dennoch keine Spur, die sie irgendwohin brachte ... egal wo! Jedes Mal verlief sie im Sand ... zu viel Sand hier am Ort und im Getriebe der Geschichte!

So ging der erste Ermittlungstag von Wachtmeister Studer und Amélie Morel zu Ende.

Amélie wusste nicht, ebenso wenig Studer und noch weniger Inspektor Picot, dass zu diesem Zeitpunkt im Hôtel de la Plage das Zimmermädchen Marthe von der zweiten Etage stinksauer war, weil die Gouvernante, Madame Yvette, ihr befohlen hatte, zusätzlich auch den Zimmerservice der ersten Etage zu übernehmen. Annas Arbeit! Dabei hat sie selbst mehr als genug zu tun!

Denn Anna war unauffindbar. Sie war nach der Zimmerstunde nicht mehr zum Dienst erschienen. Als Madame Yvette in Annas Kammer im Dachstock, wo die weiblichen Saisonangestellten schliefen, nachgesehen hatte, war sie leer. Der Kleiderschrank ebenfalls.

Anna war verschwunden.

GLAUSER UND SIMENON IM STRANDCAFÉ: WOZU MAN DAS VERBRECHEN IN DER GESCHICHTE BRAUCHT UND WARUM KRIMIS MIT FUSELSPANNUNG EINEN KATER IM KOPF HINTERLASSEN

Schade, dass die Anna bereits aus der Geschichte verschwindet! Meine Amélie wollte doch auch versuchen, etwas aus ihr herauszubekommen …

Simenon nimmt einen kräftigen Schluck Bier und fährt kontrollierend mit der Hand über die Lippen.

Glauser zuckt bedauernd die Schultern. Tut mir leid, sie ist einfach abgehauen!

Man ist ein anderer Mensch, wenn der Bauch voll ist. Man atmet durch, man kann wieder weiter denken als bis zu einem gefüllten Teller. Gründlich wischt Glauser mit einem Stück Brot die Bratbutterreste auf, die letzten Spuren des Omeletts mit gebratenem Schinken. Er faltet die Serviette, legt Messer und Gabel in den Teller und lehnt sich zurück.

In einer Kriminalgeschichte, die nur ein Rätsel lösen will, hat der Autor seine Figuren, die Zeugen, Mörder und Opfer, unter Kontrolle. Er, Glauser, aber muss sehen, wie es seinen Leuten beliebt zu leben!

Ja, kenn ich, nickt Simenon, wir müssen unsere Leute bei Laune halten!

Er hat seine Miesmuscheln längst verspeist, der Topf gefüllt mit den schwarzen Schalen steht auf dem Tisch. Auch er weiß nie im Voraus, wohin ihn eine Figur bringt. Ich lasse meine Leute handeln und die Geschichte sich entwickeln, wie sie will oder muss. Während der ganzen Zeit des Schreibens lebe ich in der Haut dieser Figur.

Er winkt dem Kellner und zeigt auf Glausers leeres Glas. Dessen immer noch durstiger Blick ist ihm nicht entgangen. Der Kellner nickt hinter der Theke, man kennt den «Vater» des Maigret hier im Strandcafé.

Glauser schaut sich aufmerksam um – er muss alle Einzelheiten der Örtlichkeit in sich aufnehmen, falls der Studer auf die Idee kommen sollte, hier einzukehren. Die lange Zinntheke, wo Amélie Morel auf die Wirtin gelauert hat, der polierte Zapfhahn, die runden Bistrotischchen, die so klein sind, dass nur schon je zwei Teller, Messer, Gabeln, Biergläser, Servietten und ein Brotkörbchen und Aschenbecher genügen, dass die Dinge sich in einem erbitterten Platzkampf über die Tischkante zu stoßen suchen.

Das Bier steht eine Minute später vor Glauser.

Kaffee, die Herrschaften? Der Kellner wartet.

Später!, antworten beide gleichzeitig.

Die Sonne hat sich inzwischen endgültig mit der dicken Wolkendecke zugedeckt und überlässt die wärmehungrigen Menschen gleichgültig dem scharfen Westwind. Bei den vorderen Tischchen ist es zugig, die wenigen Gäste dort wickeln sich in ihre Wolljacken und Schals. Simenon und Glauser sitzen unter dem Dach, das den Wind abhält, sie drehen ihre Stühle und schauen entspannt über den Strand, während die Verdauung ihre Arbeit aufnimmt.

Simenon holt den Tabakbeutel aus der Hosentasche und beginnt, eine Pfeife zu stopfen. Der Einarmige ... auch bei Glauser verwandeln sich Begegnungen also in literarische Figuren, er nickt, witzig, der Einfall mit dem Möwenmann.

Glauser wehrt ab, leicht verlegen. Ist die Wirklichkeit nicht manchmal surrealer als unsere Imagination? Im zweiten Studer-Roman, der «Fieberkurve», den er einmal mehr in Überarbeitung hat, da gibt es zwei Scenen drin, die ihm gelungen scheinen. Diese zwei Scenen sind glaub ich wirklich lustig: die eine, in der der Wachtmeister auf einer algerischen Hochebene ein Zwiegespräch mit seinem Maultier führt, die andere, in der Studer während eines Haschischrausches die himmlischen Heerscharen den Bernermarsch spielen hört. Über solche Einfälle bin ich froh – stolz nicht, denn schließlich sind sie mir geschenkt worden. Wer das getan hat, weiß ich nicht. Vielleicht hängt es mit dem Leben zusammen, durch das ich mich durchgezwängt habe und wo ich hin und wieder ziemlich teuer hab zahlen müssen …

Simenon pafft gedankenschwer in die graue Luft. War Glausers letzte Bemerkung eine Aufforderung zum Nachfragen? Simenon ist nicht in Stimmung für Lebensbeichten. Thema wechseln.

Übrigens, Ihr Studer hat doch bald keine Brissagos mehr. Wie wollen Sie das lösen, Glosère?

Glauser grinst. Dem vollen Bauch kommen langsam wieder Ideen.

Augenblick … also: Nach dem besorgniserregenden Verbrauch an Brissagos während der Reise hat s'Hedy als fürsorgliche und vorausschauende Ehefrau bereits kurz nach der Ankunft – Sie erinnern sich, als der Wachtmeister im Dorf war und Frau Müller im Café du Centre getroffen hat – die Tochter gebeten, dem Vatti so schnell wie möglich dreißig Brissagos zu schicken. Frau Studer durfte das Telefon der Pension benutzen, und Madame Merle, die genau dann alle Illustrierten und Zeitungen auf den Tischchen ordnen musste, konnte noch so sehr ihre Ohren spitzen, sie verstand kein Wort dieser bizarren Sprache mit ihren vielen «Ch». Die Tochter Marie hat zu Hause keinen Telefonanschluss, aber Frau Studer ließ sich einfach mit dem Polizeiposten in Arbon im Kanton Thurgau verbinden, der Schwiegersohn ist dort Landjäger. Der Albert versprach, die wertvolle Fracht als amtliches Polizeipaket zu schicken (dass es sowas gibt, freut seine Schwiegermutter), damit es auf keiner Poststelle oder beim Zoll liegen bleibe. Man wisse ja nie! Die Kosten für das teure Auslandsgespräch ließ Frau Studer auf die Zimmerrechnung setzen, ganz Dame von Welt!

Also, Glauser leert das zweite Halbe in einem Zug, die Brissagos als polizeiliche Expresslieferung zuhanden des Herrn Wachtmeister Jakob Studer persönlich sollten somit bald in Saint-Georges und in unserer Geschichte eintreffen. Und den Studer und unsere Ermittlung retten!

Simenon schmunzelt, sehr gut, das wäre also gelöst. Tabaknachschubprobleme hat mein Inspektor Picot zum Glück nicht. Das Café de la Plage ist eine Bar mit einer Tabakverkaufslizenz – entschuldigen Sie, ich hatte völlig vergessen! Welche Zigaretten rauchen Sie denn, Glosère? Welchen Tabak? Braunen?

Simenon dreht sich zur Theke und versucht von seinem Platz aus, die Zigarettenmarken in der Vitrine hinter der Kasse zu entziffern: Gauloises, Gitanes, Elégantes, Celtique ... oder mögen Sie lieber den Geschmack von Marylandtabak?

Wie peinlich, man wird dem Simenon sagen müssen, dass man kein Geld ... Aber der Drang zu rauchen ist unwiderstehlich. Glauser zögert. Egal, wenn es nur gut brennt und nach Tabak schmeckt!, hätte er beinahe gesagt, aber das klingt nicht sehr kultiviert.

Was haben wir denn noch? Es gibt die Week-End, englischer Geschmack, na ja ... Die Primrose nicht, eher was für Damen. Die Balto, eine blonde, falls Sie den amerikanischen Geschmack mögen. Oder aber orientalischen Tabak, ich sehe, die verkaufen Gitanes Vizir und Naja ...

Glauser schwirrt der Kopf. Keine Ahnung. Er kennt all diese Sorten nicht, kauft sich höchstens mal die billigsten, ein Päck-

chen Gauloises Caporal Ordinaire, aus Nostalgie. Die Truppen-
zigarette der Fremdenlegion. Sonst rollt er selbst seine gute
alte Ottoman-Zigarette.

Ach, meint er bescheiden, ein wenig billigen Tabak und Papier reichen.

Simenon nickt, steht auf, geht zur Kasse an der Theke. Er hat
verstanden.

Er kommt zurück an den Tisch, er rauche gerne hie und da
eine blonde oder orientalische, welche ziehen Sie vor? Er hält
Glauser eine Packung Balto und eine Packung Naja hin, beide
hat er bereits geöffnet.

Dieser tut, als ob er sich nicht entscheiden könne. Um seine
Gier zu bändigen. Schließlich zieht er eine Naja aus dem Päckchen und führt sie erst unter der Nase spazieren, als ob man
ein Kenner wäre. Welch eine Verführung! Solche hat man sich
noch nie leisten können.

Streichhölzer hat er noch irgendwo in der Hosentasche.

Die Naja brennt perfekt, Glauser schließt die Augen und
zieht den unglaublich feinwürzigen Rauch tief in die Lungen.

Beide haben sich bequem zurückgelehnt, schauen Seite an
Seite hinaus auf den entvölkerten Strand. Rauchen. Paffen. Mit-
tagsruhe. Wenige Personen spazieren, das Wasser steigt stetig,
Fluthöchststand wird am späten Nachmittag sein, meint Sime-
non. Hinter ihnen an der Theke klirren Gläser und plätschert
Wasser in der Spüle.

Glauser streift die Asche ab.

Monsieur Simenon, ich fürchte, unsere Geschichte wird kein
Kriminalroman, sehr zu meinem Verdruss. Ich habe die Leute
darin wie sonderbare Insekten mit Hilfe spitzer Worte aufge-
spießt, sie können sich gegen diese Behandlung nicht wehren,
hilflos sind sie meiner vielleicht ungerechten Beschreibung
ausgeliefert. Aber jetzt mucken sie auf und fangen an zu leben,

und es geht mir wie dem Regisseur in Pirandellos Stegreif: Die Akteure wollen gar keine Figuren sein, sondern sie wollen plötzlich leben. Scheußliche Sache. Es nützt nichts mehr zu sagen: Besen, Besen sei's gewesen! Der Besen proklamiert den Generalstreik.

Die Geister, die ich rief ... Simenon nickt. Aber ist es nicht genau das, was man als Schriftsteller will, Glosère? Echte Figuren schaffen, Menschen, die bis zum Äußersten gehen? Suchen die Leute nicht immer zu erfahren, wie weit ein Mensch gehen kann, im Guten wie im Schlechten? Und dort, wo das Leben hart zupackt, nehmen die Gefühle überhand, dort geschehen Verbrechen. Mich interessiert das Leben dieser Menschen und wie es dazu gekommen ist und nicht, ein kompliziertes Kriminalrätsel und überraschende Lösungen zu erfinden. Wenn schon Rätsel, dann um den Täter als Menschen zu enträtseln, ihn zu verstehen!

Glauser nickt, Simenons Sätze könnten von ihm stammen.

Aber Simenon hat von den Kritikern zu hören bekommen, der Handlung fehle es an Stringenz, sie zerfasere in Nebensächlichkeiten und – größter Vorwurf – entgegen jeglicher Regel bei Kriminalromanen werde der Täter langsam Schritt für Schritt schon in der Mitte des Buches entlarvt, anstatt mit einem Paukenschlag auf den letzten zehn Seiten! Aber man muss dem Leser doch frühzeitig zeigen, wer der Täter ist, damit er Zeit hat, den Druck auf den Täter und sein Handeln zu verstehen!

Glauser streckt die Beine, nimmt einen tiefen Zug, das Leben zeigt sich gerade von seiner besten Seite, selten genug.

So ist es! Und unsere Fahnder bekommen zu hören, dass sie unmethodisch vorgehen, mit den Leuten plaudern, anstatt zielstrebig zu ermitteln. Selbst den Faden verlören. Aber wir wollen nicht aus Tatsachen das Schlussresultat absummieren, sondern aus der Atmosphäre, aus der Psychologie der Handelnden die Lösung blühen lassen!

Absolut einverstanden mit Ihnen, Glosère!

Draußen geht schon wieder einer vorbei, der winkt, weil er den berühmten Schriftsteller erkannt hat. Simenon hebt jeweils nur diskret die Hand, er will und braucht Glauser nicht zu beeindrucken.

Der schluckt. Sollte ihm mal passieren.

Eine flaue Ruhe liegt über den leeren Tischen rundum, die letzten Mittagsgäste sind gegangen, ein kurzes Aufatmen für Wirt und Kellner, bevor die Nachmittagsgäste kommen. Beide Schriftsteller schweigen und hüllen sich in ihre Rauchwolken, was Simenon mit der Pfeife besser gelingt. Glauser raucht seine Naja bis auf den letzten Zentimeter und verbrennt sich beinahe die Lippen.

Darf ich? Glauser nähert seine Hand dem Zigarettenpäckchen auf dem Tisch. Simenon schiebt es ihm zu, es sind Ihre!

Gerade als Glauser damit beschäftigt ist, die frische Zigarette am Stummel der ausgerauchten anzuzünden, dröhnt eine tiefe Männerstimme hinter ihm:

Messieurs! Bonjour! Auch beim Verdauer? Dürfen wir uns dazusetzen?

Ohne die Antwort abzuwarten, zieht der joviale Fremde einen freien Stuhl vom Nebentisch an den ihren und bedeutet seinem Begleiter, dasselbe zu tun. Den Begleiter kennt Glauser, es ist Doktor Schöni, der ihn etwas verlegen grüßt. Er sieht, dass Schöni immer noch die hohen Schuhe mit Gamaschen trägt.

Der dicke Fremde starrt Glauser unter den wuchernden Augenbrauen mit glänzenden Äuglein an, mit dieser unverhohlenen Neugier, wie sie auf dem Land üblich ist. Der Bistrostuhl ist unter seinem Hintern verschwunden.

Die beiden haben Simenon gerade noch gefehlt.

Darf ich Sie bekanntmachen – Doktor Albert Soulard, Arzt hier im Dorf und Seebad, ebenfalls ein Bridgepartner – Frédéric Glosère, ein berühmter Schweizer Schriftsteller.

Sehr erfreut!, trompetet Doktor Soulard und reicht Glauser die Hand, eine weiche schlaffe Hand, die so gar nicht zum kräftigen Bauchumfang des Doktors und zu seiner Bassstimme passt. Die Knöpfe seiner Weste kämpfen zum Springen angespannt um Halt, und die großporige Nase über dem dicken weißen Schnauz dürstet bestimmt nach Hochprozentigem ...

Richtig, Soulard winkt dem Kellner energisch, vier Cognacs, vom besten!

Der Feingeist Schöni, in allem das Gegenteil des Bonvivants Soulard, freut sich, die beiden Herren immer noch – wann hat er sie heute Vormittag bekannt gemacht? Gegen halb zwölf und nun haben wir drei Uhr vorbei! – in angeregte Gespräche vertieft vorzufinden. Sein Verdienst!

Herr Glauser, ich hatte sehr gehofft, Sie noch anzutreffen vor Ihrer Heimfahrt, er hält ein Buch in die Höhe, von dessen Titelblatt eine Fratze aus einer Brandwolke grinst, «Matto regiert», meine Gemahlin hat mir keine Ruhe gelassen, als ich ihr beim Mittagessen von Ihnen erzählte, es ist mir äußerst unangenehm ... würden Sie vielleicht ...?

Mit dem geöffneten Buch hält er ihm auch gleich seinen dicken Füllfederhalter hin, ein teures Stück mit Goldfeder. Für Ottilie. Doktor Schöni will den Auftrag so schnell wie möglich erledigt haben, peinlich ist es ihm vor den andern Herren. Glauser schreibt sorgfältig «Für Ottilie» und «F. Glauser».

Neugierig nimmt Simenon danach «Matto regiert» in die Hand, der dritte Studer-Roman, der jedoch als zweiter veröffentlicht wurde, blättert, schade, er kann zu wenig Deutsch, um diesen Schweizer Maigret zu lesen, bemerkt er mit einem Seitenblick auf Schöni. Worum es in diesem Roman denn gehe?

Schönis Wangen überziehen sich mit roten Flecken. Leider habe er bisher keine Zeit gehabt, das Buch zu lesen, seine Augen meiden Glauser, er windet sich, die Arbeit, Sie verstehen, aber jetzt in den Ferien ... sobald seine Frau Gemahlin damit fertig sei ... sie hat ihm erzählt, es gehe um einen Mord in einer Irrenanstalt, die als Tatort mit sehr viel Wissen beschrieben wird. Herr Glauser ist sehr mutig, die eigenen Erlebnisse zu verwerten!

Der Kellner kommt gerade rechtzeitig, räumt die Biergläser ab, wischt flüchtig mit einem zweifelhaften Lappen über das Tischchen und stellt vier großzügig gefüllte Cognacgläser darauf.

Ein Delamain, 1912, bitte sehr.

Auf Ihr Wohl, Messieurs! Soulard hebt sein Glas in die Runde und taucht dann genüßlich seinen dicken Schnurrbart in die goldene Flüssigkeit.

Bei allem Respekt, Georges, warum schreiben Sie keine Maigrets mehr? Hab zwar keinen davon gelesen, muss es zugeben, ein Landarzt hat keine Zeit für sowas, der Bass des Doktors dröhnt wieder allen in den Ohren. Sie sollen gesagt haben, Sie mögen Kriminalromane nicht mehr? – Aber das lesen die Leute doch am liebsten!

Ja, wirklich schade, Monsieur Simenon, kommt Schöni seinem Berufskollegen zu Hilfe, ein Mord am Anfang, vielleicht ein zweiter Toter, der Kommissar ermittelt eine Reihe von Verdächtigen und schon fiebern die Leser auf das Ende und bilden selbst Hypothesen, wer der Täter sein könnte. Um die Spannung braucht sich ein Kriminalschriftsteller doch gar nicht zu sorgen, die ist schon im Genre angelegt ...

Simenon pafft und schaut mit zusammengezogenen Augenbrauen in die Weite, als ob er ernsthaft darüber nachdenken würde. Er verspürt nicht die geringste Lust, mit den beiden

Doktoren über seine Vorstellungen eines guten Kriminalromans zu diskutieren ... der ein echter Roman ist und keine logische Schachpartie, wo der Täter am Schluss schachmatt ist!

Glauser ist gesprächiger. Zum Glück.

Die Spannung, Messieurs, ja, das ist der springende Punkt! Er räuspert sich.

Sagen Sie, lesen Sie einen gängigen Kriminalroman ein zweites Mal?

Natürlich nicht, poltert der Landarzt.

Wohl kaum, man kennt den Täter ja bereits, außer man hat vergessen, wer es war ... hüstelt Doktor Schöni.

Richtig! Spannung ist ein vorzügliches Element, Sie haben völlig recht, Doktor Schöni, sie erleichtert dem Publikum die Anstrengung des Lesens. Sie lenkt den Geist, den von Sorgen geplagten Geist, von den Widerwärtigkeiten des Lebens ab, sie hilft vergessen. Genau wie irgendein Schnaps, genau wie irgendein Wein. Aber wie es auch echten Cognac – wie diesen, Glauser hebt sein Glas – und Façon gibt, geradeso gibt es die echte Spannung und die Fuselspannung – verzeihen Sie das neue Wort. Und Fuselspannung nenne ich jede Spannung, die nur ein Ziel kennt: die Auflösung, das Ende des Buches. Ja, was bleibt von einer solchen Geschichte übrig, wenn man den Täter kennt?

Doktor Schöni nickt eifrig. Doktor Soulard schaut verdutzt. Simenon schmunzelt hinter seiner Pfeife.

Nur ein öder Geschmack im Munde, ein leeres Gefühl im Kopfe. Weil ein Kriminalroman, nach diesem Rezept geschrieben, schicksalslos ist. Weil die falsche Spannung nur auf eine Lösung hingearbeitet hat, sie hat es versäumt, die guten Traumbilder zu wecken, nichts klingt nach, weil nichts in uns zum Klingen gebracht worden ist!

Glauser gestikuliert heftig, ein langes Stück Asche fällt von seiner Zigarette auf Doktor Schönis Hose. Unauffällig klopft der mit spitzen Fingern den feinen Flanell, er möchte Herrn Glauser auf keinen Fall unterbrechen.

Können Sie sich vorstellen, Messieurs, dass man die Spannung in einem Buch so gestalten könnte, dass es dem Leser fast gleichgültig ist, wer der Täter ist?

Hä, das wär doch kein Kriminalroman mehr!, ruft Soulard und faltet die Hände über dem Bauch. Sein Cognac ist längst ausgetrunken. Schöni schüttelt besorgt den Kopf. Simenon hört aufmerksam zu und schaut weiter über das steigende Meer.

Ja, wenn es gelänge, Glauser nimmt den letzten feurigen Schluck Cognac, jedes Kapitel der Geschichte mit einer andern Spannung zu laden, nicht der primitiven, die den Leser vorwärtshetzt, mit einer andern. Wenn es gelänge, Sympathien und Antipathien in ihm zu wecken für die Geschöpfe, für die Häuser, in denen sie wohnen, für die Spiele, die sie spielen, für das Schicksal, das über ihnen schwebt und sie bedroht oder ihnen zulächelt?

Hm, räuspert sich Doktor Schöni und dreht sein noch gut gefülltes Cognacglas zwischen beiden Händen. Wenn Sie mir die kleine Bemerkung erlauben, Herr Glauser, das wär ein schöner Roman, aber wozu brauchen wir dann noch ein Verbrechen?

Doktor Soulard reißt die Augen auf.

Schöni nimmt mit spitzen Lippen ein Schlückchen. Wenn ich Sie richtig verstehe, Herr Glauser, wollen Sie das Risiko auf sich nehmen, diejenigen zu enttäuschen, die nach den ersten zehn Seiten des Buches gleich am Ende nachblättern, um nur so schnell wie möglich zu erfahren, wer der Täter ist?

Glauser wirft einen Blick zu Simenon, will *er* vielleicht mal … Aber Simenon denkt nicht daran, sein Scherflein beizutragen, so erleichtert wie er ist, dass Glauser sich mit den beiden

Doktoren abgibt. Bridge spielt er ja gerne mit ihnen, aber Gespräche über Literatur führen? Nein.

Also, holt Glauser Luft, für mich ist der Kriminalroman, so wie ich ihn verstehe, ganz einfach ein literarischer Roman. Und bestimmt auch für Monsieur Simenon, nicht? Wenn man einen Maigret liest, liest man einen echten Roman. Simenon nickt zufrieden.

Unter dem Deckmantel des Kriminalromans kann man ein literarisches Ziel verfolgen, nämlich ein Milieu erkunden und beschreiben, die Menschen dort und ihre Schicksale erfassen und verstehen. Und eingebettet in die Erzählform Kriminalfall-Verbrechensaufklärung folgt der Leser willig. Das Verbrechen, wenn ich so sagen darf, ist der Köder für die Leser!

Haha, Soulard schlägt sich dröhnend auf die Schenkel, der Mord als Köder, gefällt mir! Garçon! Noch mal vier vom gleichen!

Vielen Dank, Albert, aber meine Gemahlin erwartet mich, wehrt Doktor Schöni ab.

Für mich ebenfalls nicht, lehnt Simenon ab, Monsieur Glosère und ich haben noch zu arbeiten, sozusagen.

Womit auch Glauser zähneknirschend gezwungen ist, dankend abzulehnen. Nie im Leben wird er wieder einen solchen Cognac trinken!

Ach, was seid ihr doch für Spielverderber! Garçon! Annulliert! Soulard zieht seine Taschenuhr aus der Weste und brummt, muss auch zurück, das Wartezimmer wird voll sein ...

Alle erheben sich, gegenseitiges Händeschütteln, Simenon und Glauser setzen sich wieder, die beiden Doktoren gehen zur Theke, um zu bezahlen.

Ganz gescheiter Kopf, Ihr Landsmann! Soulards Stimme scheint kein leises Register zu kennen.

Da bin ich ganz Ihrer Meinung, Albert, deshalb wollt ich

Sie fragen ... mehr versteht Glauser nicht mehr, die beiden sind jetzt zu weit weg.

Danke für die Rettung, Glosère, stöhnt Simenon, Sie haben was gut bei mir!

Er setzt sich auf, nun zu uns.

Wo stehen wir in unserer Geschichte? Der zweite Tag der Ermittlung beginnt für Ihren Stüdère und inoffiziell für meine Amélie. Als Ausgangslage haben wir: Der mysteriös ertrunkene Gast aus dem Grandhotel ist Dorfgespräch, die Zeitung wird überall bohren, mein Inspektor Picot wird die Todesursache untersuchen müssen, ein verdächtiger Lopez sucht den Toten, die Ehefrau und die Schwägerin wollen Nachforschungen im Leben des Toten um jeden Preis verhindern, Amélie glaubt, dass irgendetwas mit den Kleidern des Toten nicht stimmt, die Anna ist verschwunden, aus ihr und aus dem alten Père Joe haben Commissaire Stüdère und Mademoiselle Morel nicht viel herausbekommen ...

Also, Simenon grinst, Ärmel hochkrempeln und an die Arbeit, cher collègue!

FÜNFTER TAG, WACHTMEISTER
STUDER ERMITTELT OFFIZIELL WEITER
UND AMÉLIE MOREL INOFFIZIELL

Wachtmeister Studer sollte erst kurz vor dem Mittagessen von Annas Verschwinden erfahren.

An diesem fünften Tag nach der Entdeckung von Montgomery Miller-Müllers Leiche und am zweiten Ermittlungstag, es war Samstag, kam die Junisonne schon frühmorgens hinter dem Dünenwald hervor, sie stieg frohgemut in die Höhe und spannte über dem dunkelblauen Himmel einen solch vollkommenen Sommertag auf, wie er auf dem Prospekt des Seebades Saint-Georges strahlte. Wenn die Wirklichkeit sich Mühe gibt, dem schönen Schein der Reklamebilder zu gleichen, freuen sich alle, die Hoteldirektoren, Pensionsinhaberinnen, Wirte, Ladenbesitzer, Händler, Lieferanten, Gemüseverkäuferinnen und natürlich die schon zahlreich angereisten Sommergäste.

Das Ehepaar Studer war früh erwacht, da sein Zimmer gegen Osten ging, keine Fensterläden hatte und die dünnen gelben Nachtvorhänge der Morgensonne keinerlei Widerstand leisteten, im Gegenteil, um halb sieben war der Raum bereits in ein goldenes Licht getaucht.

Während Hedwig Studer seufzend die Decke über den Kopf zog und darunter krampfhaft die Augen schloss, drehte der Wachtmeister sich auf den Rücken, verschränkte die Arme unter dem Kopf und studierte die zitternden Schattenkreise an der Zimmerdecke. Das Fenster hinter den Vorhängen war geöffnet, ein leichter Luftzug bewegte sie und brachte das Stoffmuster zum Tanzen.

Der Père Joe rumorte in den Gedanken des Wachtmeisters.

Der Alte wusste mehr, das war so sicher, wie dass der französische Inspektor jetzt nicht mehr kneifen konnte. Der war nun gezwungen zu ermitteln. Und die Leiche kommt wohl bald in der Schweiz an. Lustig wird das!

Würde das Hedy jetzt nicht unter der Decke stecken, sähe sie die Spur eines boshaften Lächelns in Studers Mundwinkeln hocken.

Was der Alte wohl mit seiner letzten Bemerkung «Lasst die Kinder in Ruhe!» gemeint hatte? … In den scheinbar blöden Sprüchen der Trunkenbolde steckt meist eine Wahrheit, die einen Fall weiterbringen kann. Und mit Trinkern hat man es als Fahnder ja oft zu tun. Das will bestimmt die gwundrige Jungfer Morel auch herausfinden … man muss nochmal mit dem Père Joe reden, bevor der wieder pennt.

Die Sonne stieg, die Schattenkreise an der Decke krochen zur Wand und begannen langsam, die gezackte Tapete hinunterzutanzen.

Komische Truppe, diese Künstler! Im Café du Commerce auf dem Dorfplatz, wo die Samtjoppen mit ihren verwegenen Halstüchern sich trafen, hatte Studer gestern gegen Abend auf der Terrasse ein Halbes getrunken und den Kerlen ein bisschen zugehört. Es ging ziemlich laut zu und her, die Zeitung mit der Sensationsmeldung wurde herumgereicht.

– He Charlot, hatte einer gerufen, wenn's dein Mäzen ist, den's erwischt hat, dann hast aber schön Pech!

– Freu dich nicht zu früh, ist er nicht, der ist für ein paar Tage nach Paris, schrie einer, der Charlot sein musste.

Und diese Stimme kannte man! Sie gehörte dem Burschen mit dem Haarschopf wie ein Stoppelfeld, den man mit dem Fräulein Stettler zusammen auf der Terrasse des Grandhotels gesehen hatte, am ersten Abend. Diese sogenannten Kunstmaler neideten sich die Aufträge im «Freundeskreis». Studer hatte diskret den Kopf gedreht und gesehen, wie der Gelbhaarige finster dreinsah und gestikulierte. Leider hat man nur ein paar Wortfetzen aufschnappen können ... Nase voll ... schade um den ... und verschiedene Flüche, die Studer im schweizerischen Französisch noch nie gehört hatte.

Jetzt waren dem Wachtmeister im Bett die Arme unter dem Kopf eingeschlafen, stöhnend zog er sie hervor. Er schob die Beine aus dem Leintuch und setzte sich auf die Bettkante. Das Kribbeln in den Armen schwoll schrecklich an, ächzend rieb Studer mit der einen Hand den andern Unterarm und danach umgekehrt.

Mehr noch als die Ameisen in den Armen plagte den Studer aber, dass er nicht alles verstanden hatte: Wäre es schade um den Müller oder wäre es *nicht* schade um den? Aber er hatte verstanden, dass Charlot den Müller meinte. Er kratzte sich nachdenklich im Nacken, sein Nachthemd – der Kragen war mit roten Blümlein bestickt – stand offen und ließ seinen mächtigen Hals frei.

Und wie wird Inspektor Picot jetzt vorgehen? ... Nach welcher Methode arbeitet der eigentlich? Egal! Er wird denen zeigen, dass ein Schweizer Kommissär, auch wenn er heute ein einfacher Wachtmeister ist, sehr wohl weiß, wie man fahndet! In Studers Gedanken nistete ein hartnäckiges Gefühl, dass diese Miller-Müller-Sache nicht nur in der Atmosphäre des Seebades spielte, sondern auch Verwicklungen in der zweiten Atmosphäre hatte, die der Einheimischen.

Als das Ehepaar Studer kurz nach acht den Speisesaal betrat, saßen schon fast alle Ostseitenzimmergäste auf ihren Plätzen und frühstückten. Die Tische der Westseitenzimmerbewohner waren noch leer. Herr und Frau Studer murmelten links und rechts ein Bonjour und strebten so schnell wie möglich zum

Studer-Tisch, jeder Pensionsgast hatte seinen fest zugewiesenen Platz.

Hedwig Studer stellte auch heute Morgen wieder entsetzt fest, dass vereinzelte Gäste in Pantoffeln zum Frühstück erschienen waren, ja dass gewisse Herren einfach ein Jackett über das Nachthemd gezogen hatten, unrasiert, ungekämmt ...

– Häsch das gseh?, stupfte sie Studer flüsternd, die waschen sich erst *nach* dem Frühstück! Nie würde sie sich vor der Morgentoilette in die Öffentlichkeit begeben, der Speisesaal ist doch irgendwie öffentlich, oder?

– Die fühlen sich hier halt wie zu Hause, murmelte Studer, du weißt doch, andere Länder, andere Sitten ... oder das Badezimmer war immer besetzt ...

Studer war frisch rasiert, sein kurz geschnittenes Haar glänzte wie das Fell eines Apfelschimmels, und sein Schnauz war so sorgfältig gekämmt, dass er den ganzen Mund freiließ. Man hat heute einiges vor. Es ist ihm ganz gleichgültig, dass die Augen aller Pensionäre auf ihn gerichtet sind. Mögen sie glotzen.

Auch am Tisch von Zimmer Nr. 3 musste das Ehepaar Studer vorbei, die üppige Rothaarige und der Hüne sahen böse hoch, als die beiden kopfnickend vorbeigingen. Der Frau spannte das schrill geblümte Sommerkleid dermaßen über der Brust, dass das Fleisch aus dem tiefen Ausschnitt quoll, und der Mann trug – über der Hose! – ein merkwürdiges Hemd mit flachem Kragen in einem exotischen lilagrüngelben Blumenmuster.

– Häsch du so öppis scho mal gseh? Hedwig Studer senkte ihre Stimme nicht mehr, als sie an ihrem Tisch saßen, niemand verstand ja Schweizerdeutsch. Gibt es hier vielleicht eine Sommerfasnacht?

– Chabis!, brummte Studer, die beiden kommen aus dem Milieu, die machen auch Ferien, wenn die Kundschaft in den Ferien ist. Als ehrbare Leute!

Hedwig blickte ihren Mann bewundernd an, wo sich der Köbu doch überall auskennt!

Auf den Tischen standen wie gestern Kaffeeschalen mit Löffeln, aber keine Teller, in der Mitte die Zuckerdose und zwei Schüsselchen aus glänzendem Weißmetall, das eine gefüllt mit salziger Butter, in der ein kleines rundes Messer steckte, das andere mit Erdbeerkonfitüre, in der ein Löffelchen steckte. Es roch nach Kaffee und gesottener Milch. Auf der Anrichte warteten die Körbchen mit frisch geschnittenem Brot. Die Croissants waren abgezählt, eines pro Gast und Frühstück.

Die Servierin kam mit zwei schweren Metallkannen, Kaffee, Milch, und füllte ihre Schalen. Danach stellte sie die Kannen zurück auf die Rechauds und schlurfte wortlos mit dem Brotkörbchen daher.

– Möchte Madame oder Monsieur le Commissaire vielleicht ein Ei zum Frühstück?

Madame Merles Stimme war süß wie Honig, den sie ihren Gästen zum Frühstück allerdings nicht gönnte, zu teuer. Wenn man die Pensionäre zu sehr verwöhnt, dann fangen sie an, Ansprüche zu stellen! Auch Frühstückseier gibt es nur, wenn Madame persönlich sie anbietet. Dann darf man sich nicht erlauben, sie abzulehnen.

– Nein, danke, brummte Studer und Hedwig schüttelte auch den Kopf, unsereins hat diese Gewohnheit nicht.

Der Honig wurde säuerlich, aber Madame Merle ließ sich die Kränkung nicht anmerken. Sie hat höhere Ziele.

– Monsieur le Commissaire, Sie sind mir ein schöner Schwerenöter!

Sie schwenkte die gestrige Ausgabe des «Journal de Challans» durch die Luft und drohte Studer schelmisch mit dem Zeigefinger, sie hat es doch gewusst, sie hat es immer gewusst! Madame Merle hat einen Riecher für Geheimnisse!

– Sie ermitteln in diesem Mordfall, nicht wahr, Monsieur le Commissaire! Der Tote ist bestimmt der Schweizer Geschäftsmann aus dem Hôtel de la Plage, nicht wahr? Da Sie doch bestimmt seinetwegen aus der Schweiz angereist sind!

Als Studer erstaunt aufblickte ob so viel detektivischem Scharfsinn, nickte Madame Merle triumphierend und schob ein ungehorsames Löckchen aus der Stirn, sie hat es gewusst! Man kennt nämlich sein Automobil mit der ausländischen Nummer, das oft die Avenue de la Plage hinauf- und hinunterfährt, eine große weiße Limousine, nicht zu übersehen! Sie selbst hat bei ihren Bekannten herumgefragt, was die Buchstaben «CH» neben dem Nummernschild bedeuten … ein Automobil aus der Schweiz!

– Bestimmt haben Sie oder der junge Inspektor aus Challans schon eine Spur!

Sie beugte sich vertraulich zum Wachtmeister hinunter, ihr mächtiger Busen streifte seine Schulter. Frau Studer runzelte die Stirn. Er rührte konzentriert im Milchkaffee, obwohl sich das Stück Zucker längst aufgelöst hatte.

– Ist er ausgeraubt worden? … Bestimmt ist er ausgeraubt worden! … Landstreicher und anderes Gesindel treibt sich nachts in den Dünen herum … das weiß man. Der Schweizer war bestimmt ein reicher Gast …

Man wird gleich explodieren, wenn die gute Frau noch einmal *bestimmt* sagt!

– Bestimmt haben Sie schon einen Verdächtigen! Wenn ich Sie wäre, Monsieur le Commissaire – Madame Merles Lippen waren jetzt so nahe Studers Ohr, dass der heiße Hauch aus ihrem Mund ihn grässlich kitzelte – würde ich mich mal bei dieser faulen Bande herumhören! Künstler nennen die sich, hocken allen auf der Tasche, lassen überall im Dorf anschreiben, gerade gestern hat sich Louise – die Bäckerin, wissen Sie – bei mir wieder beklagt, sie weiß nicht, ob sie ihr Geld je sehen wird, aber man könne die ja nicht verhungern lassen – doch kann man schon!, fand die dicke Madame Merle ein bisschen außer Atem. Die hocken den ganzen Nachmittag bei einem Glas Wein auf der Terrasse des Grandhotels, weiß Gott, weshalb Monsieur Leroy das duldet! Ich würde die davonjagen!

Studer nickte, er war sehr beschäftigt, er butterte sein Croissant und tunkte es in den Milchkaffee. Das macht er auch zu Hause, wenn das Brot schon etwas hart ist. Frau Studer tunkt nie ihr Brot in den Morgenkaffee, all die Krümel, die nachher darin herumschwimmen! Sie legte das frische, knusprige Stück Baguette auf das karierte Tischtuch, die wollen einem ja partout keine Teller geben, strich mit dem Buttermesserchen erst Butter dann Konfitüre darauf und biss herzhaft hinein. Zahlreiche Brosamen fielen auf das Tischtuch.

Madame Merle warf ihr einen missbilligenden Blick zu. Keine Manieren diese Ausländer! Aber sie hat höhere Ziele! Sie stand jetzt aufrecht und sprach mit lauter Stimme, sodass sich auch an den andern Tischen der eine oder andere Kopf hob und zuhörte.

– Die Maler, Monsieur le Commissaire, scharwenzeln um die Damen herum, damit die ihre dummen Ehemänner dazu bringen, ein Porträt zu bestellen ... bestimmt hat einer von denen nicht genug Geld für sein Bild gekriegt, oder der Schweizer war nicht zufrieden mit dem Bild seiner Gattin ... empfindlich sind die Künstler nämlich auch ... bestimmt war es ein Mord aus Rache! ... Oder gar aus Leidenschaft?

Madame Merles Wangen glühten bei dieser Vorstellung.

– Das ist es! Der Maler hat sich in sein Modell verliebt, in die schöne Ehefrau des Schweizers! Eine Affäre .... Man kennt die Dame auch, der Schweizer ist oft mit seiner strahlenden Gattin ausgefahren!

Der Wachtmeister horchte auf, ohne es zu zeigen. Er geht Madame Merle nicht auf den Leim, man kennt das, Klatschmäuler wie sie erfinden lauernd irgendwelche «Tatsachen», bis man selbst nicht mehr aufs Maul hocken kann und protestiert – aber nein! So ist es nicht! Worauf die Schwatzbasen sofort den nächsten Pflock einschlagen. Sie wird gleich nachher zur Bäckerin Louise rennen und brühwarm berichten, der Schweizer Kommissär habe ihr gesagt, es sei ein Mord aus Leidenschaft! Bestimmt einer der Maler …

Studer seufzte. Und man kann nichts dagegen sagen. Weil man nämlich selbst nichts weiß. Es könnte all das gewesen sein … und nichts davon. Auch Selbstmord darf man nicht ausschließen.

– So, so, brummte Studer gleichgültig.

Aber dieser Sache muss man nachgehen. Mit wem war der Müller oft ausgefahren? Als «strahlend» konnte man Frau Müller beim besten Willen nicht bezeichnen. Ihre Schwester, das Fräulein Adrienne, schon eher … Er schaute hoch und lächelte freundlich, fast schüchtern.

Er hätte da noch einen Wunsch …

– Aber gerne, womit kann ich Ihnen dienen, Monsieur le Commissaire?

– Noch ein Croissant, wenn es beliebt!

Der Besitzerin der Familienpension Zur Goldenen Glocke blieb kurz die Spucke weg ob solch einer Dreistigkeit, schon viel hatte sie mit Pensionären erlebt, aber so etwas! Doch sie schluckte auch diese Kröte – die höheren Ziele!

Sie lächelte gequält, selbstverständlich!, und winkte Jeanne heran, noch ein Croissant für den Herrn Kommissar! Man sah den entsetzten Augen der Serviertochter an, dass auch sie nie etwas derart Unverschämtes gehört hatte, aber sie nahm gehorsam das Brotkörbchen vom Studer-Tisch, schlurfte zur

Anrichte hin und schlurfte mit einem Croissant im Körbchen zurück.

– Bitte sehr!

Madame Merle stemmte ihre Arme in die Hüften und wartete.

Der Wachtmeister sah unschuldig zu ihr auf.

– Madame Merle, Sie wissen doch alles, könnten Sie mir vielleicht den Weg zum Haus von Père Joe erklären?

Sie nickte eifrig.

– Das finden Sie ganz leicht. Sie gehen hinauf Richtung Dorf, beim Bahnhof nach rechts, auf der Straße, die den Bahngleisen folgt, etwa nach fünf Minuten kommt ein Übergang über die Gleise, dort steht sein Häuschen, grüne Läden. Viel schöner ist der Weg durch den Wald, Sie gehen gleich hier vom Haus aus nach rechts und quer durch den Wald, bis Sie zur Avenue kommen, die an den andern Strand führt. Dort gehen Sie nach links hinauf bis zum Bahnübergang. Oder Sie fragen nochmal. Alle kennen den Père Joe.

Der Wachtmeister dankte Madame Merle mit seinem freundlichsten Lächeln und tunkte das zweite Croissant in den kleinen Rest des Milchkaffees. Das Mädchen hatte die Schale kein zweites Mal aufgefüllt, wohl ihre kleine Rache. Er hat keinen Hunger, man hat nur ausprobieren wollen, welche Prinzipien Madame Merle ihrer Neugier opfern würde.

Madame Merle schickte sich an zu gehen, dann stutzte sie plötzlich, drehte sich und stützte beide Hände auf den Studer-Tisch.

– Nein! Monsieur le Commissaire, Sie verdächtigen doch wohl nicht den alten Père Joe?

Madame Merle schnaufte, empört schwoll ihr mächtiger Busen an.

– Man erzählt ja, er habe den Schweizer – wie heißt der

Mann eigentlich? – als Letzten noch gesehen, ja, habe mit ihm nach Mitternacht noch vor dem Café de la Plage getrunken. Also nein, hören Sie, Monsieur le Commissaire, mit dem Père Joe sind Sie auf der falschen Fährte, komplett falsch! Das ist bloß ein armer Kerl ...

– Wieso ein armer Kerl?

– Ach, Sie müssen wissen, Monsieur le Commissaire, dass der Joseph Dubois, so heißt Père Joe, einst stolzer Wirt im Café du Centre war. Die ganze Familie sehr beliebt im Dorf! Bis die Sache mit der Tochter ... ach, was für eine traurige Geschichte ... Die Sache war passiert, kurz bevor ich mit meinem Mann, Gott hab den Jean-Batiste selig, sie bekreuzigte sich schnell, hier in Saint-Georges diese Familienpension übernommen hatte. Gleich nach dem Krieg. Bald zwanzig Jahre ist das her! Père Joe hat es nie verwunden, hat die Sache im Schnaps ersäuft.

– Was ist denn damals passiert? Studer ist jetzt höchst aufmerksam, den Alten will er ja aufsuchen.

Bei der Speisesaaltür stand seit einiger Zeit die Köchin und winkte heftig der Patronne, die endlich aufsah.

– Entschuldigen Sie mich bitte, Madame und Monsieur le Commissaire! Ich sehe gerade, dass der Metzger das Fleisch für heute geliefert hat, sie muss das selbst quittieren. Ach, wenn man den Leuten nicht immer auf die Finger schaut ... dann hauen sie einen über's Ohr, nicht wahr! Nehmen Sie den Aperitif heute Abend bei uns! Dann erzähle ich Ihnen die Geschichte ...

Und Madame Merle segelte zwischen den Tischen zum Ausgang wie eine Jacht zwischen Bojen durch.

– Das mit dem Gipfeli ist aber nicht sehr fein gewesen! Jetzt bekommt der letzte Gast heute keins mehr.

Hedwig Studer musste der Form halber mit ihrem Mann

etwas schimpfen. Sie hatte jedoch hinter ihrer Serviette geschmunzelt, als sie Madame Merles Entrüstung und die Überwindung sah, die sie dieser Verstoß gegen ihre Regeln kostete.

Studer brummelte etwas und wischte mit der Serviette gründlich über den Schnauz. Kaffeeschaum, Brotkrümel, alles blieb dort hängen. Er nahm das Lederetui aus der Brusttasche, zog eine Brissago heraus ... und zögerte. Besorgt zählte er, bloß noch neun Stück ... wie soll man eine erfolgreiche Ermittlung führen, wenn die Brissagos ausgehen? Missmutig schob er die wertvolle Zigarre in seiner Hand wieder ins Etui zurück. Später.

Frau Studer senkte den Blick und sagte nicht, dass bald Rettung in Sicht sein könnte. Ein bisschen weniger rauchen schadet dem Mann nicht. Sie legte ihre Serviette sorgfältig zusammen und stieß sie durch den Ring, auf dem eine «10» eingraviert war. Jeder Pensionär bekam einen Serviettenring mit seiner Zimmernummer.

Sie möchte heute Vormittag einkaufen gehen, sie braucht dringend ein zweites Sommerkleid bei diesem heißen Wetter! Wer hätte das gedacht, z'Bern regnet es sicher noch!

Studer lehnte sich zurück, um sein Portemonnaie aus der hinteren Hosentasche zu klauben. Zu Hause verwaltete Hedwig Studer das Geld, sie verstand sich viel besser auf's Rechnen als der Wachtmeister, eine tüchtige, sparsame Hausfrau war s'Hedy! Für den Aufenthalt im Ausland hatte Studer die Schweizerfranken in französische Francs gewechselt und hütete diese in seinem Portemonnaie. Er öffnete es umständlich und zog eine Hundertfrancsnote heraus – da, es langt wohl!

Frau Studer nickte.

– Die französischen Francs durch vier teilen, hast du doch gesagt, gibt die Schweizerfranken. Sie hat gestern die Schaufenster von zwei Kleidergeschäften auf der Avenue de la Plage studiert und gerechnet, die Preise hier sind geradezu unglaublich günstig! Fünfundfünfzig Francs für ein schlichtes dunkelgrünes Baumwollkleid, vierundziebzig Francs gar für ein blauweiß gestreiftes, das wie Seide glänzte ... das wäre ihr Traum! Ob die wohl eine Schneiderin zum Anpassen haben, was meinsch, Köbu? Die Puppen im Schaufenster waren alle so schrecklich dünn ...

– Die haben auch größere Größen! Kauf was Schönes!

Studer war zufrieden. S'Hedy war zufrieden. Jetzt kann man in Ruhe fahnden!

Durch das offene Fenster des Speisesaales wehte die Morgensonne einen warmen Hauch von Süße, irgendwo an der Hausmauer blühte ein Jasminstrauch.

Flink huschte Amélie Morel zwischen den Tischen durch und ergatterte auf der Terrasse des Café du Commerce einen freien Platz im Schatten. Es ist das Café der Männer. Im alten Commerce mit den soliden Holzstühlen und zerkratzten Tischen gehen die Bauern aus den Marais, die wenigen Fischer und die kleinen Handwerker ein und aus. Es ist das falsche Café für eine Dame, sie erkannte es augenblicklich – die spöttischen Blicke der Viehhändler, die heute am Markttag – der Rindermarkt befand sich gleich um die Ecke – ihren Gebrannten tranken und die Verkäufe mit Handschlag besiegelten. Aber auf der Terrasse des nobleren Café du Centre nebenan waren sämtliche Stühle belegt.

Die Platanen, die den viereckigen Dorfplatz säumten, breiteten ihr kühles Dach auch über die Terrassen der Wirtshäuser aus, die auf dieser Seite lagen, über das Café du Commerce, wo Mademoiselle Morel sich jetzt zaghaft zwischen zwei korpulente Männerrücken setzte, und über das Café du Centre nebenan. Dort hatte der Wirt zusätzlich die Sonnenschirme aufgespannt, am Nachmittag wird die Sonne auf seine Terrasse brennen.

Amélie Morel warf sehnsüchtige Blicke hinüber. Das Centre war neumodisch, große Scheiben, Messinggriffe überall, geflochtene Stühle und Zinntischchen auf der Terrasse wie in der Stadt. Die weiblichen Sommergäste aus den Hotels und Pensionen saßen dort und genossen das Markttreiben vor ihren Augen.

Am Samstagvormittag war Markt in Saint-Georges, die Avenue de la Plage beinahe menschenleer, man ging ins Dorf, kein Sommergast ließ sich den Marktbesuch, *das* Ereignis der Woche, entgehen. Die Touristenfamilien flanierten über den Markt, verstopften die Gänge zwischen den Waren und standen den Einheimischen überall im Weg. Denn heute kam man auch mit Fremden leicht ins Gespräch: das Verbrechen in Saint-Georges! Es war Mord, daran zweifelte niemand.

Auch Amélie Morel war durch die offene Markthalle spaziert, aber sie hatte keine Augen für Fische, Austern, Krevetten, Krabben und anderes Meergetier. Ihre Gedanken waren mit etwas höchst Besorgniserregendem beschäftigt! Vor der Markthalle standen die Verkaufstische mit allerlei Geschirr, Werkzeug, Geräten, Wäsche, Kleidern, Schuhen. Bäuerinnen in ihrer Tracht mit den hohen, gestärkten weißen Hauben, die bei weitem die dunklen Hüte der Männer überragten, und aufdringliche Händler sprachen die kleine Dame an, man pries ihr lautstark preiswerte Pantoffeln an, man zeigte ihr feine Stickereien, scharfe Küchenmesser, man dehnte die solidesten Strümpfe vor ihren Augen, nichts zu machen, Amélie Morel hörte und sah nichts, sie war mit gerunzelter Stirn durch das lärmige Markttreiben geeilt.

Jetzt saß sie eingeklemmt zwischen qualmenden Viehhändlern und hatte durch den Schnapsdunst hindurch mutig eine

Limonade bestellt. Amélie Morel hatte sich eine Untersuchung viel einfacher vorgestellt. Man spricht mit den Leuten, hört sich um, in der Hoffnung, dass der Zufall einem einen Hinweis gibt, man saugt sich wie ein Schwamm mit den Leuten und Dingen voll, und dann ... lichtet sich plötzlich der Gedankennebel und man sieht deutlich, wie alles abgelaufen ist!

Wie naiv du bist, Amélie, ein richtiges Landei! Jede Auskunft, die sie bekommt, macht die ganze Sache nur konfuser. Zudem ist ihr Vertrauen in die Glaubwürdigkeit von Zeugenaussagen jetzt gründlich erschüttert. Denn auch sie selbst war offensichtlich eine unbrauchbare Zeugin!

Es gab heute Morgen zwei besorgniserregende Ereignisse, über die sie dringend nachdenken musste.

Erstens: Das Zimmermädchen Anna ist verschwunden! ... Bestimmt abgehauen, das war für Amélie klar. Heute früh, als sie allein im Frühstücksraum saß und in der gestrigen Abendzeitung aus Paris einen äußerst interessanten Artikel las: «Die Vierzigstundenwoche und die Hotellerie. Die Angestellten fordern die Fünftagewoche mit 45 Stunden für Küchenpersonal und 50 Stunden für die andern, die Hoteliers schlagen die Sechstagewoche vor, mit 54 Stunden für Küchenpersonal und 60 Stunden für die übrigen. Der Senat wird entscheiden» ... da hastete der Herr Hoteldirektor daher, gerade als sie sich gefragt hatte, wie es Monsieur Leroy wohl mit seinen Angestellten hielt ...

– Anna Blanchet ist weg!

Der Herr Direktor war aufgebracht wie eine Wespe um den einzigen Gast im Raum herumgeschwirrt, sodass Amélie ganz sturm im Kopf wurde. Wo soll er auf die Schnelle ein neues Zimmermädchen finden, gerade jetzt, wo die Hauptsaison beginnt und ab Montag alle Zimmer belegt sind! Schuld sei der andere Kommissar, der Schweizer, der habe dem Mädchen

Angst gemacht, ihr vermutlich gedroht! Amélie war verwirrt, der Herr Hoteldirektor erwartete doch wohl keine Antwort von ihr?

Aber es war eine unerhörte Neuigkeit im Fall Miller! Und zu dumm: Sie hatte keine Gelegenheit mehr gefunden, mit dem Zimmermädchen zu reden ... die ist jetzt abgehauen .... Hat ihr Verschwinden etwas mit Millers Tod zu tun oder nicht? ... War sie überhaupt eine brauchbare Zeugin?

Brauchbare Zeugin ... das war das falsche Stichwort! Denn zweitens: Heute Morgen hatte sich noch etwas ereignet, was Amélie Morels Glaube an die Glaubwürdigkeit von Zeugenaussagen gründlich erschütterte. Das war eine halbe Stunde später geschehen.

Sie hatte ihren Neffen vor dem Strandcafé angetroffen, als der Strandjunge dahergerannt kam. Inspektor Picot hatte miserable Laune, weil er wieder ermitteln musste, wie er seiner Tante erzählte. Nebst einem gesalzenen Verweis hatte er höchste Order bekommen, den Leichnam des Montgomery Miller zu obduzieren, um der Öffentlichkeit, das heißt der Zeitung, handfest zu beweisen, dass es ein bedauerlicher Unfall war. Aber die Leiche komme heute Vormittag in Bern in der Schweiz an und werde der Familie übergeben!

– Welch eine Katastrophe! Wie hat diese Schnüfflerin Suzy Furet bloß von der Sache erfahren ...

Amélie hatte umständlich in ihrer Handtasche gekramt, das Taschentuch herausgezogen und wieder hineingestopft, danach das Portemonnaie heraus und hinein, danach mehrere Schlüssel, Haarbürste, Bleistift ... sie murmelte unentwegt, ihre Aufmerksamkeit war völlig in Beschlag genommen von dieser ergebnislosen Suche, sodass sie nicht zuzuhören schien.

Die Wangen seiner Tante waren puterrot, sie hielt den Kopf gesenkt und hatte ein schlechtes Gewissen. Der kleine Laurent war ihretwegen von oben gerüffelt worden ... Sie hatte doch nicht Laurent in Schwierigkeiten bringen wollen, nur dass die Polizei den Tod von Monsieur Miller richtig untersuchte! Da war doch diese seltsame Kleidergeschichte ... Jetzt musste sie ihrem Neffen helfen ...

– Na ja, hatte der arme Neffe geseufzt, man werde es wohl nie erfahren, was er jetzt bloß machen solle ...

Der Inspektor fuhr sich mit beiden Händen durch die Brillantine im Haar, sah über den Strand. Sein früherer Chef, eine Koryphäe, hatte immer gesagt, ich werde den Täter kennen, wenn ich das Opfer genau kenne! Nicht selten stellte sich dann heraus, dass das Opfer der eigentliche Schuldige war! Laurent Picot schüttelte den Kopf, die Person des toten Montgomery Miller wurde immer undurchsichtiger.

In diesem Augenblick stand der Strandjunge atemlos vor ihnen. Seit Tagen hat er vergeblich dem Fräulein Doktor gewunken, und heute Morgen kann er sie und den andern Monsieur, den Inspektor, endlich aufhalten und ihnen erzählen, dass *er, Gaston,* den toten Monsieur am Abend vorher auch gesehen hat!

Warum hat der Junge ihr das nicht schon lange gesagt?

Keiner habe ihn gefragt ...

Der Inspektor war ungehalten über die Störung, er hatte andere Sorgen! Wann das gewesen sei?

– Elf Uhr, Monsieur! Die Kirche im Dorf schlug gerade! Man hört sie am Strand nicht so gut, aber man hört sie! Ich muss ja immer auf die Glocken achten, weil ...

– Schon gut, wohin ging er?

Laurent Picot interessierte nicht, was der Junge um diese Zeit noch am Strand trieb, Amélie schon, sie setzte gerade zur Frage an, wurde von ihrem Neffen aber mit strengem Blick zurückgehalten.

– Weiß nicht, Monsieur!

Da ihr Neffe nichts mehr vom Jungen wissen wollte, fragte Amélie beiläufig, was denn der Mann, den Gaston gesehen hatte, für Kleider trug?

– Die gleichen doch wie die, als wir ihn gefunden haben, Mada… Mademoiselle! Der Junge kicherte, diese grüne Hose und das komische Hemd!

Amélie Morel schüttelte den Kopf, das widersprach völlig dem, was sie selbst gesehen hatte! Sicher, so absolut überzeugt war sie, dass sie Monsieur Miller am Abend seines Todes mit blauer Hose und gestreiftem Hemd zum Strandcafé gehen sah, der wollte sich dort einen Absacker genehmigen. Und jetzt behauptete der Strandjunge etwas anderes! Nicht möglich! Der Junge musste sich getäuscht haben!

Diese Kleidergeschichte … jetzt verbiss sie sich darin! Es gab noch eine Zeugin, Madame Pauline, die Wirtin des Strandcafés, sie hatte Monsieur Miller an jenem Abend auch gesehen!

Laurent Picot nickte, er hatte die Wirtin gerade vorher befragt. Er wurde ja gezwungen zu ermitteln … Sie hatte ihm versichert, der Herr sei an jenem Abend nie bei ihr in der Bar gewesen. Aber als sie das Café kurz vor Mitternacht schlossen, habe sie, als sie draußen die Stühle stapelte, diesen Herrn mit der auffällig grünen Hose und dem groß karierten Hemd am Strand sitzen sehen, neben dem alten Trinker, Père Joe …

Danach war Amélie Morels Selbstvertrauen zu Boden gesunken wie ein welkes Blatt. Also hast *du* dich geirrt, Amélie …? Und am Boden lag es noch, als sie jetzt zwischen den schwitzenden Viehhändlern eingepfercht tapfer ihre Limonade trank.

Vor dem Café du Commerce wurden Geflügel und Kleinvieh, auch das, was bald in den Kochtöpfen landen wird, lebend verkauft. Es wuselte hier von Leuten und Tieren, die Verkäufer schrien, die Hühner gackerten, die Gänse schnatterten empört, die Zicklein meckerten, für Amélie hörte es sich an, als ob die Tiere hilflos protestierten. Als ob sie ihr Schicksal ahnten. Der Wind blies immer mal wieder die geballten Ausdünstungen der Tiere über die Terrasse. Feuchtes Stroh, Angstschweiß, Kot.

Mademoiselle Morel gehörte nicht zu diesen verwöhnten Städterinnen, die gleich in Ohnmacht fallen, wenn sie mal das wirkliche Leben riechen, wie die Madame Miller! Aber der tierische Geruch hier setzte auch ihrer Nase zu, verschämt wedelte sie mit ihrem Taschentuch.

Sie seufzte tief. Zweifel, schreckliche Zweifel zernagten ihre Zuversicht ... An allem begann sie zu zweifeln. Und wenn es doch nur ein banaler Unfall und ihre Kleidergeschichte ein Hirngespinst waren? Amélie, du kannst es nicht leugnen ... du hast dich getäuscht ... hast dir alles eingebildet ... brauchte es noch eines weiteren Beweises dafür, wie unzuverlässig Zeugenaussagen sind?

Jeder scheint gesehen zu haben, was er sehen will. Doch warum hat *ihr* Gedächtnis ihr das Bild Millers mit den blauen Hosen und dem gestreiften Hemd vorgegaukelt? Ist es vielleicht möglich, dass man sich an das erinnert, was einem beim Erzählen den größten Vorteil ...?

Bevor Amélie Morel diesen schockierenden Gedanken zu Ende denken konnte, gab es einen gewaltigen Tumult. Die Leute, die auf der Terrasse zuvorderst saßen, sprangen auf, lachend die einen, schreiend die andern. Die Tischchen kippten, die Stühle wurden krachend umgeworfen. Die Touristen in der Nähe schrien vor Entzücken und Panik. Amélie reckte den Hals und versuchte etwas zu sehen.

Ein junger Ziegenbock, ein Prachtexemplar von bestimmt einem Zentner, war ausgebüxt und warf bei seiner Flucht alles über den Haufen. Aber kurz nur dauerte die Freiheit, zwei Bauern, vermutlich der Nochbesitzer und der künftige Besitzer, hatten den Ausbrecher nach wenigen Metern erwischt und zerrten ihn am Strick um den Hals wieder zu seinem Schicksal zurück.

Schade, dachte Amélie. Der Kellner stellte Tische und Stühle wieder auf, wischte die Scherben zusammen. Die heiße Luft über dem Platz wehte wieder eine Welle Stallgeruch herüber. Sie hielt sich die Nase zu.

Warum ist das Gedächtnis unzuverlässig … warum zeigt es ihr Bilder von Monsieur Miller in blauen Hosen und gestreiftem Hemd?

Darauf gab es eine Antwort, aber die gefiel Mademoiselle Morel nicht. Weil du unbedingt beim Tod von Monsieur Miller Merkwürdigkeiten finden wolltest, Amélie? Damit etwas Aufregendes die Routine der Urlaubstage unterbrechen würde? Weil du bei einer Untersuchung gar eine wichtige Zeugin gewesen wärst? Sie hatte den Toten vielleicht als Zweitletzte noch gesehen!

Es hat eben nicht sein sollen. Mutlos drehte sie das leere Limonadenglas zwischen den Fingern. In einer Kriminalgeschichte sagte einmal der Detektiv – Laurent lachte sie jeweils aus, die Wirklichkeit der Verbrechen sehe ganz anders aus als in diesen Kriminalromanen, die sie ständig lese! –, der Detektiv sagte: Jeder Kriminalfall hat seine Eigenheit, die man mehr oder weniger schnell erfasst und die oft den Schlüssel darstellt! Der hatte recht! Die Eigenschaft dieses Falles war, dass er sich hartnäckig weigerte, ein Fall zu werden!

Wie wenn diese trüben Gedanken nicht genügt hätten, sah Amélie Morel mit einem Male, wie der Schweizer Kommissar daherkam und sich zwischen den meckernden Ziegen, flatternden Hühnern und Schweinen einen Weg bahnte. Kam er etwa hierher? Nein, der steuerte nach kurzem Zögern auf das Café du Centre zu. Amélies Blick folgte ihm … wurde er etwa erwartet? ... nein, der setzte sich an ein gerade frei gewordenes Tischchen auf der Terrasse und drehte ihr halb den Rücken zu.

Das war gut, so konnte sie ihn im Auge behalten. Was machte der Schweizer Kommissar hier? Was hatte er vor? Ob er auf jemanden wartete? Der Schweizer zog wieder eine seiner schrecklichen Zigarren aus der Brusttasche, wider Willen fasziniert schaute Amélie ihm bei der Prozedur des Anzündens zu. Der schien einfach hier zu sitzen.

Nein! Der Schweizer Kommissar beobachtete, der schnüffelte herum, der hatte bestimmt einen Plan ... im Unterschied zu ihrem widerwilligen Neffen! Gibt es vielleicht doch Ungereimtheiten ...? Gibt es vielleicht doch einen Fall? Amélie, du musst sofort herausfinden, was Stüdère als Nächstes vorhat – und ihm zuvorkommen!

Ein scharfer Geruch, eine merkwürdige Mischung aus Stall und Seife, drang ihr in die Nase. Der Viehhändler neben ihr war aufgestanden, hatte seine Jacke vom Stuhl genommen und dabei rücksichtslos ihren Kopf gestreift.

Mademoiselle Morel richtete sich auf und brachte ihre Löckchen wieder in Ordnung. Sie blickte dem Mann empört nach. Und entdeckte im Gewimmel auf dem Markt ... Madame Miller! Ziemlich weit weg zwar, aber ohne Zweifel, es war ihre elegante Erscheinung im hellgrauen Kostüm mit weißem Sommerhut. Sie hob sich ab von den Leuten in lockeren Urlaubskleidern. Madame Miller drehte ihr den Rücken zu und sprach mit einem Mann, dabei gestikulierte sie heftig.

Es schien sich um einen Streit zu handeln, Amélie reckte den Hals, sie konnte das Gesicht des Mannes nicht erkennen, da er hinter Madame Miller stand und vorbeigehende Leute die beiden immer wieder verdeckten. Plötzlich aber sah sie, wie der Mann Madame Miller grob am Arm packte!

In ihr erwachte ein Beschützerinstinkt ... was für ein Rüp-

pel! ... und schon war sie aufgesprungen und drängte sich resolut durch die Menge, mit ihrem Schirm voran, den sie sommers
und winters mittrug, an Tierkäfigen und staunenden Kindern
und Touristen vorbei. Sie war noch wenige Meter hinter dem
streitenden Paar, als sie den Mann erkannte: Monsieur Lopez,
der dubiose Geschäftsfreund von Miller!

In diesem Augenblick bemerkte und erkannte auch Lopez
die aufgebrachte Demoiselle, die mit gestreckter Lanze auf ihn
zu stürmte. Die Verrückte aus der Hotellobby!

Sofort ließ er Madame Millers Arm los und verdrückte sich
rückwärts zwischen zwei Ständen, die blecherne Kannen und
Reisigbesen feilhielten, nicht ohne Madame Miller mit erhobener Faust zu drohen, er komme so oft, bis er das Geld habe!

Amélie Morel führte die schockierte Dame fürsorglich aus
der Menge hinaus etwas auf die Seite.

– Wird es gehen, Madame? Was wollte der Mann von Ihnen?

– Oh, ich danke Ihnen, Madame, hauchte Madame Miller ...
Sie logieren auch im Hôtel de la Plage, nicht wahr? Ich hab Sie
im Speisesaal gesehen ... Welch ein Flegel! Welch ein Überfall!
Sie hat keine Ahnung, was er wollte, sie kennt den Mann nicht,
Lopez heiße er. Er habe sie plötzlich angesprochen. Monsieur
Miller, mein Gatte, schulde ihm Geld, viel Geld, behauptet er.
Ich solle es ihm geben! Sie hat doch keine Ahnung von den
Geschäften ihres Mannes ...

Verschämt senkte sie die Augen, als sie Mademoiselle Morels
ungläubigen Blick sah.

Amélie hatte starke Zweifel, ob die Dame wirklich nichts
wusste.

– Und Sie haben diesen Lopez zuvor noch nie gesehen, Madame?

Madame Miller schüttelte vehement den Kopf, dann zögerte sie.

– Warten Sie ... vielleicht doch ... ich habe meinen Gatten selig ... sie zog ein besticktes Tüchlein aus ihrer Handtasche und tupfte sich die Augen – sehr wirkungsvoll, dachte Amélie, das muss sie sich merken – ... also vor etwa zwei Wochen, habe ich, als ich das Zimmerfenster schloß, unten am Strand vor dem Hotel gesehen, wie mein Gatte in einen heftigen Streit mit einem andern Mann verwickelt war. Der andere könnte dieser Monsieur Lopez gewesen sein ...

Amélie Morel nickte, dann war vielleicht doch etwas Wahres an Lopez' Geschichte ... die sind miteinander in nicht ganz saubere Geschäfte verwickelt ... vielleicht hatte Miller den Lopez um seinen Teil geprellt ... sie hatten sich am Abend doch getroffen, gestritten und das endete fatal ... wobei Lopez gestern Morgen, als er von Millers Tod erfuhr, nicht den Eindruck machte, als ob er es gewusst hatte ... Vielleicht doch ein Unfall? Ein Streit, der unglücklich ausging?

Da Mademoiselle Morel in Gedanken versunken dastand und nichts mehr zu sagen schien, schickte sich Madame Miller an zu gehen.

– Madame ... wie ist doch Ihr Name bitte?

– *Mademoiselle!* Mademoiselle Morel, Madame!

– Mademoiselle Morel, ich bin Ihnen zu großem Dank verpflichtet für Ihre Hilfe! Wer weiß, was noch passiert wäre, wenn Sie nicht ... sagte die Dame mit einem unschuldigen Augenaufschlag und legte sanft ihre Hand im weißen Spitzenhandschuh auf Amélies bloßen Arm.

Sie müsse sich leider verabschieden, sie sei auf der Suche nach diesem Wachtmeister Studer, den sie dringend zu sprechen habe! Unglaublich! Unerhört, ja eine Unverschämtheit sei das!

– Worum handelt es sich denn, Madame, wenn ich fragen darf?

– Sie werden mir nicht glauben, Mademoiselle Morel, aber die sterblichen Überreste meines Gatten sind heute Morgen bei der Ankunft in Bern von der Polizei konfisziert worden! Der Leichnam sei nicht freigegeben, erst müsse eine Autopsie vorgenommen werden. Die wollen unbedingt etwas herausfinden, um uns zu schaden! Meine Familie ist sehr einflussreich, müssen Sie wissen. Aber selbst mein Vater mit seinen Beziehungen konnte leider nichts bewirken, er hat mich im Hotel angerufen vor einer halben Stunde, nur dieser Studer könne das verhindern …

Amélie Morel hüstelte.

– Das ist in der Tat unerhört, Madame. Sie finden den Commissaire Stüdère gleich dort hinten auf der Terrasse des Café du Centre!

Sie wies mit der Hand und dem Kopf nach hinten.

Amélie Morel hatte nach dem, was sie erfahren hatte, wieder einen klaren Kopf. Nicht schlecht, ein Schlaumeier, dieser Commissaire Stüdère! Er macht, was ihr Laurent hätte machen sollen, und stoppen wird er die Autopsie bestimmt nicht, ganz im Gegenteil.

Schon wollte sie sich auf den Rückweg machen, es war bald Mittagszeit, als ihr siedend heiß einfiel, dass sie nicht bezahlt hatte und auch ihre Kostümjacke noch über dem Stuhl auf der Terrasse des Cafés hing.

Sie nahm die Jacke auf den Arm und winkte dem Kellner, dabei schielte sie zur Terrasse des Café du Centre hinüber.

Madame Miller sprach heftig auf den Schweizer Kommissar ein, der saß zurückgelehnt auf dem Stuhl, die Beine gestreckt, die Füße übergeschlagen, die Hände auf dem Bauch gefaltet, die krumme Zigarre im Mundwinkel, er schien ihr aufmerksam zuzuhören und hüllte sich in seinen gelben Qualm.

Studer hatte sich den letzten freien Platz auf der Terrasse des Café du Centre gesichert, weil er sich schneller als das andere suchende Paar zwischen den Tischchen durchwand, das hätte man dem behäbigen älteren Mann mit seinem stattlichen Leibesumfang nicht zugetraut.

Er freute sich über das Treiben auf dem Platz, die Viecher, den Lärm, das Gackern, Quieken, Grunzen, Schnattern, den scharfen Geruch von warmem Fell und frischem Mist – das war beinahe heimischer Stallgeruch. Diese Welt kennt er besser als die Welt der Parfümwolken und zierlichen Korbstühlchen, die beinahe unter einem zusammenbrechen.

Studer winkte dem Kellner, ein Halbes! Er war durstig und es war noch zu früh für den Aperitif.

Eigentlich wollte er ins Café du Commerce, dort traf man eher die Einheimischen an. Und die Maler. Er hatte das gestern Abend festgestellt. Aber dann, als er zwischen dem Geflügel einen Weg zum Wirtshaus suchte, hatte er die Jungfer Morel auf der Terrasse des Commerce entdeckt. Inmitten der Viehhändler! Mutig ist die kleine Dame, Hut ab! Aber mit ihr will der Wachtmeister jetzt auf keinen Fall reden. Also hatte Studer das Café du Centre angesteuert, ungern zwar, eine schlechte Erinnerung an den ersten Abend hier … an die erste Begegnung mit der theatralischen Frau Müller … aus der man nicht klug wird.

Er kann es kaum erwarten, bis er heute Abend den Autopsiebericht von Dr. Malapelle bekommen wird. Über das Ergebnis muss er auf jeden Fall den französischen Inspektor unterrichten.

Der Wachtmeister zog das schmale Lederetui aus der Brusttasche, zählte wehmütig die spärlichen Exemplare darin und zog dann energisch eine Brissago heraus. Wenn nicht jetzt, dann nie! Er hat eine verdient. Er war mutlos. Vom Seebad zum

Dorf, vom Dorf zum Seebad, nichts – man bringt die bockigen Leute hier nicht zum Reden. Das schafft der alte Studer sonst immer!

Er drehte sich verstohlen und schaute zur Terrasse des Café du Commerce hinüber. Wo die Spürnase saß. Was hatte die bloß vor? Sie saß einfach da und schaute dem Markttreiben auf dem Platz zu.

Endlich stellte der Kellner das Bier vor ihm auf den Tisch. Studer leerte das Glas in einem Zug und rief dem Keller nach, Garçon! Noch eins! Am Schnurrbart war Schaum hängengeblieben, er wischte ihn mit dem Handrücken weg.

Der lange Fußmarsch zum Häuschen von Père Joe heute Morgen hatte ihm mächtigen Durst gemacht. Er hatte den Weg durch den Dünenwald gewählt. Da war er noch voller Zuversicht!

Der Weg schlängelte sich unter hohen Kiefern an blühenden Gebüschen und duftenden Sträuchern vorbei, die Studer zu Hause nie gesehen hatte. Du läufst daheim auch nie durch den Wald, würde das Hedy jetzt sagen und recht hätte sie!

Er war allein unterwegs, die Geräusche der Menschen verstummten allmählich und die Vögel übernahmen. Ein fremdartiges Gezwitscher wehte über seinem Kopf, der Weg war mit einer dicken Schicht Kiefernnadeln bedeckt, sodass man wie auf einem weichen Kissen ging, und wenn man eine Lichtung durchquerte, wo die Sonne den Waldboden erhitzte, stiegen einem heiße Lüfte von Harz und Nektar in die Nase.

Einmal überholten ihn zwei bimmelnde und fröhlich winkende Velofahrer, in den Ferien sind alle Freunde, könnte man meinen. Aber der Wachtmeister ist nicht in den Ferien! Er ist unterwegs zu einer ernsthaften Befragung eines wichtigen Zeugen!

Immer wieder blieb er stehen, wischte mit dem Nastuch

über Stirn und Nacken, schon lange hatte er die Jacke über dem Arm, den Hut in der Hand, die Hemdsärmel aufgerollt, den steifen Kragen abgeknöpft. Die Hosenträger klebten am Rücken.

Vor ihm standen die Bäume spärlicher, vereinzelt hörte Studer jetzt wieder Stimmen und ...

SIMENON UNTERBRICHT GLAUSER: WEGEN HINWEISEN, DIE ZUM RICHTIGEN ZEITPUNKT AUF DEN WEG DER ERMITTLER UND LESER GESTREUT WERDEN MÜSSEN

Halt, Glosère!

Simenon ist soeben eine Idee gekommen.

Eine brillante, hofft Glauser, ziemlich verstimmt über die Unterbrechung.

Kommt darauf an, was wir daraus machen. Simenon will ihm etwas zeigen, kommen Sie!

Glauser juckt die Unruhe schon seit einiger Zeit in den Beinen, mehr als zwei Stunden sitzen sie jetzt im Café de la Plage, ihm gehen die Ideen aus, Bewegung brächte das Räderwerk da oben wieder in Gang.

Er steht auf, reichlich steif. Simenon hat die gesamte Rechnung bereits bezahlt, das ist einem sehr peinlich, aber selbst wenn man gewollt hätte, hätte man nicht gekonnt ... Zudem schiebt ihm Simenon auch die beiden Zigarettenpäckchen zu, er selbst könne sich jederzeit Nachschub besorgen. Glauser hat sehr wohl bemerkt, dass Simenon keine daraus genommen hat. Vermutlich raucht er nur Pfeife. Somit alles nur ein Vorwand, damit Glauser das Gesicht wahren kann ...

Sie gehen diesmal hinter dem Hôtel de la Plage durch auf die andere Dünenseite, wo anfänglich zwei, drei stolze Villen mit Türmchen neben dem Pfad stehen, danach nur noch Sand, Gras und Disteln. Blickt man nach einiger Zeit zurück, sehen die Türmchen aus wie die Helme einer mutigen Vorhut der Zivilisation in der Wüste.

Glauser stapft schweigend hinter Simenon her. Der Pfad ist

schmal. Der Wind bläst stoßweise das salzige Jod der feuchten Algen über die Düne, der Himmel läßt die Wolken sehr tief hängen, sie streifen den Sand am Horizont. Es ist kühl.

Er sei überzeugt, ruft Simenon nach hinten, dass man für die Spannung nicht unbedingt eine verzwickte Handlung braucht … dass man Spannung auch anders erzeugen kann …

Obwohl der Vordermann ihn nicht sieht, nickt Glauser kräftig. Vielleicht gerade mit dem Gegenteil einer Handlung. Eine Handlung kann unglaublich langweilig sein, statisch möchte ich sagen, und eine Erzählung, in der schier nichts passiert, kann spannend sein und voll Dynamik. Nämlich mit exakt beobachteten kleinen Sächeli …

Ja, Simenon gestikuliert mit seiner Pfeife, mit scheinbar unbedeutenden Hinweisen, die andere übersehen, weil sie es für unwichtig halten. Von meinem Maigret wurde immer gesagt, er sei ein Bauchmensch, der mit Intuition arbeite, Unsinn! Bei fast jedem Fall ließ ich ihn sagen, was zählt: Fakten, saubere Ermittlungsarbeit, schlüssige Indizien. Nirgends Psychologisierereien!

Oft trägt der Wind nur Wortfetzen nach hinten, aber Glauser füllt die Lücken mühelos. Es sind seine eigenen Gedanken.

Für ihn ist klar, wo das Missverständnis liegt, sie beide lassen ihre Fahnderfiguren induktiv vorgehen und nicht analytisch. Wir lassen sie scheinbar belanglose Gespräche führen, viele unscheinbare Einzelheiten sammeln, bewusst und unbewusst unzählige Beobachtungen machen, die für sich allein keine Bedeutung haben, aber …

… aber die sich dann in ihren Köpfen zu Überlegungen zusammenfügen und zu Indizien werden, mit denen sie die Wahrheit ans Licht holen, oft eine traurige … und das dank ihrer Berufserfahrung! Genau das ist es, Glosère!

Doch jetzt … Simenon bleibt brüsk stehen. Jetzt ermittelt

nicht mehr der routinierte Maigret, und Amélie Morel hat keinerlei kriminalistische Berufserfahrung … Wie soll er das lösen? Dass sie in ihrer Unerfahrenheit die richtigen Beobachtungen macht?

Hat nicht Simenon vor kaum zwei Stunden gesagt, er wisse nie im Voraus, wohin eine Figur ihn bringe? Er beobachte, wie die Figuren miteinander umgehen und reden. Er lasse seine Leute handeln und die Geschichte sich entwickeln, wie sie will oder muss.

Glauser räuspert sich. Vielleicht sollte man Amélie Morel einfach ein bisschen leben lassen, wie es ihr beliebt?

Simenon ist zu seinem eigenen Erstaunen verunsichert.

Seinen Maigret kannte er am Schluss wie einen alten Freund. Dem brauchte er einfach einen Ofen hinzustellen. Darin stocherte der Kommissar dann herum, stopfte seine Pfeife, zündete sie mit einem gerollten Stück Papier an, das er in die Flamme gehalten hatte, und danach blieb er breitbeinig in seiner Lieblingsstellung stehen, Pfeife zwischen den Zähnen, Rücken gegen das Feuer, die Hände im Kreuz verschränkt, mit diesem undefinierbaren Gesichtsausdruck, bockig oder abwesend. Dann würden die verzettelten Elemente anfangen, sich in seinem Geiste zu gruppieren und einen ersten noch widersprüchlichen Keim der Wahrheit zu bilden.

Und seinem Inspektor Janvier würde der alte Kommissar predigen: Bei einem Kriminalfall kommt es in erster Linie darauf an, jenen Tatbestand oder auch jene zwei bis drei unanfechtbar gesicherten Tatsachen, die durch gar nichts zu erschüttern sind und als Grundlage dienen können, erst einmal festzuhalten. Dann muss man nur noch voranschreiten, langsam aber sicher, als schöbe man einen Schubkarren vor sich her. Das ist eine Sache der Berufserfahrung, und was die Leute Riecher nennen, ist nichts weiter als Zufall.

Simenon seufzt. Doch jetzt steht meine unerfahrene Mademoiselle Morel mit ihren stämmigen Beinen ziemlich verwirrt im Fall Miller und sieht weder den Schubkarren noch in welche Richtung einer geschoben werden sollte …

Frauen schieben auch keine Schubkarren. Der Glauser hätte eine bessere Idee. Und wenn Sie der Amélie das Strickzeug in die Hand geben würden? Er weiß vom Hedy Studer, dass sich beim Stricken hervorragend studieren läßt. Die Nadeln klickern und klappern und die Gedanken verschlingen und verknüpfen sich.

Sacré bleu! Wie recht Sie haben, Glosère! Madame Maigret strickte ja auch die ganze Zeit. Und sie trieb meinen Maigret damit oft zur Weißglut!

Auf diese Idee hätte er selbst kommen sollen. War wohl etwas leichtsinnig, einen weiblichen Detektiv ins Spiel zu bringen. Worauf hat er sich da eingelassen. Simenon merkt, dass er lange keine neue Ermittlerfigur mehr ins Leben gerufen hat. Themenwechsel.

Übrigens die Häuser dort, da ist der nächste Strand. Er zeigt mit der Pfeife in die Ferne.

Dann stapft er weiter durch den weichen Sand, Glauser in seinen Fußstapfen. Schritt für Schritt, sie sind bestimmt schon seit einer halben Stunde unterwegs.

Jetzt ist es Glauser, der seufzt. Und als Autor muss man all diese kleinen Sächeli erfinden und sollte sie zum richtigen Zeitpunkt in der richtigen Reihenfolge auf den Weg von Studer streuen, nicht zu früh, nicht zu spät, nicht zu viel, nicht zu wenig, damit der Leser mitkommt, man muss seinen Wachtmeister in aufschlussreiche Szenen stupsen und am Ende alle losen Enden sammeln und verknüpfen.

Er hat das meist nicht im Griff, es drängt bei ihm in alle Richtungen, neue Ideen brodeln dazwischen, Studer stolpert durch die Geschichte und gerät zu oft in Nebengeschichten auf Abstellgeleise, oder er will unbedingt nach Marokko, weil er romantische Vorstellungen von der Fremde und der Fremdenlegion hat! Man muss morgen ein weiteres Mal hinter die «Fieberkurve» ... Es ist eine Sauarbeit, das noch einmal wiederzukäuen, aber es bleibt einem wenig anderes übrig.

Glauser seufzt wieder so laut, dass Simenon sich umdreht, wir sind gleich da!

Putzige Häuschen säumen die Straße, die vom Dorf pfeilgerade zu diesem andern Strand hinunterführt, sonst Sand überall. Sie überqueren die geteerte Straße, und endlich bleibt Simenon stehen.

Vor ihnen breitet sich eine gigantische planierte Fläche mit einem perfekt quadratischen Netz von künftigen Sträßchen aus, zwischen denen ein Wald aus Baustangen gewachsen ist, mit zahlreichen größeren und kleineren Tafeln: «Land zu verkaufen» und mit einigen Häuschen bereits im Bau, in allen Fertigungsstadien.

Hier ist es also. Glosère, können Sie sich vorstellen, was hier vor gut zwanzig Jahren stand? Auch Simenon weiß es erst seit gestern Abend, der Dorfarzt, Doktor Soulard, den Glauser ja soeben kennengelernt hat, hatte es beim Bridge erzählt.

Will er es wissen? Glauser starrt auf die graubraune Sandebene, die mühselige Überarbeitung der «Fieberkurve» besetzt gerade seine Gedanken.

Hier auf dieser Fläche stand im Großen Krieg eine Flugbasis und ein Ausbildungscamp für Maschinengewehrschützen der Amerikaner! Flugabwehr. Eine amerikanische Kleinstadt mit zeitweise an die viertausend Soldaten und allem, was es zum Leben brauchte, Dampfkraftwerk für Elektrizität, Krankenhaus, Kapelle, Kantinen, Unterkünfte und Hangars und Pisten für die Flugzeuge. 1917 haben sie das Camp aufgebaut, ab

Anfang 1918 bis Ende Winter 1919 war es in Betrieb. Und zwei Jahre später war die letzte Werkstatt, die letzte Baracke weg – zurück blieb diese perfekte Ebene für den Bau von Sommerhäusern! Und die breite Avenue zwischen Dorf und Strand, die auch die Amerikaner gebaut haben. Was sagen Sie dazu, Glosère?

Glauser sagt nichts. Was ihn viel mehr beeindruckt, ist die überbordende Bauerei, auch im Seebad beidseits der Avenue de la Plage wird wie wild gebaut. Ein regelrechtes Baufieber mit steil ansteigender *Fieberkurve* ... Das Fieber steigt auch in seinem Kopf ...

Simenon, leicht gekränkt ob der mangelnden Begeisterung seines Begleiters, glaubt, sich rechtfertigen zu müssen. Er habe gedacht ... eine doch überraschende Sache, dieses amerikanische Camp ... in Windeseile gebaut und wie ein Spuk wieder verschwunden ... könnte man vielleicht in unserer Geschichte brauchen?

Der Wind ist nach wie vor kühl. Glauser zieht die Schultern hoch, presst die Arme an den Körper und vergräbt die Fäuste in den Hosentaschen. Der Wind fährt ihm von hinten in den Haarschopf und bläht ihn auf.

Er schaut über die Ebene, ohne sie zu sehen.

Die Rädchen verzahnen sich wieder, die Maschine beginnt zu laufen, der Satz «wie ein Spuk verschwunden» hat sie angeworfen. Schon stieben Funken ... Aber die Szenen, die der Satz hervorbringen wird, liegen noch im Dämmer der Imagination ...

Jetzt muss Glauser sich erst um den Wachtmeister kümmern. Wo hat er den Studer sitzen lassen?

Simenon lacht, gespielt kleinlaut.

Stimmt, ich hatte Sie unterbrochen, pardon, Ihr Stüdère sitzt im Dorf im moderneren Café du Centre, schaut über den Markt und geht in Gedanken den Vormittag durch, ein heißer Sommertag, die Hosenträger kleben ihm am Rücken, er hat mit dem alten Père Joe gesprochen ...

Nein, eben nicht!

Nach dem Dünenwald fand der Wachtmeister das Häuschen mit den grünen Läden ohne Schwierigkeiten. Das rostige Gartentürlein stand angelehnt, Studer trat zögernd ein. Der Garten war verlottert, hohes Unkraut stand zwischen den Erbsen, die nicht aufgebunden waren. An einer Hausecke lehnte ein verrosteter Rechen.

Er klopfte an die Haustür. Überall blätterte die grüne Farbe ab. Mehrmals klopfte er und heftiger. Der Alte schläft seinen Rausch aus. Vielleicht gibt es eine Hintertür. Zögernd ging er auf den überwucherten Steinplatten um das Haus herum, noch wenige Rosen kämpften gegen die Zaunwinden, die sich überall hochschlangen und triumphierend blühten.

Im kleinen Hof hinter dem Haus lagen kaputte Holzkisten herum, Stangen, Alteisen, ein trauriges Velo aus Vorkriegszeiten, der volle Abfallkübel ohne Deckel brütete in der Sonne, Schwärme von dicken grünschillernden Fliegen umschwirrten ihn glücklich.

Dort war die Küchentür, sie war zweiteilig, wie man sie auf dem Land antrifft, der obere Teil ein Fenster, das sich getrennt von der Türe öffnen ließ. Hinter den Scheiben hing ein graugewordener und eingerissener Spitzenvorhang. Der Fensterflügel war nur angelehnt, Studer stieß ihn von außen auf und streckte den Kopf durchs Fenster.

Ein muffiger Geruch entwich durch die Öffnung, ein Geruch nach altem Mann. Es roch nach Armut, es roch nach Unsauberkeit.

Die Küche diente wohl auch als Stube. Sie war leer. Auf dem Tisch stand ein Teller mit eingetrocknetem Suppenrand und festgeklebtem Löffel, ein schmutziges Glas, Weinflaschen, zerknülltes Zeitungspapier überall auf dem Tisch, am Boden, in der Spüle türmten sich Pfannen und dreckiges Geschirr ...

Es war eine traurige Unordnung, die Unordnung der Einsamkeit ... vielleicht der Verzweiflung ... Den Wachtmeister fröstelte trotz der Sonne.

Gleich neben der Tür stand das Buffet, darauf sah der Wachtmeister eine Fotografie, er nahm sie in die Hand, mit dem Ellbogen wischte er die klebrige Staubschicht weg.

Ein junger Mann in dunklem Anzug stand ernst und steif hinter einer ebenso unsicheren jungen Frau, sie saß vor ihm in einer schwarzen Tracht mit hoher Spitzenhaube, ihre Hände krampften sich um einen kleinen Blumenstrauß. Es war ein Hochzeitsbild, vermutlich noch vor der Jahrhundertwende aufgenommen. Das junge Paar posierte bestimmt zum ersten Mal vor einem Fotografen.

Merkwürdig ... der Wachtmeister nahm das Bild näher an seine Augen – die sehen auch nicht mehr so gut wie früher – ... das Gesicht der Braut ... es kam ihm irgendwie vertraut vor ... was doch unmöglich war ... woher sollte er auch ... er kannte ja niemanden hier ...

Eine ganze Weile verharrte Studer reglos vor der Hintertür mit der Fotografie in der Hand.

Was hatte Madame Merle heute Morgen angedeutet? ... Eine traurige Geschichte mit einer Tochter ... aber er hatte verstanden, dass diese Tochter tot war ... war sie es nicht und hatte er womöglich dieses Mädchen irgendwo gesehen? ... Nein, unmöglich ...

– Was suchen Sie hier?

Die Nachbarin rief über die Hecke. Sie hatte den Eindringling seit einiger Zeit beobachtet, wie er um das Haus schlich, wie er den Fensterflügel aufschob, in die Küche spähte, und als er gar das Hochzeitsbild von Père Joe herausholte, beschloss sie einzugreifen.

– Guten Tag, Madame. Er müsse mit dem Père Joe reden, ob man ihn irgendwie aufwecken könne?

– Nein!

Die resolute Nachbarin trocknete mit dem Zipfel ihres Kopftuches die verschwitzte Stirn.

– Nein! Weil er gar nicht hier ist! Ist letzte Nacht nicht nach Hause gekommen, macht er öfter, schläft seinen Suff lieber an der frischen Luft aus, ist vielleicht besser so ... wer sind Sie? Was wollen Sie von ihm? ... Bestimmt sind Sie ein Polizist, sieht man gleich! Sicher wegen der Wasserleiche!

Das hatte Studer befürchtet. Die Lokalzeitung wird hier gründlich gelesen.

– Lebt Père Joe allein hier?

– Ja! Sie kümmert sich gelegentlich ein wenig um ihn, Wäsche, mal einkaufen, man kann den armen Kerl ja nicht völlig verlottern lassen!

Die stämmige Nachbarin stemmte sich jetzt mit beiden Händen auf ein Gartenwerkzeug, von dem Studer über der Hecke nur den Stiel sah. Sie wird befragt! Das könnte ein längeres Gespräch werden.

– Niemand besucht ihn? Keine Freunde?

– Wo denken Sie hin, Herr Polizeihauptmann! Alle im Dorf kennen ihn, ja, man hilft ein wenig, so im Versteckten, wissen Sie, keiner soll es sehen, alle haben ein schlechtes Gewissen ... eine traurige Geschichte ...

Das hörte der Wachtmeister heute zum zweiten Mal, er will endlich wissen, worum es geht!

– Jetzt fällt mir ein ... da kommt manchmal eine Frau vorbei, mit einer Tasche ...

Die gesprächige Nachbarin wich aus. Hat sie die Besucherin

schnell erfunden, um Père Joes Geschichte nicht erzählen zu müssen?

– Wie sah sie denn aus? Jung, alt, groß, klein, Kleider, Haarfarbe?

Studer war gereizt, warum will ihm keiner diese Geschichte erzählen?, und hängte jetzt den strengen Polizisten raus.

– Na ja, halt so normal, weiß nicht, ein bisschen dünn vielleicht?

Die neugierige Nachbarin hatte leider das Gesicht der Besucherin nicht gesehen, das Kopftuch hatte die immer weit nach vorn gezogen.

– Und wann kam die Frau gestern?

– Woher wissen Sie denn, dass …? Ja, sie kam gestern, immer am Freitag, eben gestern, gestern war es zum dritten Mal! Immer am Nachmittag, so zwischen drei und vier und immer mit einer Tasche, mit Essen!

Woher *sie* denn das wisse, das mit dem Essen? Der Wachtmeister gab die Frage zurück.

Sie druckste herum, nach dem zweiten Mal … als die Frau weg war und der alte Père Joe auch, ist sie ins Haus gegangen und auf dem Tisch, das errate der Herr Polizist nie, lagen Esswaren! Aber nicht so Gewöhnliches, das unsereins isst, Herr Polizeihauptmann, nein! Fünf Croissants, Spargel, ein halber Braten! Und ein großes Stück Schokoladekuchen! Sie beugte sich über den Zaun:

– Das, Herr Polizeihauptmann, das kommt aus der Küche eines reichen Hauses, das sag ich Ihnen, bestimmt ist sie dort Köchin und schmuggelt Reste hinaus …!

Studer sah die Frau an und sah durch sie hindurch. Plötzlich war es ihm, als schnappe in seinem Kopfe etwas ein – es war ein merkwürdiges Gefühl. Ein Zahnrad dreht sich neben einem andern, das stillsteht. Ein Hebel wird umgestellt – die Zähne des rotierenden Rades greifen in die Zähne des ruhenden – nun drehen sich beide ...

Studer hatte eine Spur ... ihm war, als habe er das Ende des Fadens erwischt, als könne er jetzt den verfilzten, den verknoteten Strang aufdröseln.

Immer wieder waberte eine faulige Wolke aus dem Abfallkübel bis zum Wachtmeister und belästigte seine empfindliche Nase. Er verzog das Gesicht und ging ein paar Schritte auf die Nachbarin hinter der Hecke zu.

– Und wann kam sie gestern zum zweiten Mal?

– Woher ...? Sie haben recht, sie ist nochmal gekommen ...

– Wann? Alles muss man der Frau einzeln aus der Nase ziehen!

– Am frühen Abend, ich habe gerade etwas Petersilie aus dem Garten geholt, wissen Sie, die Suppe war etwas dünn und mit Petersi ...

– Wann genau? Die Zeit? Studer war ungeduldig, er hielt den Faden in der Hand ... er hatte eine Idee und musste wissen, ob sie was taugte!

– Warten Sie, vor dem Abendessen, sie war ja am Kochen, etwa sechs, ja, kurz nach sechs war es, Herr Polizeihauptmann, die Kirchglocken haben sechs geschlagen.

Studer nickte, er war aufgeregt, alles passte, aber sein Gesicht blieb unbeweglich, nur die Augen funkelten.

– Und nie, wirklich nie, Madame, haben Sie das Gesicht der Frau gesehen?

Dass der Herr Polizist ihr nicht glaubte, kränkte sie zutiefst. Es ärgerte sie selbst ja auch! Aber die Fremde mit dem Kopftuch huschte immer so schnell ins Haus und wandte das Gesicht ab!

– Madame, jetzt erzählen Sie mir doch mal die traurige Geschichte von Père Joe!

– Tut mir sehr leid, Monsieur! Sie hat jetzt keine Zeit mehr, sie muss vor dem Kochen noch das ganze Beet jäten, adieu, Herr Polizeihauptmann!

Sie verschwand hinter der Hecke. Studer hörte nur noch, wie sie die Hacke heftig in die harte Erde hieb ...

Auf der Terrasse des Café du Centre kamen und gingen die Leute. Die Schatten der Platanen zogen sich zurück, die Sonnenschirme übernahmen jetzt deren Arbeit. Aber viel weniger wirksam, die heiße Luft stockte unter dem Stoff der Schirme.

Grimmig winkte Studer dem Kellner, jetzt ein Glas Weißen!

Père Joes Nachbarin hatte ihn einfach stehenlassen! Sie wird dem Herrn, ein Polizist!, sicher nicht diese alte Geschichte erzählen, bei der sie auch eine unrühmliche Rolle gespielt hat. Auf dem Land schweigt man, besonders über Dinge, die man vergessen will, die man hätte verhindern können, wenn man mutiger gewesen wäre, aber man war ein Feigling, wie die andern auch, deshalb schweigt man.

Und Studer war sich so sicher – diese Geschichte war der Knäuel, nach dem er suchte. Er wusste zu diesem Zeitpunkt natürlich nicht, dass er die Geschichte des Père Joe heute Abend aus traurigem Anlass im «Journal de Challans» würde lesen können ...

Sonst hätte ihm das bockige Schweigen der Leute nicht so die optimistische Stimmung zernagt. Da erwischt man einen Faden, der stark aussieht, nicht gleich wieder abzureißen droht, und man kommt doch nicht weiter! Weil keine reden will!

Wie recht sein Freund doch hatte, der Commissaire Madelin aus Paris! Als Extrakt seiner zwanzigjährigen Diensterfahrung hatte er Studer einmal Folgendes gesagt: «Stüdère, glaub mir: Lieber zehn Mordfälle in der Stadt als einer auf dem Land. Auf dem Land, in einem Dorf, da hängen die Leute wie die Kletten aneinander, jeder hat etwas zu verbergen ... du erfährst nichts, gar nichts. Während in der Stadt ... Mein Gott, ja, es ist gefährlicher, aber du kennst die Burschen gleich, sie schwatzen, sie verschwatzen sich ... Aber auf dem Land! ... Gott behüte uns vor Mordfällen auf dem Land ...»

Na ja, ob es hier ein Mord war, weiß man noch nicht, aber alles andere traf zu. Die ganze Geschichte ließ sich schlecht an, nachdem er heute Morgen doch so zuversichtlich war. Eine der Haupteigenschaften der Sache Müller-Miller schien die zu sein, dass es unmöglich war, irgendeinen Teil zum Abschluss zu bringen. Langsam wuchs eine lähmende Mutlosigkeit in ihm. Das Spiel war ihm verleidet. Studer hätte keinen Grund für seine plötzliche Müdigkeit angeben können. Er hatte den Verleider! Basta!

Seine Stimmung passte so gar nicht zum fröhlichen Markttreiben rundum. Er schielte zu Mademoiselle Morel hinüber. Ihm schien, dass die Spürnase auch ziemlich missmutig hinter ihrer Limonade saß.

Was war jetzt plötzlich in sie gefahren? Die mollige kleine Dame sprang mit einer Behändigkeit auf, die man ihr nicht zugetraut hätte, zwängte sich zwischen den Tischen durch und stürzte sich ins Kleinviehgetümmel. Kurz verlor Studer sie aus den Augen, dann tauchte sie bei einem streitenden Paar wieder auf.

War das möglich – die Frau Müller, die sich für etwas Besseres hält, in einem vulgären Streit mit einem männlichen Subjekt! Dieses Subjekt verschwand, sobald Mademoiselle Morel auftauchte. Interessant ... Es machte den Anschein, als ob sie jetzt Frau Müller tröstete, Studer konnte das aus der Entfernung nicht richtig erkennen, aber er wusste, jetzt kommt die Taschentuchszene, man kennt das Theaterstück mittlerweile

... Und so war es. Aber warum gestikulierte Frau Müller nun so heftig? Und verflixt, Mademoiselle Morel blickte genau in seine Richtung, zeigte mit der Hand auf ihn ... hatte sie ihn etwa auch gesehen?

Dem Wachtmeister blieb keine Zeit mehr, sich zu verdrücken, man war schließlich kein Zechpreller. Schon kam Frau Müller entrüsteten Schrittes direkt auf ihn zu, Studer nahm einen tiefen Zug aus der Brissago, um sich zu wappnen.

Als die Witwe Müller, geborene Stettler, näher kam, sah Wachtmeister Studer an ihrem Gesichtsausdruck, dass in Bern alles geklappt hatte. Wie er es angeordnet hatte. Seine schlechte Stimmung löste sich in Luft auf wie ... ja, wie ein Furz. Darmwind würde die Dame sagen. Zufrieden blies er den dicken Zigarrenrauch aus. Gleich nachher geht er zur Poststelle und meldet eine Verbindung an, das Gerichtsmedizinische Institut Berne, en Suisse, Dr. Malapelle personnellement!

Studer erhob sich:

– Welch eine Überraschung, Madame Müller! Was verschafft mir die Ehre?

Es klappern die Nadeln am rauschenden Meer, klipp, klapp, bei Tag und bei Nacht ist das Klickern stets wach, klipp, klapp ... Im oberen Teil des Strandes, im Schatten unter dem Vordach eines der blauweißgestreiften Strandzelte, saßen zwei ältere Damen auf Klappsesseln und strickten.

Beide Damen waren altersgemäß leicht mollig, die eine trug einen dunkelblauen Rock und eine selbstgenähte weiße Leinenbluse mit Lochstickereien an den kurzen Ärmeln. Sie hatte den Strohhut aufbehalten, der ihre dunklen Löckchen mit den Silberfäden versteckte. Ein flüchtiger Betrachter hätte sie für eine brave, leicht biedere Hausfrau halten können, aber da hätte er sich gewaltig getäuscht!

Die andere Dame im rotweiß geblümten Sommerkleid aus Baumwolle – das einzige, das sie in die Ferien mitgenommen hatte, das neue gestreifte Kleid war zu elegant für den Strand – hatte ihren Sommerhut an die Stuhllehne gehängt, sodass man ihre Stirn sah, hoch und glatt, faltenlos, ein Scheitel teilte die Haare, sie bildeten im Nacken einen Knoten und waren braun und glänzend, wie frisch aus der Schale gesprungene Kastanien. Niemand hätte ihr die Großmutter angesehen ... Den Hut sowie die hellen Sommerschuhe hatte sie ebenfalls heute Vormittag spontan gekauft. Herrje, noch nie im Leben hatte sie sich so einen Luxus gegönnt! Ach, hätte sie doch auch die dünneren Strümpfe angezogen, die Sonne brannte auf die Beine.

Das Grandhotel stellte für seine Gäste Strandzelte wie auch Liegestühle und Klappsessel bereit, die Gaston eifrig betreute, indem er auf Wunsch Sonnenschirme brachte oder die besten Plätze für wichtige Gäste freihielt, auch ohne Trinkgeld wie für das berühmte Fräulein Doktor.

Auf der Suche nach einem freien Platz im Schatten eines Strandzeltes war Amélie Morel ganz zufällig – nachdem sie sich unauffällig umgesehen hatte, um dem Zufall etwas nachzuhelfen – auf Frau Studer getroffen, die hocherfreut war, welch ein unglaublicher Zufall! Nachdem auch Hedwig Studer während der Viertelstunde, in der sie bereits hier saß, ständig einen Blick zum Grandhotel geworfen hatte, um ihre neue Freundin nicht zu verpassen, wenn diese aus dem Haus kommen würde.

Die kluge Amélie hatte gestern schnell in Erfahrung gebracht, dass ihre Strandbekanntschaft die Ehefrau des Schweizer Kommissars war, und die kluge Hedy ebenfalls, dass die reizende Bekanntschaft vom Strand die Tante des französischen Inspektors war, der partout nicht ermitteln wollte, wie der Köbu ihr am ersten Abend verärgert erzählt hatte.

Die beiden Damen strickten emsig. Die eine auf die französische Art, sie legte den Wollfaden Masche für Masche mit der Hand über die Nadel, die andere auf schweizerische, bei ihr lief der Wollfaden kontinuierlich über den gestreckten Zeigefinger und wurde mit der Stricknadel durch die Masche gezogen. Etwas dumpfer und gemächlicher klapperten die dickeren Holznadeln von Amélie Morels Strickzeug, eine Weste für Laurent, etwas heller und nervöser die feineren Metallnadeln von Hedwig Studers Lismete für das Jakobli.

Am Strand strickt es sich wunderbar, man kann das Angenehme mit dem Nützlichen verbinden, denn beim Stricken plaudert es sich auch wunderbar! Müßiggang, einfach mit leeren Händen dasitzen und faulenzen, war sowohl für Frau Studer wie auch für Mademoiselle Morel unvorstellbar. Ihr Strickzeug trieb den Neffen manchmal zur Weißglut, hör endlich auf zu stricken, Tante! Kannst du nicht einen Augenblick dasitzen, ohne deine Hände zu beschäftigen! Nein. Denn wenn die Hände beschäftigt sind, ist es auch der Kopf. Beim Stricken finden sich die Gedanken wie von selbst und zeigen Amélie, was zu tun ist!

– Genauso ist es, nickt Hedy Studer, die Männer haben keine Ahnung.

Man hat sich ja so viel zu berichten! Schnell waren sich die beiden Frauen bereits gestern Nachmittag einig, dass es eigentlich ein Jammer sei, einen Fahnder in der Familie zu haben. Oder gar mit ihm verheiratet zu sein, immer komme so ein Mann zu spät zum Essen, und dann habe er nichts anderes als Todesfälle oder Diebstähle oder Raubmorde im Kopf.

Sie hatten bei ihrem regen Austausch, während die Nadeln geschäftig klapperten und klickerten, ebenfalls kopfschüttelnd festgestellt, dass die sturköpfigen Männer sich nicht austauschten!

So kam es, dass die beiden Damen schon gestern beschlossen hatten, die Sache in die Hand zu nehmen und einander alles zu berichten, was sie zum Fall Miller in Erfahrung bringen konnten. Obwohl weder Laurent Picot noch Jakob Studer es ausstehen konnten, wenn sich die Frauen in polizeiliche Angelegenheiten mischten.

Trotzdem ... letztes Jahr hatte Studer einen schwierigen Fall, es ging um ein Dokument mit einer merkwürdigen Fieberkurve. Und dem Hedy war es gelungen, sie zu entschlüsseln! Aber egoistisch, wie Männer sind, vergaß Studer sogleich den Anteil, den seine Frau an der Entzifferung des Kryptogramms genommen hatte.

Jetzt aber würden Hedwig Studer und Amélie Morel dafür sorgen, dass die Ermittlungen endlich vorankommen!

Mademoiselle Morel hatte sich auf ihrem Sessel eingerichtet, ihr schweres Strickzeug aus dem Tuch gewickelt – der Rückenteil für Laurents tannengrüne Strickweste war schon beinahe fertig –, das Tuch auf ihrem Schoß ausgebreitet – so kleben keine Wollfuseln auf dem dunklen Jupe –, die offene Tasche mit dem Wollknäuel neben sich auf den Boden gestellt und zu stricken begonnen. Ordnung muss sein. Jetzt konnte sie Edwige Stüdère endlich berichten, was sie heute kurz vor Mittag erfahren hatte!

– Wussten Sie, Edwige, dass das Zimmermädchen von der ersten Etage seit gestern Abend verschwunden ist?

Hedwig nickte. Köbu hatte es ihr beim Mittagessen erzählt. Sie wendete ihr Strickzeug und begann eine neue Reihe.

– Marthe, die Kleine bei mir auf der zweiten Etage, muss nun die ganze Arbeit machen! Kurz vor Mittag hat sie geklopft und frische Handtücher gebracht. Ich brauchte gar keine und wusste gleich, dass ihr etwas auf der Zunge brannte und sie sich nicht traute. Was beschäftigt dich denn, habe ich gefragt ... ist dir ein

Missgeschick passiert? Nein! Aber sie hat etwas Merkwürdiges gesehen und sie weiß nicht, ob sie es sagen darf ...

Amélie Morel traf auf einen Knoten im Wollstrang, dessen Entwirrung kurz ihre volle Aufmerksamkeit erforderte. Sie schüttelte den Kopf, woher ständig diese Knoten kommen!

– So, das hätten wir! Jetzt hören Sie, Edwige: Die Marthe hat spätabends, es war längst dunkel, die Schwester der Witwe, Mademoiselle Stettlär, gesehen. Sie hat heimlich ein Paket in die Mülltonne im Hof geworfen!

Frau Studer ließ ihr Strickzeug sinken.

– Nein, sowas! An welchem Abend war das denn?

– Augenblick, sie sagte, dass in der Früh am nächsten Morgen die Mülltonnen geleert wurden ... das ist immer mittwochs, es war also am ersten Abend nach Monsieur Millers Tod!

– Aber Marthe ist nicht dumm, lächelte Amélie Morel, sie hat in der Tonne nachgeschaut, als alles ruhig war. Es waren Männerkleider drin, schmutzige, sie hatte Angst, erwischt zu werden, und hat schnell alles wieder in die Tonne geworfen und ist weggerannt.

Hedwig schüttelte den Kopf, und so hat sie vermutlich wichtiges Beweismaterial vernichtet! Die Mülltonne ist frühmorgens natürlich geleert worden.

– Genau das habe ich auch gesagt! Und Marthe gefragt, ob es eine blaue Hose und ein gestreiftes Hemd waren ...

Hedy schaute überrascht auf, weshalb denn?

– Ach ... Amélie Morel musste ihre gesamte Aufmerksamkeit gerade dem Wollfaden widmen, der wieder mit Knoten aus dem Knäuel kam ... Was soll's, ihrer neuen Freundin konnte sie es ja erzählen, dass sie den Monsieur Miller am Abend vor seinem Tod mit blaucr Hose und gestreiftem Hemd in die Dünen hat gehen sehen ... dass sie das jedenfalls glaubt oder geglaubt hat ... Nein, die Hose im Müll habe eine andere Farbe gehabt, braun, grau? Sicher nicht blau! Und kein Hemd, ein Pullover mit Löchern und alte Schuhe ...

– So, so. Dann hat diese Kleidergeschichte wohl keine Bedeutung ... obwohl ... doch etwas merkwürdig, finden Sie nicht, Amélie?

Frau Studer nahm ihre Lismete wieder zur Hand und zog etwas heftig am Faden, sodass der Garnknäuel aus der Tasche in den Sand hüpfte. Sie bückte sich ächzend und angelte mit der Hand nach dem Knäuel. Schnaufend setzte sie sich wieder auf und klopfte ihn aus, immer dieser Sand überall! Aber sie wird eine kleine Flasche voll mit nach Hause nehmen, als Erinnerung an ihre ersten Ferien am Meer!

Die leichte Brise trug vom Wasser her einen unbekannten Geruch über den Sand, Hedwig atmete tief ein, so riecht der Atlantische Ozean! Sie will auch diese Erinnerung mitnehmen. Salz. Jod. Feuchte Algen ...

– Der Ansicht bin ich auch, Edwige! Irgendwas mit dem Toten stimmt nicht, wenn die eigene Frau erst sagt, er sei nicht ihr Mann, und dann war er es doch! Er scheint auch nicht ganz saubere Geschäfte betrieben zu haben, mit verdächtigen Freunden, ach, das habe ich Ihnen ja noch nicht erzählt!

Und Amélie Morel berichtete Hedy Studer ausführlich über ihre erste Begegnung mit dem dubiosen Lopez gestern im Hotel und die zweite heute auf dem Markt.

– Es ist noch schlimmer!

Hedwig ließ ihre Lismete sinken, senkte auch ihre Stimme und beugte sich zu Mademoiselle Morel hinüber, ihr Mann hat in Bern Auskünfte über den Toten eingeholt, das Telegramm ist heute Mittag gekommen, er hat es auf der Kommode liegenlassen, sie hat es gelesen ... es lag offen da!

Sie runzelte die Stirn, versuchte sich an den Wortlaut des Telegramms zu erinnern und zu übersetzen, ungefähr so: «Montgomery Müller, Zürich, internationale Geschäfte, französische Kolonien, Nordafrika, große Investitionen in Algerien, Geldquelle unbekannt, genießt höchste Protektion, weitere Nachforschungen von oben gestoppt, betreffe geheime Schweizer Interessen vor Ort, Hände weg Studer!»

Auch Amélie hatte Laurents künftige Weste sinken lassen, ist ja allerhand! ... Protektion von oben ... geheimer Regierungsauftrag ... Wahrung der Schweizer Interessen vor Ort ... unglaublich! Laurent wird mir das nicht glauben!

– Und vermutlich Schmiergelder ... Korruption!, fährt Hedwig fort, das ist ihr gleich durch den Kopf gegangen. Der Mann glaubt, Politik interessiere sie nicht, aber sie liest die Zeitung auch, die er abends nach Hause bringt – nach ihm, wenn er am nächsten Tag aus dem Haus ist!

Amélie Morel lächelte, genauso machte sie es früher auch! Wenn Monsieur Milcent schlief ... !

– Dann wissen Sie bestimmt, Edwige, dass es zurzeit in unseren Kolonien brodelt, Aktivisten, sie wollen die Unabhängigkeit, besonders in Algerien ...

– Ach herrje! Amélie glauben Sie ... ein Mord, gar ein Auftragsmord? ... In diesem Milieu von dunklen internationalen Geschäften wäre das durchaus möglich ...

Ein Schauder durchfuhr Hedwig bei diesem Gedanken, er passte so gar nicht in die unbeschwerte Ferienstimmung rundum, zu diesem perfekten Sommertag am Strand!

Wo die Zöpfe der Kleinen auf der großen Schaukel hoch durch die Lüfte fliegen, wo eine Mutter dem Jüngsten nachrennt, der im Hemdchen und mit bluttem Popo zum Wasser trippelt, ein roter Ball durch die Luft saust und einen Mann am Hinterkopf trifft, sein Hut flattert davon, der rote Ball rollt hinunter zum Wasser und der Junge hinterher, wo ein altes Ehepaar barfuß im Wasser spaziert, die Hosen des Mannes sind hochgerollt, die Frau rafft ihren Rock seitlich hoch, im Gegenlicht stieben die Wellen und spritzen Kinder Tausende von glitzernden Perlen in die Luft … Noch vor wenigen Minuten hatte Hedy sehr gewünscht, der kleine Jakobli könnte jetzt hier herumtollen und jauchzen vor Freude.

Nein, irgendwie passte das alles nicht zusammen.

Amélie Morel nickte, durchaus möglich, der französische Geheimdienst, wenn Monsieur Miller sich mit den Aufständischen eingelassen hatte …. Man müsste dringend mal mit dem nüchternen Père Joe reden können. Der hat doch Monsieur Miller als Letzter gesehen.

– Oh, mein Mann hat es heute Vormittag versucht, der Alte war nicht zu Hause … Aber die Nachbarin hat mehrmals eine geheimnisvolle Frau gesehen, die ihm Essen gebracht hat, seit Kurzem erst. Schon merkwürdig, nicht? Ach, und beinahe hätte sie es vergessen! Wussten Sie, Amélie, dass der alte Mann einst der angesehene Wirt vom Café du Centre war?

– Nein? Kaum zu glauben!

– Doch. Irgendeine traurige Geschichte mit der Tochter, danach ist er zum Säufer geworden, hat unsere Wirtin, Madame Merle, heute beim Frühstück erzählt, aber die Geschichte kennen wir nicht …

– Ja, seufzte Amélie Morel, und vermutlich hat das alles nichts miteinander zu tun …. vermutlich war es doch ein dummer Unfall!

– Oder ein dummer Zufall! Eine Tat, die nicht als Mord geplant war und unglücklich endete … Etwas muss passiert sein, es gibt einfach zu viele merkwürdige Sachen um diesen Herrn Müller herum! Wissen Sie, mein Mann redet immer von den kleinen Sächeli, die man sieht und doch nicht sieht, weil man nicht auf sie achtet, und die man im Kopf alle zusammenfügen muss zu einem großen Bild wie ein Puzzle!

Hedwig Studer verstummte, denn sie begann, die gestrickten Reihen zu zählen, bald musste sie mit dem Raglan anfangen und Maschen abnehmen. Man muss sich konzentrieren.

Die beiden schwiegen, während die flinken Nadeln klapperten und klickerten und Amélie kopfschüttelnd schon wieder zwei Knoten im Wollknäuel entwirren musste.

Der Verkäufer mit Waffeln und rotgrünen Zuckerstangen kam bei ihnen vorbei, doch die beiden Damen lehnten dankend ab. Obwohl Hedwig die Waffeln gerne probiert hätte ... Dann dachte sie an das neue Sommerkleid, das gestreifte Traumkleid! Eine Größe darüber hatte sie nehmen müssen, der Bauch ... Es lag keine Waffel drin.

– Edwige, schauen Sie doch mal dort hinüber, ist ja interessant!

Mademoiselle Morel hob mit beiden Händen ihr ganzes Strickzeug leicht an und zeigte mit den Nadeln diskret nach links.

– Wenn man von Teufel spricht ... die junge Dame dort, die dem Maler Modell sitzt, ist Mademoiselle Stettlär!

Frau Studer drehte sich, wie wenn sie nach jemandem suchen würde.

Nur wenige Meter von ihnen räkelte sich ein hübsches Fräulein in ziemlich frivoler Pose im Badeanzug auf einem Tuch am Boden, direkt auf dem Sand! Sie stützte ihren Kopf seitlich auf eine Hand, warf mit der andern von Zeit zu Zeit ihre goldenen Locken zurück, ihre Sonnenbrille hatte sie ins Haar geschoben, blutrot leuchtete der Mund, der ständig lachte. Und so eng und so winzig ist der Badeanzug, und so schlank ist das Fräulein ... Wehmütig wurde es Hedy zumute, so war auch sie einst, lange Jahre ist es her ...

Erleichtert war sie, dass der Köbu jetzt nicht hier war und das Fräulein sah! Man kann sie ja so leicht verwirren, die alten

Männer! Ein bisschen bluttes Fleisch und sie haben gleich einen roten Nebel im Kopf!

– Wissen Sie, die Maler leben ganz gut davon, dass die wohlhabenden Gäste im Grandhotel ein Porträt ihrer Ehefrauen malen lassen.

Amélie Morel bekam einen roten Kopf, die wilden jungen Männer malen in den Köpfen der Modell sitzenden Damen vielleicht noch andere Fantasien … und nicht nur in ihren Köpfen. Sie hustete heftig.

Auch Hedwigs Wangen röteten sich, sie betrachtete den Maler genauer, ein kräftiger, braungebrannter Kerl, sein verwegenes Aussehen war schon aufregend … ein weites Leinenhemd und über dem Strohhaar die abenteuerliche rote Mütze, die wie ein verpfuschter Blumentopf aussah … So eine hatte sie mal in der Hand gehabt, die Scheschia vom Pater, auch bei dieser Fieberkurvengeschichte.

– Sie meinen, Amélie, dass die beiden …? So wie das Fräulein schamlos daliegt, könnte es schon sein … Aber nein! Hedwig Studer schlug sich vor die Stirn, nein, nicht mit diesem Maler, sondern … mit dem Herrn Müller!

– Edwige, aber Sie denken doch nicht etwa … ein Verhältnis? Schwager und Schwägerin? Das wäre ja ungeheuerlich!

Das Strickzeug ruhte in Mademoiselle Morels Schoß, ihre Wangen brannten, ebenfalls nicht wegen der äußeren Hitze.

– Mein Mann vermutet es … unsere Wirtin hat erzählt, der Herr Müller sei oft mit seiner strahlenden Frau in der weißen Limousine ausgefahren … und die Frau Müller könne man wirklich nicht als strahlend bezeichnen … Leider hatte Hedwig die Witwe noch nie gesehen.

– Edwige, wissen Sie, was das bedeutet? Amélie Morel holte Luft, Eifersucht! Leidenschaft! Vielleicht suchen wir in der völlig falschen Richtung!

– Oder Rache! Die eifersüchtige Frau Müller, der betrogene Malerliebhaber!

Das waren die letzten friedlichen Minuten dieses Nachmittags und Abends.

Plötzlich drang eine schrille Frauenstimme zu ihnen herüber, unterbrochen von einer wütenden tiefen Stimme, dann beide durcheinander.

Die beiden Damen drehten ihre Köpfe, keineswegs mehr diskret.

Fräulein Stettler stand jetzt neben dem Maler, der noch den Pinsel in der Hand hielt, das Bild war jedoch nicht zu sehen, die Staffelei stand etwas abgedreht im Sand. Die beiden selbsternannten Detektivinnen vermochten nur Wortfetzen des Streits zu verstehen, aber die genügten vollauf, dass sie ihre Ohren spitzten.

Schmuck ... zurückgegeben ... Erpresser ... endgültig Schluss ... Feigling ... dich fertigmachen ... Dann folgten diverse Wörter, die den beiden Damen unbekannt waren – Flüche? ... Versager ... totaler Kitsch! Nach dieser Beleidigung riss der Maler die Leinwand von der Staffelei, warf sie in den Sand und stampfte fluchend auf dem Bild herum.

Bestürzt verfolgten Amélie Morel und Hedwig Studer die dramatische Zuspitzung. Doch den Ausgang des Streits verpassten sie, weil hinter ihnen plötzlich laute entsetzte Schreie ertönten und ihre Köpfe auf die andere Seite flogen.

– Ein Toter! Ein Toter! Da hinten! Im Sand! Hinter den Booten!

Es war ein junges Pärchen, das daherrannte und aus Leibeskräften schrie.

Eine Menschentraube bildete sich sofort um die beiden, Hände gestikulierten über den Köpfen und dann rannte die ganze Traube los und wurde unterwegs stetig dicker, zu den Fischerbooten, die teils noch auf dem Trockenen, teils bereits halb im Wasser lagen, einige schwammen schon. Das Meer stieg.

Zwei Männer hasteten hinauf zum Strandcafé, wo es ein Telefon gab.

Wieder konnte das «Journal de Challans» eine Sonderauflage drucken, wieder wurden den Zeitungsjungen die Blätter beinahe aus der Hand gerissen.

Es war 14.50 Uhr gewesen, am Samstag, den 3. Juli 1937, als der Tote gefunden wurde, die Zeit hatte für Suzy Furet gerade knapp gereicht, in Saint-Georges ein paar Leute zum Toten zu befragen, mit dem Taxi zurück nach Challans zu rasen – außergewöhnliche Umstände erlauben außergewöhnliche Transportmittel – und im Redaktionsbüro, das sich in der Druckerei befand, mit hochroten Wangen den Artikel zu tippen. Die gesamte Titelseite wurde neu gesetzt, und dann begannen die Druckmaschinen zu rattern …

An diesem Samstagnachmittag war Inspektor Picot mit einem Gendarmen dabei, im kleinen Gebäude neben dem Bahnhof die Polizeiwache für den Sommer einzurichten. Außerhalb der Urlaubssaison nutzte der Bahnwärter es als Lagerraum.

Seit zwei Jahren, seit die Regierung Blum die zwei Wochen bezahlten Urlaub für Arbeiter und Angestellte eingeführt hatte, verdreifachte sich die Bevölkerung von Saint-Georges jeweils im Sommer mit den Touristen. Auch manches Gesindel und Taschendiebe reisten mit ihren Kunden und verschoben ihre Arbeitsplätze in die Urlaubsorte. Es hatte sich als nützliche Abschreckung erwiesen, wenn in den Sommermonaten zwei Gendarmen ständig in Saint-Georges anwesend waren, von

Challans brauchte man doch beinahe eine Dreiviertelstunde, bis man hier war.

Durch die Eingangstür trat man gleich in den größten der drei Räume ein, vorn standen zwei Holzbänke für die Wartenden, eine Theke diente als eine Art Schalter und riegelte den Büroteil dahinter ab, wo die beiden Tische der Gendarmen mit den Schreibmaschinen standen. Von dort führten zwei Türen weg, die eine in das Büro von Inspektor Picot, wenn er vor Ort war, dort wurden auch allfällige Verhöre durchgeführt. Die andere führte in einen kleinen Raum, bei dem man das Fenster vergittert hatte, die Ausnüchterungszelle.

Als der Anruf aus dem Café de la Plage eintraf (der Telefonapparat der Wache war zum Glück bereits angeschlossen), war Inspektor Picot dabei, an seinem Sommerarbeitsplatz die Tischlampe abzustauben und die Bleistifte zu spitzen, während er auf den Schweizer Kommissar wartete – sie wollten sich auf die Suche nach Joseph Dubois machen, genannt Père Joe, er war ihr wichtigster Zeuge. Picot schaute als Erstes auf den Abreißkalender an der Wand. Er riss das Blatt von gestern, Freitag, 2. Juli, ab und hatte eine starke Vermutung, wer der Tote war. Und so war es.

Inspektor Picot hatte den Toten danach zwar gleich in das Gerichtsmedizinische Institut von La Roche-sur-Yon bringen lassen und die sofortige Autopsie angeordnet, aber er wusste bereits, als er ihn gesehen hatte, wie der Bericht lauten würde: «Tod durch Ertrinken, keine Fremdeinwirkung, keinerlei Kampfspuren, aber hoher Alkoholpegel im Blut, Todeszeitpunkt zwischen Mitternacht und zwei Uhr» ... Denn Laurent Picot, der im Nachbarort aufgewachsen war, kannte die alte Geschichte, die sich am 3. Juli 1919, heute vor achtzehn Jahren zugetragen hatte ...

Am Abend konnten im überraschend dicken «Journal de

Challans» – die Samstagausgabe war zwar immer etwas dicker, weil die Zeitung am Sonntag nicht erschien – die Sommergäste und endlich auch Wachtmeister Studer die traurige Geschichte lesen.

SAINT-GEORGES: ZWEITER TOTER IN WENIGEN TAGEN!

Was ist los in Saint-Georges? Nur vier Tage nach dem makabren Fund des ersten Ertrunkenen, eines Gastes aus dem Hôtel de la Plage, haben Spaziergänger heute am frühen Nachmittag wieder einen Toten am Strand gefunden! Unsere Reporterin Suzy Furet war vor Ort und konnte gleich mit dem ermittelnden Inspektor, Laurent Picot von der Kriminalpolizei in Les Sables-d'Olonne, sprechen.

Ein exklusiver Bericht von Suzy Furet

Wir alle kennen den armen Toten, wir alle kennen seine traurige Geschichte. Ja, beim Toten handelt es sich um Joseph Dubois, ehemaliger Wirt im Café du Centre in Saint-Georges, allgemein bekannt als Père Joe. Bei einer ersten Untersuchung noch vor Ort fand Doktor Billaud aus Saint-Georges keinerlei Kampfspuren, und er schloss aus naheliegenden Gründen auf einen Unfall. Es ist allgemein bekannt, dass der Tote gerne dem Alkohol zusprach. Vermutlich ist Joseph Dubois in der Nacht von der Flut (Höchststand war um 3.45 Uhr) überrascht worden, als er bewusstlos auf dem Strand lag. Die Fischer in Saint-Georges sagen ja, dass das Meer bei Flut mit der Geschwindigkeit von galoppierenden Pferden steige. Bestimmt übertrieben, aber ein Körnchen Wahrheit steckt wohl doch im Fischerlatein.

DIE ERSTE TOTE VOM 3. JULI 1919

Er ist die dritte Wasserleiche, die jetzt am Strand von Saint-Georges gefunden wurde, nie zuvor hat man so etwas gesehen! Und die erste lag auf den Tag genau, nämlich am 3. Juli 1919, beinahe am selben Ort wie Joseph Dubois: hinter den Fischerbooten, etwa dreihundert Meter weiter auf dem einsamen Strandteil draußen bei den Dünen.

Die Älteren unter uns erinnern sich gut. Die Tote war ein junges Mädchen, Lucie Dubois, die Tochter des Joseph Dubois. Es war Selbstmord, das arme Mädchen hatte sich aus Verzweiflung umgebracht. Wie wenn das noch nicht genügt hätte, machte man einen grausigen Fund, als die Leiche der kleinen Lucie umgedreht wurde. In einem Schal eng an ihre Brust gewickelt fand man den leblosen winzigen Körper ihres Sohnes. Sie hatte den Säugling erstickt und war danach ins Wasser gegangen.

KEIN VERBRECHEN UND DOCH WAREN ALLE IM DORF SCHULDIGE

Lucie war siebzehn und ein lebensfrohes Mädchen, aber nachdem sie ein Kind ohne Vater zur Welt gebracht hatte, wurde sie von allen gemieden und hinter der Hand als Hure beschimpft, man wollte, dass sie aus dem Dorf verschwinde. Weil die Eltern trotz der Schande zu ihr hielten, wurde die ganze Familie bestraft. Es war ein ungeschriebenes «Gesetz», man mied das Café du Centre, bis außer ein paar unbeirrbaren Trunkenbolden niemand mehr im Wirtshaus der Familie Dubois saß. Es gab noch jüngere Geschwister, die Mutter Marie Dubois erkrankte schwer und Joseph Dubois begann

zu trinken. Die kleine Lucie sah in ihrer Not keinen
Ausweg mehr, als mit ihrem Söhnlein aus dem Leben zu
scheiden.

(Suzy Furet waren die Tränen gekommen, als sie zwei ältere
Einwohnerinnen von Saint-Georges zu Einzelheiten befragt
hatte.)

DOPPELTE TRAGIK DIESER TRAURIGEN GESCHICHTE

Die arme Lucie wurde als Selbstmörderin und als Kinds-
mörderin doppelt verstoßen, sie bekam kein christliches
Begräbnis, kein Grab auf dem idyllischen, erst ein halbes
Jahr zuvor eingeweihten Friedhof beim Dünenwald, den
die Amerikaner und Kriegsgefangenen neu gebaut hat-
ten. Man schaufelte ein Loch hinter der Friedhofsmauer.
Auf der Waldseite dicht bei der Mauer kann man ein
schiefes Holzkreuz und ein kleines davor finden. Lucies
Familie war danach noch mehr geächtet, das Verhalten
der Dorfbewohner stieß sie völlig ins Elend, die Mutter
starb ein Jahr später aus Kummer, Joseph Dubois war
pleite, er verlor das Café du Centre und wurde vollends
zum Trinker. Die jüngeren Geschwister kamen vermut-
lich bei Verwandten unter, niemand im Dorf weiß, was
aus ihnen geworden ist.

DREI WASSERLEICHEN BEINAHE AM SELBEN FUNDORT

Haben alle drei Toten etwas miteinander zu tun?
Joseph Dubois, genannt Père Joe, hatte den Gast aus dem
Hôtel de la Plage noch als Letzter gesehen, wie wir ges-
tern berichtet haben. Hat er mit dessen Tod etwas zu tun?

Weshalb ist Joseph Dubois am Todestag seiner armen Lucie verunfallt? Fragen über Fragen, auf die wir uns bald Antworten von der ermittelnden Polizei erhoffen!

Niemand nahm beim Anblick des toten Joseph Dubois das Wort Selbstmord in den Mund. Niemand möchte sich noch einmal an diesem armen Mann versündigen. Es gibt ein christliches Begräbnis, denn es war ein Unfall, darin sind sich alle einig. Die Beisetzung findet am Montag um 11 Uhr in der Kirche von Saint-Georges statt.

Wir bleiben dran!

SECHSTER TAG, EIN EREIGNIS-
LOSER SONNTAG, DIE ERMITTLUNGEN
RUHEN

Es war so sehr Sonntag, dass es einem fast zu viel werden konnte. Amélie Morel sagte immer zu ihrer Schwester, Laurents Mutter, halb ernst, halb scherzhaft, sie habe es, ohne erst die Augen aufschlagen zu müssen, von jeher gleich morgens im Bett gespürt, dass wieder einmal Sonntag war. Es waren die Geräusche und die Gerüche, der Sonntag klang und roch anders.

Heute Morgen erwachte sie erstmals an einem Sonntag im Urlaub. Sie lag im Bett und horchte, fern murmelten Stimmen auf dem Gang, etwas klirrte, eine Tür wurde nicht sehr sonntäglich sanft geschlossen.

Eine unbekannte Stille kroch von draußen durch das hinter dem Vorhang leicht geöffnete Fenster ins Zimmer. Kein Möwengeschrei, die Rufe und das Hupen der Lieferanten auf der Avenue de la Plage fehlten, man hörte Schritte, aber die Stimmen klangen gedämpft, Sonntagsstimmen und Sonntagslachen. Sonntags freuen sich alle Leute, aber nicht Amélie Morel, nicht heute.

Sonntag im Urlaub war besonders schlimm, das wurde ihr jetzt bewusst, worauf ihre Stimmung noch tiefer sank. Wenn man sich jeden Tag erholt, braucht man den Sonntag nicht ... das dachte sie auch zu Hause oft, seit sie ohne Stellung ist ... Und was bedeutete ein Sonntag, wenn man ohne Stellung *und* im Urlaub ist? Weiß vor Langeweile ist ein solcher Sonntag! Eine unerträgliche Vervielfachung des Nichtstuns! Als ob man eine Zitrone noch in Essig einlegen würde ... Ja, sie war niedergeschlagen.

Die Ereignisse des gestrigen Tages, insbesondere, was sie am Abend aus der Zeitung erfahren hatte, zeigten ihr mit aller Deutlichkeit, dass sie im Kreis herumlief ... nein, tappte, wie eine Blinde ...!

Amélie setzte sich auf, die Ruhelosigkeit war nicht zum Aushalten, sie schlüpfte in die Pantoffeln und ging im Nachthemd zum Fenster. Sie öffnete es weit und beugte sich hinaus, sonst konnte sie das Meer nicht sehen. Ihr Zimmer ging auf die Seite hinaus.

Die Sonntagssonne schien auf einen einsamen Sonntagsstrand, keine Liegestühle, die Strandzelte noch geschlossen. Das Leben stand still. Auch Gaston nirgends zu sehen ... sonntags durfte er vermutlich eine Stunde später mit der Arbeit beginnen, die Gäste schliefen aus ... Auch der Ozean lag reglos da, schien irgendwo zwischen Ebbe und Flut zu schlafen, der vertraute Jodgeruch fehlte, keine feuchten Algen, keine Salzgischt ...

Sie ging zum Waschbecken und füllte das Zahnglas mit Wasser. Sie hatte Durst, waren wohl einige Pflaumenlikörs zu viel gestern Abend ... Aber sie hatte sie gebraucht, nachdem sie gehört hatte, was der Schweizer Kommissar – er war noch spät um neun Uhr im Hotel vorbeigekommen, Laurent hatte sich gerade verabschieden wollen – ihrem Neffen mitgeteilt hatte, die Ergebnisse der Autopsie Montgomery Miller ... Commissaire Stüdère hat also das Notwendige unternommen, très bien, hatte sie gedacht, aber Laurent wurde nervös.

Miller war nicht ertrunken, hatte kein Wasser in der Lunge, die Prellungen und Schürfungen an Oberarmen, Brustkorb und Hals könnten von Steinen im Wasser – die Wellen hatten den Körper hin und her gerollt – aber auch von einem Kampf herrühren ... Laurent hatte leer geschluckt und gleich noch einen Calvados bestellt. Doch Ratlosigkeit lässt sich nicht im Schnaps ertränken.

Inspektor Laurent Picot hatte Commissaire Stüdère dann die Ergebnisse der Autopsie von Père Joe mitgeteilt ... ertrunken, ohne äußere Gewalteinwirkung ... Das hingegen war zu erwarten.

Amélie stellte das Zahnglas wieder hin. Sie horchte, ein Läuten, von sehr fern, der Wind kam offensichtlich vom Land her, bimmelnde Glocken wehten durch die sonntägliche Stille, der einzige Ton, der die Ruhe verdrängen durfte, vermutlich läutete die Dorfkirche zur Frühmesse. Nichts für sie.

Sie starrte in den Spiegel und was sie sah, hellte ihre Stimmung nicht auf. So unruhig hatte sie geschlafen, sich hin und her gewälzt, dass sich trotz des Haarnetzchens zwei Lockenwickler gelöst hatten ... Wie siehst du bloß aus, Amélie! Die Löckchen zerdrückt und platt, am Montag muss sie dringend einen Damenfrisör aufsuchen! ... Diese Falte zwischen den Brauen wird auch immer tiefer ... Mit beiden Händen straffte sie die Haut der Stirn ... Vielleicht sollte sie doch mal diese Gesichtscreme kaufen, die in der Apotheke angepriesen wurde, die Reklame war nicht zu übersehen, ein Wundermittel ... Ihre Finger strichen leicht über die Tränensäcke unter den Augen ... Vielleicht hilft sie auch dagegen ... Nicht, dass Amélie sehr eitel gewesen wäre, und für einen Mann musste sie sich auch nicht schön machen. Doch ein wenig kokett war Mademoiselle Morel durchaus.

Sie seufzte und setzte sich aufs Bett. Alles war voller Widersprüche, viele verzettelte Hinweise und nichts von alldem vermochte sie in einen sinnvollen Zusammenhang zu bringen. Ging Monsieur Miller an jenem Abend wirklich zweimal in den Gängen des Hotels herum – oder hatte Anna sich getäuscht? Trug er beim Verlassen des Hotels wirklich andere Kleider als danach, als er den Tod fand – oder hat sich die Zeugin Amélie Morel getäuscht? Saß der noble Monsieur Miller danach wirklich mit dem alten Clochard am Strand und trank – oder hatte sich die Wirtin getäuscht? Hat Monsieur Miller in der Nacht vielleicht jemand andern getroffen? Der ihn bewusstlos geschlagen und liegen gelassen hatte? Amélie schauderte bei dem Gedanken. Denn es war nicht anzunehmen, dass der alte und betrunkene Père Joe ihn in einem Kampf besiegt hätte ... Vielleicht Monsieur Lopez? Oder der wilde Maler ... Alles bedeutete etwas, davon war sie überzeugt, aber was?

Die Wahrheit! Das war doch der springende Punkt!

Amélie hatte den Eindruck, die Wahrheit lag da, ausgebreitet um sie herum. Die schiere Wahrheit! Aber sie sah sie nicht!

Sie sprang auf. Man müsste anders sehen können ... anders als mit den Augen von Madame Miller und Mademoiselle Stettler, anders als mit den Augen von Laurent ... mit den Augen von Anna und mit den Augen von Père Joe – und mit beiden konnte sie nicht mehr reden, weg die eine, tot der andere!

Sie ging hin und her, murmelte, gestikulierte. Selbstgespräche zu führen war eine dumme Angewohnheit von ihr, aber die vielen verknäuelten Gedankenfäden zu entwirren schaffte sie nur, wenn sie laut redete und es der andern Amélie erklärte. Was hast du dich überhaupt in diese Sache einzumischen, Amélie! Lass es und genieß den Urlaub! Laurent und der Schweizer Kommissar schaffen es auch ohne dich, Licht in diese dunkle Geschichte zu bringen!

So einfach war es leider nicht. Es zu lassen ...

Laurent würde sagen, alles sieht so aus, als ob die Miller-Sache eine dieser mühsamen Geschichten ist, aus denen wieder rauszukommen man alle Mühe der Welt hat und die mehr oder weniger immer unangenehm enden, in die man sich ganz blöd durch einen Zufall hat einwickeln lassen oder einfach durch den fehlenden Mut, Nein zu sagen, wenn noch Zeit dafür wäre.

Von solchen Erfahrungen eines Provinzinspektors hatte

Amélie keine Ahnung. Aber sie ahnte etwas anderes: Amélie, du bist dir selbst in die Falle gegangen ... deiner Neugier! Die lässt dich nicht mehr aus ihren Klauen ...

Sie brummelte. Vermutlich war alles gar kein Kriminalfall! Sondern nur ein tragischer Unfall ... tragisch, weil er vielleicht ungewollt tödlich geendet hatte ... Langsam formte sich in Amélies Kopf ein Bild ... ein Verdacht! Wie sich alles abgespielt haben könnte ... Aber einen *solchen* Verdacht hätte sie lieber nicht!

Auch in der Pension Zur Goldenen Glocke herrschte Sonntag. Frühstück gab es eine Stunde später, selbst Madame Merle gönnte sich den Luxus, am Sonntag ein bisschen länger zu schlafen.

Studer stand am Fenster und rasierte sich mithilfe des kleinen Handspiegels, den er an den Fenstergriff gehängt hatte – nicht bevor er sich vergewissert hatte, dass auf dem Kiefernast vor dem Fenster keine Elster saß.

Die Elster schien noch zu schlafen. Eine friedliche Stille lag über dem sonntäglichen Dünenwald, Sonnenlichter tanzten zwischen den Blättern, in der Ferne trillerten Vögel, von Zeit zu Zeit knackte es in den Zweigen, aber nur leise, wie um den Sonntag nicht zu stören, während der Wachtmeister seine Wange spannte und langsam das Messer durch den Schaum zog.

Studers letzter Gedanke vor dem Einschlafen war gewesen: Die Dinge sind so weit fortgeschritten, dass Pressieren nur schaden kann. Der alte Père Joe war tot. Der wichtigste Zeuge. Am Abend seines Todes ist auch Anna verschwunden. War sie womöglich auch tot? Der Wachtmeister war überzeugt ... sowas weiß man einfach ... dass es einen Zusammenhang zwischen diesen Ereignissen gab ... wenn man nur ahnte, welchen! Er spülte das Rasiermesser im trüben Wasser des Beckens und wischte mit dem Handtuch den restlichen Schaum vom

Hals und aus den Ohren. Er rieb und rieb, das Ohr war schon ganz rot.

Einer hatte mal zu ihm gesagt: Sie, Inspektor, sind wie ein Schwerölmotor. Es braucht lange, bis Sie eine hohe Tourenzahl erreicht haben, aber dann laufen Sie, dann nehmen Sie jedes Hindernis wie ein Traktor, wie ein Tank!

«Der Chinese» war's. Aber jetzt hatte Studer das Gefühl, dass es überall knirschte im Getriebe. Er hatte hier zu viel Sand gesehen! Es knirschte in seinen Gedanken, es knirschte im Müller-Miller-Fall.

Ja, die Phase der Unschlüssigkeit, in der die Indizien, die man gesammelt hat, sich alle zu widersprechen scheinen, und wo man in diesem Plunder von Aussagen den roten Faden vergeblich sucht oder Angst hat, einen falschen gewählt zu haben, der nirgends hinführt.

Er musste nachdenken, klar denken. Doch immer ist es so, wenn man an die Scharfheit des Denkens appellieren will, denkt man unklar, verschwommen und sehr sehr unzusammenhängend ... Vielleicht war es ja nur ein ganz dummer Unfall ... dumm, weil er tödlich endete, obwohl niemand es so gewollt hatte ... man hat nämlich durchaus so eine Ahnung, wie sich alles abgespielt haben könnte ... Aber *diese* Ahnung hätte man lieber nicht ...

Fern im Dorf hinter dem Dünenwald begannen die Glocken zu läuten, der Wind musste vom Land her blasen, sonst würde man sie nicht bis hierher hören. Es klang jedoch nicht wie richtige Kirchglocken, es war ein schubweises Bimmeln, beinahe ein Scheppern, war es die Luft? Sie schien heute am Sonntag anders, dichter zu sein als an andern Tagen. Damit sie den Glockenklang weit übers Land zu tragen vermochte. Sonntags hielt Gott oder besser die Kirche das Leben an, damit der Tag leer war und die Gläubigen in die Kirche strömten. Was sollten sie sonst tun ...

Studer spürte plötzlich ein brennendes Ziehen in der Brust. Wie Heimweh. Dieses unrhythmische, irgendwie hinkende Geläute tönte genauso wie die Kirchglocken im Tessin, bei denen der Klöppel unregelmäßig gegen die Bronze schlägt.

Ach, jetzt könnte man im Tessin in den Ferien sein ... in Ascona auf der Seepromenade spazieren ... im Grotto unter der schattigen Weinlaube einen Merlot trinken ... und müsste nicht mühsam herausfinden, wie und weshalb ein dubioser Gschäftlimacher namens Müller – mit höchster Protektion der Regierung! – ausgerechnet hier am fernen Atlantikstrand umgekommen ist!

Nein, der Fall wurde entschieden immer uninteressanter. Denn einem Menschen mit einem geringen Gehalt, dem es während seines Lebens nicht immer gut gegangen ist, macht es nie große Freude, für die Reichen das Recht zu retten.

Hedwig Studer wickelte sich aus dem Leintuch, hob den Kopf und fragte mit verschlafenen Augen:

– Bisch scho ufgstande, Köbu? Isch s'Wetter schön?

Studer antwortete nicht, er stand immer noch mit dem Handtuch in der Hand am Fenster, wie erstarrt. Denn ein entsetzlicher Gedanke war ihm soeben durch den Kopf gefahren ...

Eine Brissago! Nur eine einzige Brissago blieb ihm noch! Er hatte sie auf den Sonntag aufgespart, vom Munde abgespart! Wie soll ein Studer ohne Brissagos weiter ermitteln?

Aber ging es überhaupt weiter? ... Der Befund war doch merkwürdig ... nicht ertrunken, unklar, ob äußere Gewaltanwendung, könnten auch Steine gewesen sein ... Woran war Müller gestorben? ... Denn tot war er ja! Er hatte Dr. Malapelle vom Gerichtsmedizinischen Institut Bern gestern Abend weitere Anweisungen gegeben ... man musste unbedingt die Todesursache finden!

Bene, Ispettore!, hatte Dr. Malapelle geantwortet. Der Mailänder hatte für diesen Fahnderwachtmeister eine große Sympathie, und zwar, weil dieser Mann, dessen massiger Körper fast bäuerlich wirkte, so ausgezeichnet italienisch sprach. Und nicht nur das: Er stellte keine langweiligen Fragen, sondern war in vielen wissenschaftlichen Dingen beschlagen. Dr. Malapelle erklärte sich also bereit, ausnahmsweise am Sonntagnachmittag nochmal ins Institut zu gehen und die Analysen vorzunehmen, um die ihn der Commissario gebeten hatte. Er werde ihm am Abend in die Pension telefonieren.

Aus dem offenen Küchenfenster im Erdgeschoss, es lag schräg unter Studers Zimmer, wehte Kaffeeduft herauf, die schlurfende Jeanne bereitete das Frühstück zu, Wasser plätscherte, Geschirr klapperte und Studer, der tief einatmete, glaubte den unwiderstehlichen Duft der warmen Croissants zu riechen. Der dicke Herr Wachtmeister hatte einen Bärenhunger! Obwohl – kein noch so buttriges und knuspriges Croissant vermochte eine Brissago zu ersetzen!

Am Nachmittag schien auch das Meer dem Sonntag zu Ehren ein glitzerndes Seidengewand übergezogen zu haben. Die Segelschiffe glitten in der Ferne vorüber wie impressionistische Tupfer.

Was Amélie Morel oder Jakob Studer an dem Nachmittag eigentlich machten, hätte auch einer, der dem einen oder der andern die ganze Zeit nachgegangen wäre, nicht so richtig sagen können. Sie spazierten herum, wie die andern Touristen und die Einheimischen auch.

Mademoiselle Morels gesunder Menschenverstand begann zu begreifen, warum man in Saint-Georges die gleichen Leute immer am selben Ort antraf. Es war eine Art Instinkt. Unwillkürlich war man von der Sonne und der Landschaft abhängig. Wenn sie den Rest ihrer Tage zufällig in diesem Ort verbringen müsste, würde auch sie jeden Sonntag denselben Spaziergang machen.

Das ganze Dorf und das halbe Land kamen sonntags bei schönem Wetter zum Seebad, die älteren Frauen in ihrer Sonntagstracht mit den hohen Spitzenhauben, die Männer im schwarzen Sonntagsstaat, man spazierte die Avenue de la Plage hinauf und hinunter, über den Strandweg, wo man den halbnackten Städtern kopfschüttelnd beim Baden zuschaute, dann zum Tennisplatz, wo die Frauen entrüstet und die Männer wollüstig dem Wippen der schamlosen Tennisröckchen nachsahen.

Wenn es warm genug war, brachte man Sessel und Stühle mit, verbrachte den Nachmittag in den Sonntagskleidern am Strand sitzend und beobachtete die Sommergäste. Es war aufregender als ein Besuch im Kino. Als Abschluss des Sonntages leistete man sich einen Trunk in einem der zahlreichen Wirtshäuser an der Avenue de la Plage oder im Strandcafé, wenn man Platz fand. Die Wohlhabenderen und die Notabeln trafen sich auf der Terrasse des Grandhotels.

Einmal vermeinte Mademoiselle Morel ein paar Meter vor sich den hageren Lopez zu sehen, aber der Mann war schnell hinter der Menschentraube untergetaucht, die sich um den Eisverkäufer gebildet hatte. Sie seufzte, den konnte sie als Verdächtigen wohl ausschließen, sie hatte sich in den Monsieur Lopez versetzt und schnell gemerkt, dem brachte der Tod von Miller mehr Nachteile als Vorteile.

Erstaunlich war bloß, dass Amélie Morel und Jakob Studer einander an diesem Sonntagnachmittag nicht begegneten.

Studer fand, dass es am Strand und auch auf der Avenue de la Plage zu viel Sonne hatte. Die Luft zitterte buchstäblich und wenn man unerwartet in ein schwarzes Schattenloch trat, sah man eine ganze Weile nichts mehr, weil Blitze durch die Augen schossen. Zu grelles Licht! Unter einer lauschigen Weinlaube im Tessiner Grotto läge jetzt ein sanfter Halbschatten.... Er soll doch nicht immer stänkern, der Köbu, er soll doch den Ozean – den Atlantik! – und die gesunde Meeresluft tief einatmen! Hedwig Studer genießt jede Minute!

Er setzte sich mit Hedwig in den kühlen Schatten des Café du Sport auf der Avenue de la Plage. Seine Stimmung war auf dem tiefsten Tiefstand, seit er hier war. Erst drei Tage ist es her, dass er mit dem Hedy in Saint-Georges angekommen war, er hat den Eindruck, seit Wochen hier zu sein ... lähmenden Wochen.

S'Hedy stupste ihn an und machte eine Kopfbewegung zur Straße.

– Lueg! Der dort, der Maler, der gestern mit dem Fräulein Stettler am Strand gestritten hat!

Charlot, der Maler mit den Stoppelfeldhaaren, spazierte mit zwei Malergenossen vorbei. Richtig, Studer strich sich über den Schnurrbart voller Bierschaum, dem sein Alibi muss man auch noch überprüfen ... der Form halber.

Wegen der Hitze benötigte der Wachtmeister mehrere Halbe gegen den Durst. Die jedoch ohne Brissago nach nichts schmeckten. Die letzte behielt er eisern auf.

Und dann am Abend hat er sie, die Allerletzte, einfach so gedankenlos geraucht!

Als der Wachtmeister mit Dr. Malapelle telefonierte, vermisste er etwas. Die Brissago! Aber das Anbrennen des Stengels erwies sich als schwierig. Man musste mit dem linken Ellbogen die Muschel ans Ohr drücken, um die Hand freizubekommen – aber dann gelang es. Anstrengend war es gewesen; zwei Schweißtropfen fielen auf das Papierblatt mit seinen Notizen und bildeten zwei Kreise.

Studer presste den Hörer ans Ohr und hörte angestrengt zu, was der andere über tausend Kilometer weit weg in Bern sagte.

Es knackte immer wieder fürchterlich in der Leitung ... wenn bloß die Verbindung nicht abbrach! Er sog an der letzten wertvollen Brissago, er qualmte, er merkte es nicht einmal. Von Zeit zu Zeit fragte er: Sicuro? ... Veramente?, wischte sich mit dem Rücken der Hand, welche die Brissago hielt, den Schweiß von der Stirn, verbrannte beinahe ein paar Haare und sagte schließlich: grazie mille dottore!

Hatte man doch so eine Ahnung in dieser Richtung gehabt! Aber man wäre glücklicher gewesen, wenn man sich getäuscht hätte. Die Geschichte verschiebt sich in die Atmosphäre der Einheimischen ...

Der Wachtmeister hatte eine Flasche Calvados in seine Jacke gewickelt und an den Röntgenaugen der Madame Merle vorbei auf das Zimmer geschmuggelt. Es gab in diesem gelobten Land leider weder Kirsch noch Brissagos.

Die Abenddämmerung leuchtete flaschengrün zwischen den schwarzen Kiefernästen, die wie Scherenschnitte vor dem Fenster klebten, dann kam die Nacht – fremd war der Himmel, durchsichtig war seine Schwärze. Gegen Mitternacht zogen Wolken auf, erstmals seit Tagen. Regen war für morgen Montag angekündigt.

In dieser Nacht versuchte er, sich einen Rausch anzutrinken. Dunkel fühlte Studer, die Sache hier konnte man nüchtern zu keinem guten Ende bringen. Aber der Rausch wollte nicht kommen. Er wirkte nur an der Oberfläche, die Ruhe drang nicht in die tieferen Schichten von Studers Gemüt; denn dort herrschte Unruhe und Chaos, dort hockte eine kalte Verzweiflung.

Hedwig schlief selig schnurrend nach dem schönen Feriensonntag.

DIE SCHRIFTSTELLER IM DÜNEN- WALD: WARUM MAN MIT KRIMINALRO- MANEN SCHREIBEN LERNT UND WIE VIEL MAN AUS DER REALITÄT SCHÖPFEN DARF

Der Pfad schlängelt sich zeitweise durch dichtes Unterholz aus fremdartigen Sträuchern, der ehemalige Gärtnergehilfe Glauser staunt, dann zwischen lichten Kiefernstämmen und unter Steineichen hindurch, mal sandig, mal voller Nadeln, düster und wieder heller, wenn sie auf eine Lichtung gelangen. Über den Himmelsauschnitt jagen dunkle Wolken, aber die Baumkronen halten den Wind vom Meer ab. Glauser atmet tief ein, an manchen Stellen blüht und duftet es schwer wie in einem Treibhaus.

Nach einer Weile, in der sie schweigend hintereinander hergehen, fragt Simenon wie beiläufig, ohne sich umzudrehen, worum es denn gehe in Glausers Buch mit dem merkwürdigen Titelblatt, diese grinsende Fratze in einer Brandwolke, das er für Schöni signiert habe, und weshalb Schöni gesagt habe, Glauser sei mutig, die eigenen Erlebnisse zu nutzen?

Glauser holt tief Luft, sie riecht hier nach Moos, und stößt sie geräuschvoll aus. Matto ist das, der Geist des Wahnsinns. Ach, ich musste mir bei «Matto regiert» allerhand von der Seele schreiben. Es sollte ein anspruchsloses, ein bisschen boshaftes Buch über die heilige Psychiatrie werden. Es war ganz amüsant, daran zu schreiben. Ich musste meinem Fahnderwachtmeister Psychiatriekurse geben und ihn in die Grundprobleme der Freudschen Analyse einführen. Das war eine schwere Sache, denn mein Fahnderwachtmeister ist zwar kein ganz dummer Kerl, aber ihm ist alles Höhere fremd. Und da ist es denn schwierig, ihn von einem in allen Sätteln gerechten und von allen mehr oder weniger himmlischen Wassern gewaschenen Seelenarzt belehren zu lassen.

Glauser bleibt stehen.

Ein Kriminalroman sollte es werden, dachte ich, wie es deren viele gibt, und plötzlich bog sich mir das Ganze um, es wurde eine andere Angelegenheit, es wurde poetisch! Und ich freute mich direkt, dass die Leute es wie einen Kriminalroman von der ein wenig langweiligen Sorte lesen werden und lachte mir ins Fäustchen, weil es doch etwas anderes ist und es niemand merken tut. Aber dann haben sie es doch gemerkt – aber das Falsche und die falschen Leute!

Simenon bleibt ebenfalls stehen, Sie machen mich neugierig, wollen wir uns nicht irgendwo hinsetzen – vielleicht dort auf den Stamm?

In einiger Entfernung liegt eine sturmgefällte Kiefer am Boden, die Nadeln bereits braun, es musste im vergangenen Herbst passiert sein.

Gerne, Glauser ist etwas außer Atem.

Warum soll man nicht einmal versuchen, eine Art Spiegelbild der Menschheit zu geben, indem man eine geschlossene Anstalt zeigt? Aber heute denkt er, damit der «Matto» wirklich Tiefe bekommen hätte, hätte man das Spinnennetz, in dem wir alle zappeln, gestalten müssen, nicht nur so erwähnen. So ist es eben das geworden, was alle seine Sachen werden: eine hybride Angelegenheit mit verknorxten Ambitionen …

Glauser scharrt mit einem Fuß das Moos weg.

Aber ich sage mir, dass ich mit einer komponierteren «düchterischen» Sache die Leute, die ich erwischen möchte, eben nicht erwischt hätte. Ich habe an einigen Pflegern Experimente angestellt. Sie lesen's!

«Matto regiert» ist sein zweiter Studer-Roman, der erschienen ist. Aber in diese Befriedigung hinein erhielt er Anfang Jahr plötzlich bedenkliche Nachrichten aus Bern. Mein Roman sei ein Sensationsstück, man erkenne die einzelnen Personen bis in alle Details hinein, was bei der Regierung in Bern sehr böses Blut verursacht habe. Man merke etwas zu deutlich, dass es mir in erster Linie auf ein Abreagieren ankam, was sicher den Absatz erhöht, aber nicht gerade zu einer objektiven Werterhöhung beigetragen habe.

Glauser versteht die ganze Aufregung nicht. Schließlich ist der «Matto» doch nicht das Buch eines Querulanten, der an den Psychiatern sein Mütchen kühlen will. Verhüten möchte ich jedoch, dass ich wegen des «Matto» der Sensationsschriftstellerei und des Schlüsselromans bezichtigt werde. Das ist unangenehm. Und nicht nur das, auch falsch.

Simenon nickt, seien Sie froh, Glosère, wenn es nur dabei bleibt! Er selbst ist vor ein paar Jahren mit seinem Roman «Coup de lune / Tropenkoller» wegen Rufschädigung angeklagt worden, aber er hat den Prozess gewonnen: das Recht des Schriftstellers, aus der Realität zu schöpfen. Und jetzt gerade hat er wieder eine Klage am Hals, ein Hotelier, wieder wegen übler Nachrede, er, Simenon, habe sich im Roman «Quartier nègre / Die Schwarze von Panama» etwas zu sehr von der Realität inspirieren lassen …

Simenon stopft seine Pfeife frisch und zündet sie sorgfältig an. Es ist, als ob die Fiktion die Wirklichkeit mit einer solchen Wucht überträfe, dass es unerträglich wird. Hätte er dasselbe in einem Zeitungsartikel geschrieben, wäre vermutlich keine Reaktion gekommen …

Gut, lacht er, dass unser Miller-Müller-Fall nicht veröffentlicht wird. Nicht dass uns noch der Hotelier des Grandhotels wegen Rufschädigung verklagt. Ich halte hier somit offiziell fest, dass Monsieur Alcide Guériteau, der wahre Hotelier des

Hôtel de la Plage, ein absolut charmanter Mensch und Kunstliebhaber ist – weswegen meine Frau Tigy und ich ja in seinem Etablissement im Urlaub sind. Sie müssen wissen, Glosère, meine Frau, Regine Renchon, ist Kunstmalerin, und Alcide Guériteau hat ihr ein Bild abgekauft. Der Hotelier, in der Region als Mäzen bekannt, verhilft den Malern zu Aufträgen von Gästen und organisiert Ausstellungen im Hotel – also, ich halte hiermit ausdrücklich fest, dass der echte Alcide Guériteau in keiner Weise der Figur des fiktiven Hoteldirektors Eugène Leroy Modell stand! Aber Spaß beiseite – haben Sie einen guten Anwalt?

Glauser tritt der Schweiß auf die Stirn, obwohl es im Wald kühl ist. Eine Klage? Daran hat er nie gedacht. Nein. Schlimm findet er, dass man sofort einen Sündenbock gesucht hatte, den Abteilungsarzt, der seinerzeit für ihn zuständig war.

Er bemerkt Simenons erstaunten Blick nicht, er beobachtet nachdenklich eine emsige Hummel, die eine seltene violette Orchidee umsummt.

In meinem Irrenhausroman geht es um den Kampf zwischen alter und neuer Schule bei den Behandlungen und beim Umgang mit den Insassen. Das ist gar kein Spezialfall, der sich auf eine bestimmte Anstalt anwenden lässt, sondern etwas so menschlich-typisches, dass man wohl als Schriftsteller noch das Recht hat, dies zu gestalten. Es ist doch mein gutes Recht, finden Sie nicht auch, dass ich als Schriftsteller, wie der Franzose sagt, mein Gut dort nehme, wo ich es finde, und wenn ich mir zur Erfindung der Fabel Mühe gebe, so habe ich wohl das Recht, zur Charakterisierung meiner Personen Eigenschaften aus der Wirklichkeit zu nehmen. Sehen Sie das nicht auch so, Monsieur Simenon?

Auch Simenon schaut ins Gehölz, pafft gedankenverloren. Ist doch ein Scheingefecht, wie genau oder wie erkennbar ein Schriftsteller sich der Realität bedient und dabei Persönlichkeitsrechte verletzt haben soll. In Tat und Wahrheit bin ich mit den beanstandeten Romanen der französischen Kolonialverwaltung auf die empfindlichen Füße getreten.

Glauser nickt, und er vermutlich verschiedenen Herren in den Berner Ämtern für Fürsorge und Versorgung auf den Hühneraugen herumgetrampelt. Sind wir Schreiber Spiegel, die die Wirklichkeit zurückwerfen? Auf jeden Fall wird er es vermeiden, in nächster Zeit in die Schweiz zu fahren. Gebrannte Kinder scheuen das Feuer, einige Male war wieder die Rede von Versorgung in einer Arbeitsanstalt, Vorwände finden sich immer. Die haben die Mittel, ihn, einen Bevormundeten, sofort wieder zu internieren …

Wie bitte? Sie internieren? Weshalb denn, ums Himmels willen?

Glauser erinnert sich, dass er im luxuriösen Besitz von zwei Zigarettenpäckchen ist. Er zieht aus der Brusttasche eine Balto und tastet seine Taschen nach Streichhölzern ab, als Simenon ihm schon sein Feuerzeug unter die Nase hält. Und das goldene Ding schnell wieder in seiner Hosentasche verschwinden lässt.

Tief zieht Glauser den feinen Rauch in die Lunge. Die hohe Kiefer über seinem Kopf wankt und rauscht im Wind.

Ich glaube, jeder sucht sein Paradies und seine Erlösung, mancher lau, mancher mit aller Kraft, und ist es so zu verdammen, wenn man schließlich in Baudelaires künstliche Paradiese gerät?

Nichts liegt Simenon ferner.

Glausers Leben ist eine Achterbahn. Nein, eher ein Seiltanz. Er balanciere wie ein schlechter Seilkünstler auf dem lockeren Seil der Bürgerlichkeit. Von Mai 32 bis Mai 36 interniert. Et puis voilà. Ce n'est pas très beau, mais on fait ce qu'on peut. Spaß beiseite, es sieht nicht schön aus – besonders die vielen Internierungen – aber ich habe meine Spezialtheorie über das

Opium, diese Sachen moralisch zu beurteilen, das ist ein Fehler. Ich muss gestehen, dass ich mir die Drogue immer auf pseudo-legalem Weg verschafft habe, also nie durch Rauschmittelhändler. Mais cela importe peu und ich weiß gar nicht, warum ich Ihnen das erzähle.

Bereits heute Vormittag hat Simenon beim ersten Anblick Glausers gedacht, dass dem Schweizer «Kollegen» etwas von einem poète maudit anhaftet, umso echter, als er sich dessen nicht bewusst zu sein scheint. Was bei Simenon an eine wunde Stelle rührt.

Ihm wirft man regelmäßig vor, er behaupte, den kleinen Leuten nahezustehen, über Randexistenzen zu schreiben, Figuren, die das Schicksal in ihrer dumpfen Mittelmäßigkeit sitzen lässt, selbst aber als reich gewordener Parvenu an einer Prestigeadresse in Paris Neuilly zu wohnen. Er habe das arme Leben seiner Figuren nie an sich selbst erfahren.

Muss man selbst erlebt haben, worüber man schreibt?

Seit bald zwei Jahren führen Tigy und er dieses mondäne Leben in Paris, er hat es gesucht, gewollt, es gehörte zu seinen Zielen. Aber jetzt macht Tigy eine schwere nervöse Depression durch. Und er, er bekommt es mit der Angst zu tun. Geldsorgen auch.

Aber ein Simenon muss das Gesicht wahren. Er wird auch das Leben im Luxus als Teil seiner Suche nach allen Formen des Menschlichen bezeichnen. Wie kann er einen Romanhelden darstellen, wenn er nicht weiß, wie der sich in jedem Augenblick des Tages verhält? Er kann zum Beispiel nicht über Milliardäre schreiben, solange er nicht selbst gesehen hat, wie einer im Morgenrock sein Frühstücksei verzehrt. Um den Menschen zu verstehen, genügt es nicht, Zeitungen zu lesen oder ihn von Weitem zu beobachten, man muss Teil der Gruppe werden. Und er ist jetzt eben Teil der Gruppe *Tout Paris,* geht allabendlich in Abendkleidung zu Premieren und angesagten Dinners, wo man von *Ganz Paris* gesehen werden muss ...

Wissen Sie, Monsieur Glosère, ich möchte den Menschen kennen. Schon mein ganzes Leben lang bin ich auf der Suche nach dem Menschen in seiner Nacktheit, entblößt von allen Konventionen, wenn er auf sich selbst zurückgeworfen ist. Um ihn wirklich zu verstehen.

Immer besessen von der Idee, dass er alles wissen müsse über seine Figuren, ihre Berufe, ihre Gefühle. Nicht, was der Mensch denkt, sondern was er fühlt, was er sagt, wie er sich verhält. Zum Beispiel ein Feld nicht sehen zu können, ohne alles über den Ertrag in Erfahrung zu bringen, ohne zu wissen, wie der Bauer isst, wie er mit seiner Frau schläft ...

Simenon nimmt die Pfeife aus dem Mund und gestikuliert.

Ich will, koste es, was es wolle, alle möglichen Leben leben. Ich hasse das Beobachten, man muss machen. Fühlen, geboxt haben, gelogen, beinahe hätte ich gesagt gestohlen. Man muss alles gemacht haben, nicht wahnsinnig gründlich, aber genug, um es verstehen zu können. Was natürlich zur Folge hat, dass ich in allem mittelmäßig bin, als Gärtner wie als Reiter und eine Null in Latein. Simenon lacht, leicht verlegen.

Glauser schweigt. Gestohlen ... diese Erfahrung hat man. Ein Simenon *denkt* sich in den Bauern hinein oder in ein Dienstmädchen oder in einen Dieb oder sonst in einen armen Teufel, ja und darin ist er sehr gut. Aber er *war* nie dieser Bauer! Er *war* nie dieser Dieb!

Während ein Glauser sich nicht mit der ganzen Kraft der Imagination in das Leben, Fühlen und Reden der kleinen Leute hineinversetzen muss. Nein, weil der Glauser selber einer dieser armen Teufel *war*, ein Hilfsarbeiter in einem belgischen Kohlebergwerk, ein Krankenwärter in einem Spital, ein Gärtnergehilfe in einer Korrektionsanstalt, ein Legionär in Marokko, ein

Tellerwäscher in einem Pariser Hotel, der als Dieb endete ... Weil das *sein Leben* war, als er versuchte, sich irgendwie über Wasser zu halten.

Er muss es sich nicht vorstellen, er weiß, wie fettiger Wasserdampf und schwarzer Kohlestaub den Geist verschmieren, und dass nach einem Tag harter körperlicher Arbeit unter Tag oder auf dem Feld bei sengender Hitze nicht nur alle Muskeln erschöpft sind, sondern auch der Kopf. Erschöpft, lahm und leer.

Die grobe Kiefernrinde ist ein unbequemer Sitzplatz, zudem haben sich die beiden Schriftsteller zwar nicht in die Nesseln, aber mitten in eine Ameisenroute gesetzt, eine ganze Armee großer schwarzer Kampfameisen greift jetzt das Hindernis an, das in ihr Terrain eingedrungen ist. Sie marschieren zu Hunderten über Simenons blaue Leinenschuhe und die Vorhut unter der Hose seine Beine hoch.

Simenon springt fluchend auf, schlägt auf den Stoff der Hose und schüttelt sich. Jetzt sehen sie ihn, ein meterhoher Ameisenhaufen aus Tannennadeln, der lebendig zu sein scheint, erhebt sich gleich hinter dem Kiefernstamm.

Gehen wir, es wird ohnehin kühl, wenn man so herumsitzt. Simenon wartet, bis Glauser seinen steifen Rücken gedehnt hat.

Dann marschieren sie wieder im Gänseschritt hintereinander, der schmale Pfad im Dünenwald erlaubt kein Nebeneinandergehen, Simenon als Ortskundiger voran.

Glauser ist ihm noch eine Antwort schuldig.

Monsieur Simenon, für mich stellt sich nicht die Frage, muss man selbst erlebt haben, worüber man schreibt, sondern vielmehr: Genügt es, etwas erlebt zu haben, um darüber zu schreiben?

Dadurch, dass man einiges erlebt hat, vielleicht Schweres, wird man noch kein Hamsun. Das Schwierigste bleibt noch zu tun: das Erlebte gestalten. Das Erlebte darf nicht einfach abgeschildert werden, es muss geformt werden. Geruch, Gestalt, Farbe, Luft und darin die Menschen nicht von einer Seite, sondern ganz kurz von verschiedenen Seiten gesehen, und das Ganze auf eine andere Ebene transponiert – ja, das Transponieren, das ist das Schwierigste! Vielleicht nennt man das das Dichterische.

Und daran knorzt er unendlich herum bei seinen Romanen. Glauser schlägt im Vorbeigehen mit der Faust an einen Baumstamm. Er brütet manchmal eine halbe Stunde über einem Satz und stellt dann kopfschüttelnd fest, dass die Leute, die es lesen, gar nicht merken werden, dass es so besser klingt als vorher.

Simenon stoppt so brüsk, dass der hinter ihm her stapfende Glauser stolpert, weil er beinahe in ihn hineingelaufen ist.

Sacré bleu! Wie recht Sie haben, Glosère!

Seit Jahren plage ich mich damit ab, den Bauern, den Fischer, irgendwen, die richtigen Worte sagen zu lassen. Es wäre für mich einfach, Leute wie mich sprechen zu lassen. Eine komplizierte Figur ist für den Schriftsteller das Einfachste, da er a priori selbst kompliziert ist, fühlt und versteht er eine solche Figur besser als jeder andere. Aber den Roman der Leute zu schreiben, die leben und nicht denken – was wir unter Denken verstehen – das ist das Allerschwierigste. Am meisten nervt ihn bei den Kritikern, dass sie sein Genie loben und nie auf die Idee kommen, wie hart er arbeitet, um die Sätze seiner Figuren echt und authentisch klingen zu lassen. Das Schwierigste am Schreiben eines Dialogs ist, ihn einfach zu machen!

Simenon gestikuliert mit der kalten Pfeife in der Hand, und geht weiter, seine Schritte werden immer schneller.

Ärgern Sie sich auch so über das Feuilleton, Glosère? Als Maigret-Autor haben sie mich immer in den Himmel gelobt und wollten endlich den großen Roman sehen, «den ich in mir trage», wie sie schrieben. Vor zwei Monaten ist er erschienen, mein erster wirklich literarischer Roman, «Das Testament Donadieu». Und jetzt sind die Reaktionen gemischt und widersprüchlich!

Glauser hastet hinter Simenon her, dem der Grimm Flügel verleiht.

Sie kennen das Pariser Literaturestablishment nicht, Glosère, sobald ein Simenon die Latte höher setzt, sobald er in die Liga der wahren Literatur aufsteigen will, reagieren die Feuilletonkritiker zurückhaltend, werfen dem Roman allerhand Schwächen vor, als ob man mir nicht erlauben möchte, bei den Großen mitzuspielen. Und wissen Sie weshalb? Weil ich den großen strategischen Fehler begangen habe, als Schriftsteller zuerst die Industrie der Unterhaltungsliteratur zu bedienen, die sich an die große Masse richtet, die gerne Kriminalromane verschlingt.

Simenon biegt die in den Pfad hineinwachsenden Sträucher zur Seite – da scheint schon lange keiner mehr entlanggekommen zu sein –, sodass Glauser hinter ihm ständig sein Gesicht vor den zurückschnellenden Zweigen schützen muss.

Ja, Glosère, ich habe die Gesetze missachtet, die in der Welt der wahren Literatur gelten. Da fällt der Künstler vom Himmel und stellt sich dem Urteil – nicht der Leser, sondern dem der Kritiker! – von Anfang an mit dem vollendeten Werk. Während ich zehn Jahre meines Lebens damit «vergeudet» habe, mit dem Trivialroman schreiben zu lernen. Schreiben ist ein Beruf, wie jeder andere auch, den man durch viel Üben erlernt!

Ja, nickt Glauser außer Atem, lernen muss man. Man muss sich geduldig hinsetzen und lernen. Lernen erzählen, lernen aufbauen, lernen klar sein. Ich möcht probieren, ob es nicht möglich ist, ohne sentimentalen Himbeersyrup, ohne sensationelles Gebrüll Geschichten zu schreiben, die meinen Kameraden den Gärtnergehilfen, den Maurern und deren Frauen, den

Versicherungsbeamten und Reisenden – kurz der großen Mehrzahl gefallen, weil sie spannend sind und doch so geschrieben sind, dass auch Leute, denen alles Höhere fremd ist, sie verstehen.

Er hechelt hinter Simenon her.

Ich will nun einmal mein Metier lernen und wenn mir ein paar Sachen auch missraten, so kann man ja immer wieder von vorne beginnen. Ich bin manchmal erstaunt, wieviel ich eigentlich schon gelernt habe, so im Aufbau. Man wird vielleicht doch einmal dahintergehen können, etwas Größeres zu schreiben, wo man ein wenig Ellbogenfreiheit hat und nicht immer die Worte zu zählen braucht.

Der Wald ist dunkelgrün und feucht, es riecht nach salzigem Moder und Pilzen. Manchmal kreuzen andere Wege ihren Pfad oder zweigen ab. Glauser hat jede Orientierung verloren, aber Simenon scheint keine Zweifel zu haben, dass sie auf dem richtigen Weg sind.

Er schaut kurz nach hinten. Und wenn Ihnen das gelingt, Glosère, haben Sie das gleiche Problem wie ich. Weil ich gut lesbar schreibe, weil das Volk meine Romane liest und versteht, können die Theoretiker mich nicht schubladisieren. Ich störe in dieser Landschaft, wo sich Schriftsteller und Kritiker und Wissenschaftler der Literatur gemeinsam tummeln und ergötzen, wo die einen ein Lesepublikum suchen, andere gehört werden wollen und wieder andere eine akademische Karriere anstreben.

Endlich mündet ihr Pfad in einen breiteren Weg ein, der ein Nebeneinandergehen erlaubt. Es geht sanft bergab, sie sind nun auf der Landseite der Düne und unerwartet öffnet sich der Wald, die Ebene des Marschlandes mit seinen Kanälen, Hecken, Weiden, niedrigen Strohdachhäusern und Windmühlen breitet sich vor ihnen aus. Der Wolkenhimmel ist voller blauer Flecken, die wachsen, bereits bricht hie und da die Sonne durch.

Die Flut ist vorbei, bemerkt Simenon, und mit dem Gezeitenwechsel ändert oft auch das Wetter ...

Beide schauen über die grüne Weite.

Die Vendée ... ein flaches Land und folglich ein weiterer Himmel als irgendwo anders. Eine besondere Helligkeit, die Vermeer so gut auf seinen Bildern wiedergegeben hat ... Diese Landschaft hier ...

Glauser schaut verstohlen zu seinem Begleiter. Simenon scheint ein Selbstgespräch zu führen.

Er möchte woanders arbeiten, in einem kleinen Haus, das ihm entspricht, fern von den Städten, ganz nah am Meer. Vor allem fernab von der Menge der Touristen, die er in den letzten Jahren in Porquerolles hat einfallen sehen, denn der Ansturm auf das Meer hat begonnen.

Er wendet sich zu Glauser.

Mal sehen, was in Zukunft aus dem bezahlten Urlaub wird, jetzt nach dem erzwungenen Rücktritt der Regierung Blum. Eine Abwertung des Franc haben sie jedenfalls schon angekündigt. Man kann den Preisen beim Steigen geradezu zusehen.

Glauser nickt, am 3. Juli, rechtzeitig auf den Beginn der Sommersaison, werden höchstwahrscheinlich Portiers, Etagenkellners, Plongeurs, Köche, Soubretten und Chefs de réception in den Ausstand treten, kurz das ganze Hotelpersonal. Heil ihnen! Wohl ihnen! Und die Garde républicaine wird mit geladenen Säbeln und gezogenen Revolvern gegen die Aufständigen losmarschieren, um die Revolte zu unterdrücken! Wahrhaftigen Gottes, die Plongeurs haben recht! Sechzehn Stunden mussten sie arbeiten – ich weiß ein Lied davon zu singen. Wahrscheinlich ist dies der Grund, warum in dem Lande, das der Herrgott präferiert, alles teurer wird...

Hinter ihnen klingelt es heftig und mehrmals und ungeduldig, attention Messieurs, s'il vous plaît!

Simenon und Glauser springen zur Seite.

Ein junger Mann mit kurzen Hosen und einem Polohemd unter der ärmellosen Weste radelt zügig an ihnen vorbei, auf dem unebenen Weg schwankend, er hebt im Vorbeifahren grüßend seine Schirmmütze. Hinter ihm folgt dicht ein Fräulein, dessen rotes Kleid vor dem Grün leuchtet und im Fahrtwind fröhlich flattert, ebenso wie ihre dunklen Locken, die mit einem Stirnband zusammengehalten werden. Auch sie hebt ihre Hand zum Gruß, verliert dabei beinahe das Gleichgewicht und hält sich lachend schnell wieder an der Lenkstange fest. Hinter ihr folgt ein weiterer sportlicher junger Mann, beim Vorbeifahren lüftet auch er seine Schirmmütze und dankt den beiden Herren für ihre Rücksichtnahme.

Ganz unser Fräulein Adrienne Stettler, finden Sie nicht auch?

Glauser seufzt, die Zeit läuft, sollten wir nicht unseren Fall langsam zu Ende bringen?

Mit der Miller-Müller-Geschichte stecken sie nun in der Phase, die auch beim Schreiben mühsam ist. Alles ist verhockt, alles verknäuelt sich, man vergisst Figuren, die man eingeführt und links liegengelassen hat. Was machen wir mit Lopez? Und dem Maler mit den Stoppelfeldhaaren?

Simenon zuckt die Schultern, man wird sehen, wo und ob die beiden am Montag nochmal auftauchen wollen.

Glauser runzelt die Stirn. An diesem Punkt erscheint einem das Schreiben anstrengend, man hat einen Haufen Spuren gelegt und den Wachtmeister Indizien sammeln lassen. Jetzt muss man alles ordnen, aber man hat hundert Fäden, die lose herumhängen und die man zusammenführen muss, um die Geschichte zu beenden und den Fall zu lösen …

Der Weg wird immer breiter, eine Familie kommt ihnen entgegen, Vater und Mutter und drei herumhüpfende Kinder in allen Größen. Man grüßt gegenseitig höflich. Danach nimmt Simenon den hängengelassenen Faden wieder auf.

Ja, wo sind wir bei unserem Fall stehen geblieben? Morgen ist Montag, das Begräbnis von Joseph Dubois, genannt Père Joe, findet statt. Ihr Commisaire Stüdère und meine Mademoiselle Morel gehen natürlich hin. Der alte Maigret pflegte früher zu sagen: An den Begräbnissen muss man immer teilnehmen, das ist ein alter Grundsatz, der mir oft Erfolg gebracht hat. Dort die Augen auf! Weiter nichts! Die Leser kennen jetzt die traurige Lebensgeschichte von Père Joe, war sein Tod ein bedauerlicher Unfall? Selbstmord? Oder ist er umgebracht, nämlich sturzbetrunken unter Wasser gedrückt worden, weil er zu viel wusste? Was sich bei Millers Tod abgespielt haben könnte, haben wir bereits angedeutet, Stüdère und Amélie haben einen Verdacht, jetzt müssen wir ihnen noch letzte Fakten liefern, die ihren Verdacht bestätigen.

Und Sie, Glosère, vergessen Sie mir ja die Brissago-Lieferung für ihren Stüdère nicht! Sonst sehe ich schwarz für die Lösung unseres Falles!

Gedämpft durch das dichte Unterholz hört man fern ein Fauchen und das zweimalige kurze Pfeifen der kleinen Tramway-Lokomotive. Der Bahnübergang und das Dorf können nicht mehr weit weg sein. Ja, richtig, wann fährt Ihr Zug denn genau?

In irgendeiner von Glausers Taschen befindet sich ein Zettel, auf dem er heute Morgen vor einer gefühlten Ewigkeit am Bahnhof die Abfahrtszeiten notiert hat. Glauser bleibt stehen und sucht mit beiden Händen erst in den Hosentaschen, dann in den Jackentaschen, da endlich, er zieht ein gefaltetes Stück Papier heraus. Und wundert sich.

Das ist keineswegs sein Papierfetzen mit den Abfahrtszeiten. Wie kommt das in seine Jackentasche?

Es ist ein Blatt von einem dieser schmalen kleinen Zettelblöcke, wie sie die Kellner brauchen, um die Bestellung aufzuschreiben. Der Kellner im Café de la Plage hatte so einen. Glauser faltet den Zettel auseinander, die Handschrift ist schwer entzifferbar, die typisch unleserliche Schrift eines Doktors.

«Monsieur, es ist mir eine Ehre, Ihnen bei dieser delikaten Angelegenheit, wegen der Sie meinen Confrère Docteur Schöni aufgesucht haben, meine bescheidene Hilfe anzubieten. Die Adresse meines Cabinet ist 7, rue de l'église in Saint-Jean-de-Monts. Hochachtungsvoll Docteur Soulard.»

SIEBTER TAG, WACHTMEISTER STUDER UND AMÉLIE MOREL BEENDEN DEN FALL, DER SICH HARTNÄCKIG WEIGERTE, EINER ZU WERDEN

Erst als sie bereits ein paar Schritte gemacht hatte, bemerkte Mademoiselle Morel, dass es leicht regnete. Zum ersten Mal seit ihrer Ankunft in Saint-Georges.

Es war die Gräue der Menschen und der Dinge, die sich mit ihrer Gräue vermischte und verhindert hatte, dass sie in den Himmel hinaufschaute. Es war ein feiner Sprühregen, der aus dem grauen Nichts nieselte, als ob der Himmel leise weinen würde. Schaut man in die Höhe, sieht man weder Wolken noch Tropfen, der Blick findet in dem Grau nirgends Halt, rutscht ab, sodass man denkt, das Aufspannen eines Schirms lohne sich nicht, und dennoch ist man in kürzester Zeit nass.

Schnell spannte sie den Schirm auf, der sie immer begleitete.

Das Meer war von einem schmutzigen Olivgrün, Flut war am frühen Morgen gewesen, das Wasser ging jetzt zurück. Kleine böse braune Wellen klatschten auf den nassen Sand, wollten ihn nicht freigeben.

Bevor Amélie in die Avenue de la Plage einbog, warf sie einen Blick zurück auf das Hotel. Es war die Stunde, wo die Fenster der Zimmer geöffnet waren, trotz der Feuchtigkeit, wo auch der letzte Gast beim Frühstück saß und man vom Strand aus in den Zimmern die Zimmermädchen an der Arbeit sehen konnte. Außer Anna, die verschwunden war.

Mademoiselle Morel trug ihr dunkles Kostüm und trippelte die geschäftige Avenue de la Plage hinauf, ohne das Treiben um sie herum zu sehen. Am Montagmorgen mussten alle Hotels und Pensionen mit frischen Waren beliefert werden. Überall bildeten sich kurzzeitig Staus. Man hatte über den Sonntag viel Zeit, die aufregenden Ereignisse der letzten Tage ausführlich zu bereden und Vermutungen anzustellen, mit der Familie, den Nachbarn und den Bekannten, denen man am Sonntag auf dem Spaziergang begegnet war ... Père Joe, ein Unfall? Ein Verbrechen wäre doch viel aufregender ... Jemand hatte ein Gerücht gestreut, das sofort die sonntägliche Runde machte und das man jetzt am Montag sofort unter die andern Lieferanten bringen musste. Dass nämlich ein ausländischer Kommissar im Ort sein soll! ... bestimmt wegen der ersten Wasserleiche ... ein internationaler Fall! Dann war es garantiert Mord!

Amélie Morel war früh dran, erst zehn Uhr. Die Totenmesse für Père Joe war auf elf Uhr angesetzt. Sie wollte sich mit ihrem Neffen vor der Kirche treffen, Viertel vor elf, Inspektor Picot möchte die Ankommenden beobachten. Ob Commissaire Stüdère wohl die gleiche Idee hat?

Um seine dunkle Reisekleidung und den schwarzen Hut war Studer jetzt froh. Dass man bei diesem Fall, wo keiner so recht wusste, waren es Ermittlungen oder doch Ferien, an ein Begräbnis gehen müsste, hätte man nicht geahnt. Aber Begräbnisse waren immer verräterisch – und Hochzeiten auch!

Der Wachtmeister hatte Kopfweh, in seiner Schläfe hämmerte, nein stach es. Der Calvados gestern Abend ... Es blieb ihm keine Wahl, als heute einen dieser französischen Stumpen zu kaufen. Er war früh dran, denn er fürchtete etwas. Madame Merle. Sie hatte ihm ihre Begleitung geradezu angedroht. Sie habe den Père Joe zwar nicht sooo gut gekannt, aber selbstverständlich gehe sie an die Beerdigung, hatte sie beim Frühstück, als sie von Tisch zu Tisch ging und ihren Pensionären einen guten Morgen wünschte, mit einem lauernden Blick in Richtung des Studer-Tisches gesagt, mit erhobener Stimme.

Der Wachtmeister war beinahe auf den Zehenspitzen durch die Eingangshalle geeilt, seine eisenbesohlten Schnürstiefel klackten dennoch auf dem Steinboden. Es war kurz vor zehn Uhr, das Glück war ihm gnädig, Madame Merle war nirgends zu erblicken, sie zog sich vermutlich für die Beerdigung um.

Und das Glück war mit seiner Gnade noch nicht am Ende.

Der Wachtmeister wollte gerade durch die Eingangstür hinausschlüpfen, als ein Gendarm hineinwollte, der bei seinem Anblick erst stutzte und dann salutierte, Commissaire Stüdère?

Der Gendarm drückte dem verdutzten Studer ein Paket in die Hand, in der Größe eines dickeren Buches, eine polizeiliche Eilsendung, adressiert an die Polizeiwache in Saint-Georges, zuhanden von Jakob Studer *personellement*. Absender war die thurgauische Kantonspolizei in Arbon en Suisse. Inspektor Picot hatte gewusst, wo dieser Jakob Studer zu finden war.

Studer unterschrieb auf einem amtlichen Formular, dass er die fragliche Sendung wohlbehalten erhalten hatte, und war ratlos, was er damit machen sollte, auf keinen Fall nochmal ins Haus hinein und womöglich auf Madame Merle treffen.

Er solle warten, der Gendarm, Studer riss das sorgfältig umschnürte Paket auf und ...

Eine Halluzination überfiel den armen Wachtmeister, wie ein Hungernder, dem man den Bratenduft unter der Nase durchzieht:

Dreißig Brissagos lagen in ein Tuch und ein starkes Packpapier gewickelt in Studers Hand! Solch wunderschöne, solch unbeschreiblich duftende Brissagos hat man in seinem ganzen Leben noch nie gesehen!

Schnell füllte er fünf davon in sein Lederetui und steckte es in die Busentasche seiner Jacke, wickelte die andern wieder ein und befahl dem Gendarmen hineinzugehen, nach Frau Studer, Hedwig Studer, zu fragen und ihr das Paket zu übergeben. Er ließ den armen Gendarmen schwören, persönlich übergeben! Niemand anderem!

Studer eilte in Richtung Avenue de la Plage davon. Der stechende Punkt verschwand langsam, als er den Rauch der Brissago tief einsog, das Kopfweh hob sich ab und schwebte durch die Luft davon wie eine leichte Kappe, die der Wind fortweht. Der Wind kam vom Meer her. Er brachte Feuchtigkeit und einen ganz leisen Geruch nach Seetang und Fischen. Studer atmete erleichtert ein. Jetzt war er gewappnet für das Mühselige, das heute kommen würde.

Als Erstes kam Amélie Morel mit schnellen kleinen Schritten genau in dem Augenblick auf der Avenue de la Plage daher, mit dem Schirm vor Augen, als Wachtmeister Studer von der Seitenstraße her einbog. Hat die neugierige Jungfer ihn wohl gar abgepasst?

Sie lüftete leicht den Regenschirm, als dicht vor ihr zwei schwarze Männerbeine in schweren Schnürstiefeln anmarschierten, erkannte den Schweizer Kommissar und grüßte artig. Auch er wollte zur Kirche, sie wusste es ja!

Es war nicht zu vermeiden, dass sie nun Seite an Seite weitergingen, nachdem Studer kurz den Hut gezogen und Mademoiselle Morel seinerseits begrüßt hatte, knurrend.

Es war peinlich, dieses Schweigen. Das die ganze Avenue de la Plage hoch und durch den Dünenwald hartnäckig anhielt. Aber sie kamen, seit sie Seite an Seite gingen, schnell, viel zu schnell voran, der eine schien der andern vorauslaufen zu wollen. Zähneknirschend zügelte Studer höflich seine langen Schritte, während Mademoiselle Morel hinter ihm hertrippelte, atemlos, da sie immer zwei Schritte für einen Wachtmeisterschritt brauchte. Sie trafen bereits fünf Minuten vor halb elf vor der Kirche ein.

Das halbe Dorf erwies Père Joe die letzte Ehre – oder versuchte, das schlechte Gewissen reinzuwaschen. Die Leute standen in Grüppchen zusammen, bevor sie die Kirche betraten. Die Männer hatten ihr Sonntagsgewand gestern gar nicht weggelegt, die Frauen trugen Hüte mit kleinen schwarzen Schleiern, die ärmeren nur schwarze Kopftücher. Es wurde getuschelt, die Polizei ist auch hier, Inspektor Picot kannte man, und den andern behäbigen Herrn hatte man sofort als den ausländischen Kommissar enttarnt. Die kleine Dame neben den beiden Polizisten jedoch kannte niemand. Wer war sie?

Den beiden Polizisten hingegen fiel unter den Trauergästen niemand auf. Niemand, der sich wie ein Sohn oder eine Tochter des verstorbenen Joseph Dubois verhalten würde. Studer tat, als ob er die winkende Madame Merle nicht sehen würde. *Sie* hatte natürlich gewusst, wer der andere Polizist war! Der wohnte nämlich bei ihr!

Der Wachtmeister hatte noch eine Pflicht. Er musste den französischen Inspektor unterrichten. Über den Telefonanruf aus Bern gestern Nacht. Er kaute am kalten Brissago-Rest herum. Was Dr. Malapelle bei der zweiten Analyse, um die ihn Studer gebeten hatte, herausgefunden hat.

Laurent Picot blickte erst erstaunt auf und hörte dem Schweizer Kommissar dann mit ungläubig aufgerissenen Augen zu.

– Arsen? Unmöglich!

– Ein absolut zuverlässiger Gerichtsmediziner, dieser Dr. Malapelle, können Sie mir glauben, Inspektor Picot, der Befund ist hundertprozentig sicher!

Das Herz von Amélie Morel, deren Anwesenheit die beiden Männer vergessen hatten, raste vor Aufregung. Sie konnte nicht behaupten, dass sie etwas derart Unerwartetes erwartet hatte, aber … es passte zu ihrem Verdacht … den Verdacht, den sie lieber nicht hätte …

– Oh nein! Sie schlug die Hände vor den Mund.

Studer sah sie erstaunt an, dann begriff er, dass Mademoiselle Morel die gleiche Ahnung hatte wie er, die Ahnung, die man lieber nicht hätte. Wie war das möglich? Hat man die kleine Dame etwa unterschätzt?

Inspektor Picot hingegen schien nicht zu begreifen, er kratzte sich am Kopf, immer noch mehr Komplikationen, wie zum Teufel soll er das alles, was der Schweizer Kommissar ihm berichtet hatte, dem Patron beibringen … heute Nachmittag soll er beim großen Polizeichef vortraben …

– Falls Sie nach der Messe einen Augenschein auf dem Friedhof nehmen wollen, da geht es lang, Picot zeigte hinter die Kirche, er liegt etwas außerhalb, auf der Düne. Leider kann er Monsieur le Commissaire nicht begleiten, er sei erst am Nachmittag zurück, eine dringende Angelegenheit in La Roche-sur-Yon …

Studer nickte. Amélie Morel nickte. Jeder beschloss für sich – da beide keine Totenmesse durchstehen mochten, beschlossen sie dasselbe –, bereits jetzt auf den Friedhof zu gehen und einen Augenschein zu nehmen. Insbesondere von den beiden Kreuzen außerhalb der Mauern des Gottesackers. Die der Zeitungsartikel erwähnt hatte. Insbesondere vom Namen des Säuglings auf dem kleinen Kreuz. Insbesondere um einen schrecklichen Verdacht zu – nein, nicht zu bestätigen, im Gegenteil, um ihn aus der Welt zu schaffen!

Wieder trippelte Amélie Morel hinter Studer her. Es gab keine höfliche Möglichkeit, die Jungfer loszuwerden. Eine halbe Stunde später hatten sie die beiden schiefen Holzkreuze auf der Außenseite der Friedhofsmauer, gegen den Dünenwald zu, hinter hohen Grasbüscheln verborgen gefunden. Aber nur dank Amélie, die das niedergetrampelte Gras bemerkt hatte, als sie suchend umhergingen, und sie danach dieser Spur folgten.

Jemand musste vor Kurzem hier gewesen sein, das Gras unmittelbar um die Kreuze herum war ausgerissen worden und dieser Jemand hatte bei jedem Kreuz ein Sträußchen niedergelegt, selbstgesammelte Feldblumen.

Beide standen schweigend davor. Es ging ein kalter Wind, der nach Erde und Sand schmeckte, wenn man mit offenem Mund Luft holte. Studer zog den Kragen seines blauen Regenmantels hoch und vergrub die Fäuste in den Taschen. Amélie Morel zog fröstelnd die Schultern hoch, den Regenschirm hinunter und presste die Handtasche an sich.

Die ungelenken Buchstaben auf den Querhölzern der Kreuze waren arg verwittert.

«Lucie Dubois 1902–1919», buchstabierte Studer beim größeren der beiden Kreuze. Auf dem kleinen Kreuz konnte man das Geburts– und Todesjahr noch gut lesen «1919». Kaum noch entzifferbar war der Name ihres Söhnleins. Man konnte ihn erraten, wenn man wusste, welchen Namen man erwartete ... aber lieber nicht lesen würde.

Amélie senkte den Kopf. Welch ein grausiger Fund damals, als die Leiche der kleinen Lucie umgedreht wurde. In einem Schal eng an ihre Brust gewickelt der leblose winzige Körper ihres Bübleins. Tot. Sie hatte ihn mit ihrer Liebe erlöst, erlöst von einem armseligen Leben als Verdingkind, als ewig Geächteter.

Studer bedeckte seine Augen mit Daumen und Zeigefinger, er wollte das Bild sehen, das Bild der Lucie, und nun sah er es, wie sie ihr Söhnlein eng an ihre Brust wickelt, den kleinen Buben schluchzend erstickt und danach ins Wasser taumelt ...

Amélie Morel blieb stumm. Der Wachtmeister schwieg.

Es war immer das Gleiche. Man musste sogenanntes Recht walten lassen, man musste die kleinen Leute als Täter überführen, obwohl sie die wahren Opfer sind.

Studer seufzte, in solchen Momenten verabscheute er seinen Beruf.

Amélie Morel seufzte, in diesem Moment war sie dankbar, dass sie kein Polizist war.

Sie schauten einander an und nickten. Es war nicht nötig, noch am Begräbnis auf dem Friedhof teilzunehmen. Zudem begann der Himmel jetzt all seine Schleusen zu öffnen.

– Gehen wir gleich zum Haus und warten dort, sie wird früher oder später kommen.

Studer wusste, wo Père Joes Häuschen lag. Es war jetzt selbstverständlich, dass Amélie Morel ihn begleitete. Wer weiß, womöglich war die Anwesenheit einer Frau sogar hilfreich …

Das rostige Gartentürlein war diesmal richtig geschlossen, aber nicht verschlossen. Die Steinplatten, die zum Eingang führten, waren glitschig, das hohe Unkraut links und rechts im Garten beugte sich unter dem Wasser, das sich vom Himmel ergoss. Die verwilderten Rosen ließen ihre vom Regen schweren Blütenblätter eines ums andere fallen. Die schlauen Zaunwinden hatten ihre Blüten rechtzeitig geschlossen.

Studer klopfte der Form halber an die Haustür, von der an vielen Stellen die grüne Farbe abblätterte. Obwohl er wusste, dass niemand da war. Dann versuchte er, den wackligen Knauf zu drehen, sie war verschlossen.

Die Nachbarin – die leider nicht an der Beerdigung teilnehmen konnte, sie hütete den Kleinen, den Sohn ihrer Tochter – hatte den Kopf über die Hecke gestreckt und das merkwürdige Paar beobachtet. Den Polizisten kannte sie ja, wer aber war die Frau? Es war jedenfalls nicht die geheimnisvolle Besucherin bei Père Joe, Gott hab ihn selig. Die war jünger und viel dünner.

– Niemand da! Heute ist Beerdigung! Wer hätte das denn gedacht, nicht wahr Herr Polizeihauptmann! Der arme Père Joe!

Sie schlüpfte behände durch eine Lücke in der Hecke zwischen den beiden Gärten durch und wartete mit ihrer Neuigkeit nicht, bis sie vor den beiden stand.

– Die Frau mit dem Kopftuch war heute Morgen hier, Herr Polizeihauptmann! Sehr früh und sie ist lange geblieben. Ich hab geklopft, aber sie hat die Tür nicht aufgemacht, dabei hat sie mich bestimmt gehört! Will sich der Herr Polizeihauptmann umsehen im Haus? Ich hab die Schlüssel! Dabei warf sie Amélie Morel einen misstrauischen Blick zu. Was will die denn da?

Ohne die Antwort abzuwarten, steckte sie ihren Schlüssel ins Schloss, er schien zu klemmen, sie aber weiß genau, wie man den Bart zu drehen hat. Die alte Haustür öffnete sich knirschend. Man müsste dringend die Angeln ölen.

Studer und Amélie Morel traten ein und blieben im Korridor stehen, sodass die Nachbarin hinter ihnen nichts sehen konnte, obwohl sie ihren Kopf nach allen Seiten reckte, aber der Wachtmeister hatte breite Schultern, die verdeckten ihr rücksichtslos die ganze Sicht!

– Danke Madame, schnaubte Studer, wir kommen allein zurecht.

– Falls Sie mich doch noch … ich bin gleich nebenan … zögern Sie nicht …

Der Wachtmeister schob sie hinaus und drückte die Tür hinter ihr kräftig und bestimmt ins Schloss. Amélie Morel war verunsichert, ist das wirklich in Ordnung, so in das Haus des Toten einzudringen? Studer hatte kein schlechtes Gewissen, es ist besser, das notwendige Gespräch hier zu führen, in ihrer vertrauten Umgebung.

Schüchtern schaute sich Amélie Morel um. Rechts war eine geschlossene Tür, die vermutlich ins Schlafzimmer führte, links ging es in die Küche, die auch als Stube diente. Studer wollte den tropfenden Regenmantel und Hut auszuziehen, auch um Amélies Regenschirm bildeten sich auf den Dielen im Korridor bereits kleine Seen. Er hängte seine nassen Sachen über den Küchenstuhl, und Amélie spannte ihren Schirm daneben ordentlich auf, der Steinboden machte sich nichts aus Wasserlachen.

Im Haus roch es nach gestern, nach altem Mann und nach Einsamkeit, so wie Amélie sich das Haus von Père Joe vorgestellt hatte. Es war ihr sehr vertraut.

Aber etwas von der früheren Muffigkeit sei weg, fand Studer, er hatte beim Eintreten einen Geruch wahrgenommen, der vor zwei Tagen nicht da war: Javelwasser.

Jemand hatte saubergemacht. Der Tisch war abgeräumt, Pfannen und Geschirr aus dem Schüttstein verschwunden, alles im Schrank versorgt, auf dem Boden keine Weinflaschen und Papierfetzen mehr. Die Steinplatten schienen gar feucht aufgewischt worden zu sein. Der Feglumpen hing noch nass über dem Eimer in der Ecke. Auf dem Tisch lag einzig die Zeitung «Journal de Challans», Studer hatte die Schlagzeile bereits gelesen: «Der Fall Joseph Dubois: Wo alles seinen Anfang genommen hatte ... »

– Am Samstag sah das hier ganz anders aus, brummte Studer.

Er schob den eingerissenen Spitzenvorhang vor den Scheiben der Hintertür beiseite und sah hinaus. Im Hof herrschte immer noch ein Chaos wie vor der Trennung von Erde und Wasser. Unordnung ist trostlos, aber eine vor schwarzer Nässe triefende Unordnung macht einen ganz elend. Der kleine Hof hinter dem Haus schien sich unter seinem Blick verschämt zu ducken. Der Abfallkübel war geleert worden.

Studer suchte die Fotografie von Père Joes Hochzeit auf dem Buffet. Sie war weg. Merkwürdig. Neben dem Buffet hing ein Spiegel mit blinden Flecken, in seinem Rahmen steckte eine

alte Ansichtskarte mit geknickten Ecken. Jemand hatte sie Père
Joe aus Paris geschickt. Das Sacré Coeur im goldenen Abendlicht. Vor vielen Jahren ... Ein Lächeln ging über Studers Gesicht, es war weich, ein wenig wehmütig ... Ein Lächeln, wie
es entsteht, wenn man Dinge aus einer vergangenen Zeit be-
trachtet, nach der man Sehnsucht hat, weil man meint, sie sei
anders gewesen und besser als die unsrige ... Irgendwie schwebte in der Küche auch jener vertraute Geruch kleiner Häuser,
in denen die Wände so etwas wie tröstliche Ausdünstungen
haben.

Das Licht in der Küche war grau. Amélie Morel saß am Kü-
chentisch, sie wusste nicht, wohin mit den Händen, sie rutschte auf der Stuhlkante hin und her. War das ein Durcheinander
in ihrem Kopf! Sie versuchte die Empfindung, die sie beim
Betreten des Hauses hatte, genauer zu fassen, für einen kurzen
Moment dachte sie, jetzt weiß ich, was es war, dann wurde die
Erinnerung wieder vage. Was machte sie hier? Sie hatte nichts
verloren in diesem armseligen Häuschen. Sie wollte, dass ihr
Verdacht nur ein böser Traum war.

Der Schweizer Kommissar wird das Verhör führen. Bestimmt
war er intelligent, sogar hochintelligent. Der beobachtete,
lauschte, überlegte. Der überlegte so scharf, dass Amélie meinte, es hören zu müssen, und das wirkte allmählich ermüdend.
Es war fast, als stünde auch sie unter Beobachtung. Jede ihrer
Bewegungen, jede ihrer Äußerungen wurde durch den scharfen
Verstand des unbeirrbaren Commissaire Stüdère gesiebt.

Sie bereute heftig mitgegangen zu sein. Das hast du jetzt
davon, Amélie, immer deine Neugier! Wie kam sie da wieder
raus? Am liebsten wäre sie weggeschlichen. Der Wachtmeister
achtete ohnehin nicht auf sie.

Er ging hin und her in seiner Manier, wie ein Bär im Käfig.
Er fuhr mit dem Finger über das Buffet, schob verstaubte Por-

zellanfigürchen an einen andern Platz, verrückte den abgewetzten Lehnstuhl mit den Spitzendeckelchen über den Armstützen und der fettigen Stelle, wo der Kopf ruhte, er strich mit der Hand über das Fensterbrett, öffnete über der Spüle kurz das Hähnchen beim Wasserbehälter, der an der Wand hing, es tröpfelte nur, er war leer.

In der Küche lastete jetzt solch eine dicke Stille, dass man die Motten fliegen hörte.

Bis das rostige Gartentürlein quietschte ... ein Schlüssel wurde in die Haustür gesteckt ... er drehte leer ... Stille ... ganz langsam, sodass sie kaum knirschte, öffnete sich die alte Tür ... die Dielen knarrten nur leicht, nicht laut protestierend wie eine Stunde zuvor unter den schweren Tritten des beleibten Wachtmeisters. Es war eine leichtfüßige Person, die ängstlich das Haus betrat.

Studer hatte in seinem Beruf viele Arten des Erschreckens kennengelernt. Die junge Frau, die jetzt vor ihnen stand, riss die Augen weit auf, aber zwischen den bleichen und schmalen Lippen kam kein Ton heraus, ihr Mund und die Kehle waren trocken wie Mehlstaub.

Der Anblick und das Entsetzen beim Erkennen der beiden Besucher nagelten sie auf der Türschwelle fest. Sonst wäre sie fluchtartig weggerannt. Amélie Morel hatte die instinktive Bewegung ihres hageren Körpers gesehen, das Beben des gejagten Wilds ... Mit drei Schritten war sie bei der Tür und fasste das zitternde Zimmermädchen sanft am Ellbogen.

– Wir tun dir nichts, Anna!

– Komm herein, wir wollen doch nur mit dir reden! Studers Stimme klang begütigend. Er fühlte sich elend. Man hat eine Ahnung, wie die Geschichte ausgehen wird.

Anna schüttelte heftig den Kopf und klammerte sich am

Türrahmen fest, Panik zuckte um ihre Lippen. Aber so fest sie auch die Augen zukniff, die beiden Eindringlinge wollten sich nicht in Luft auflösen.

Amélie Morel, die sie am Arm hielt, spürte, wie das verängstigte Mädchen den Widerstand aufgab, sie führte sie zum Tisch. Studer zog einen Stuhl heran, sie solle absitzen.

Eine Tasse Kaffee würde jetzt helfen. Aber er konnte sich doch nicht in einer fremden Küche zu schaffen machen, und die Anna kam jetzt bestimmt nicht auf die Idee. Mademoiselle Morel könnte doch ...? Aber auch sie kam nicht auf die Idee.

Sie saß Anna gegenüber und legte jetzt beide Arme auf den Tisch, wie eine Mutter, die ihrer Tochter, die eine Dummheit gemacht hat, ins Gewissen redet ... Aber Amélie hatte keine Tochter. Und das Mädchen hier war längst kein Kind mehr.

– Kleines, wir haben uns im Hôtel de la Plage gesehen. Du bist die Tochter von Joseph Dubois, nicht wahr? Anna Dubois heißt du und nicht Anna Blanchet ...

Das Mädchen blickte starr auf den Tisch, sie saß steif auf der äußersten Stuhlkante, bereit zur Flucht, sobald sich eine Gelegenheit bieten würde.

– Sag, warum arbeitest du denn im Hotel unter einem falschen Namen?

Das Mädchen rührte sich nicht.

Studer holte Luft. Die Mamsell Morel packte das falsch an. Er hatte die Erfahrung gemacht, dass man mit Warums bei der verstockten Jungfer nicht weiterkam. Genaue Fragen nach Handfestem musste man stellen.

– Wann hast du im Hotel als Zimmermädchen angefangen?

– Vor ... drei Wochen, kam es aus ihrem Mund, dann presste sie schnell die dünnen Lippen wieder zusammen.

Amélie ließ sich das Heft nicht so schnell aus der Hand nehmen. Sie nickte verständnisvoll.

– Und du wolltest natürlich nicht, dass man dich im Dorf erkennt. Du hattest Angst, dass man dich sonst nicht einstellen würde … Wir wissen jetzt von eurer traurigen Geschichte. Ich an deiner Stelle hätte das auch so gemacht.

Zum ersten Mal kam eine Regung in den verkrampften Körper des Mädchens. Sie hob kurz den Kopf und sah Mademoiselle Morel ungläubig an. Dann fiel der Kopf wieder auf die magere Brust.

– Und seit du wieder hier bist, hast du dich um deinen Vater gekümmert und ihm Essensreste aus der Hotelküche nach Hause gebracht …

Anna schlug die Hände vors Gesicht und begann so heftig zu schluchzen, dass Amélie Morel und der Wachtmeister nur mit größter Mühe die Wortfetzen von den Schluchzern trennen konnten.

Sie ist schuld … Wegen ihr hat er sich umgebracht … am Todestag von Lucie …

Studer zog sein sauberes und von Frau Studer sorgfältig gebügeltes Nastuch aus der Hosentasche, hielt es an einem Zipfel, schüttelte es auf und reichte es ihr. Er war Vater einer Tochter, die jetzt schon selbst Mutter war, aber er wusste noch, dass verzweifelte Mädchen vor allem ein Nastuch brauchten. Amélie staunte.

– Unser Beileid, Kleine … brummte er verlegen.

Beinahe hätte er ihr über das dünne Haar gestrichen, das sie straff nach hinten zu einem schütteren Knötchen gebunden hatte.

Anna schneuzte kräftig ins Tuch und wischte sich die Augen, während letzte Schluchzer ihren dünnen Körper durchschüttelten.

Amélie beobachtete stumm, was sich vor ihr abspielte. Worum geht es jetzt? Darum, dass Anna die Wahrheit erzählt? Wie macht man das, ein Geständnis zu bekommen? Der Kommissar folgt bestimmt einem ausgeklügelten Plan ...

Der Studer folgte keinem Plan, er folgte seinem Instinkt und sprach weiter in väterlichem Ton.

– Aber deswegen bist du am Freitagabend nicht weggelaufen, oder?

Anna versteckte sich hinter dem großen Nastuch und schüttelte heftig den Kopf.

– Du hast den Monsieur Montgomery *Robert* Miller erkannt, nicht wahr? Den Kindsvater ...

Studer schnaufte. Dass man auch immer gezwungen war, mit der Keule zu schwingen, damit die Leute endlich ihren sinnlosen Widerstand aufgaben, man wollte ihnen doch helfen! Anna ließ das Taschentuch sinken und sah mit weit aufgerissenen Augen erst den Wachtmeister, dann die Frau, dann wieder den Wachtmeister an.

– Wieso ... woher ...

Anna verlor den Boden unter den Füßen ... Sie hatte jetzt einen fliehenden Blick, das aufgelöste Gesicht einer Person, die ihrer Rolle nicht mehr gewachsen ist und versucht, den Strom hinaufzuschwimmen. Amélie Morel sah den Kommissar böse an, die arme Kleine, man musste doch erst ihr Vertrauen gewinnen! Besser, wenn sie als Frau jetzt übernahm! Sie legte die Hand auf Annas Arm, wo sie denn vorher im Dienst gewesen sei?

– Im Hotel Atlantic ... in Pornic ... erst in der Küche ... dann im Service ... und dann als Zimmermädchen!

Erstmals schaute sie auf, atmete ein, ein klein bisschen Stolz glaubte man in ihrer Stimme zu hören.

– Wie lange warst du dort? Und wo vorher?

– Weiß nicht, fast zehn Jahre ... vorher ... sie sah auf den Tisch, verknotete ihre Finger, die Knöchel waren blutleer ... vorher Küchenmagd ... Wirtshäuser ... in den Häfen ...

Amélie warf Studer einen triumphierenden *Ich-hab-die-Anna-zum-Sprechen-gebracht!*-Blick zu.

Studer übersah den Blick. Aber seine Stimme war jetzt leise und sanft wie roter Samt. Als ob die Stimme das armselige Leben des Mädchens tröstend einhüllen wollte.

– Und noch vorher?

Anna ließ ihre rauen Hände, denen man die frühere harte Küchenarbeit ansah, unter den Tisch fallen. Sie verstummte.

Es war still in der Küche, bis auf eine grüne Fliege, die hartnäckig um die drei Personen herumsurrte und wütend den Abfalleimer suchte. Es war eine filzige Stille ohne Hoffnung, denn die Dinge nahmen jetzt ihren unausweichlichen Lauf.

Geduld. Sie wird reden, bedeutete der Wachtmeister Amélie mit seinen Augen. Doch nicht so übel, die Jungfer Morel ...

– Nach Lucies Tod ... Mutter im Krankenhaus ... das Café zu ... ich fünfzehn, Maurice erst zehn ... der Bürgermeister kannte jemanden, einen Bauern, weit weg, ich ... konnte ihn nicht beschützen ... hab ihn nie mehr gesehen ... nicht gefunden ...

Studer wunderte sich, der Name des Bauern und der Ort, wohin man den Buben verdingt hatte, muss doch bei der Gemeinde verzeichnet sein?

Anna schüttelte den Kopf, der Bürgermeister ist seit einiger Zeit gestorben, niemand weiß, wo man ihren kleinen Bruder hingebracht hatte, damals, in die Sarthe irgendwo, weit weg. Sie hat kein Geld, um dorthin zu fahren und ihn zu suchen. Sie hat gehofft, er komme zur Beerdigung vom Vater. Neunundzwanzig wär er jetzt ... Vielleicht ist er tot. Oder ein Landstreicher. Ihre Stimme war flach. Wie die Stimme aus einem Radiogerät, kam es Amélie vor.

– Und du, wo bist du untergekommen?

– Als Dienstmagd, bei einer Familie in Nantes, die waren reich, die kannte auch der Bürgermeister ...

– Hast es dort gut gehabt?

Amélie gab sich Mühe, ihrer Stimme einen mütterlichen Klang zu geben.

Es kam stoßweise aus ihr heraus. Am Anfang ging es … sie musste hart arbeiten … alle Drecksarbeit, die die Köchin nicht machen wollte … keinen Tag frei … dann kam Monsieur jede Nacht in ihre Kammer … Annas Stimme wurde hart und trocken. Sie hat sich nicht wehren können … Madame hat sie geschlagen … dann den Gendarmen geholt, Tafelsilber habe sie gestohlen … nie, nie war ich eine Diebin! Das müssen Sie mir glauben, Herr Kommissar!

Studer und Amélie nickten gleichzeitig, berichte weiter!

– … der Gendarm hat mich mitgenommen … er hat das Silber unter meiner Wäsche im Schrank gefunden … ein paar Wochen Gefängnis …

Es gab keine Uhr in der Küche, sonst hätte man jetzt das Ticken gehört, im Schweigen, das schwer wie ein nasser Putzlappen über den drei Personen am Tisch klebte.

Amélie Morel hatte Durst. Die Anna bestimmt auch. Sie stand energisch auf, nahm die große Wasserkanne und ging durch die Hintertür in den Garten, wo sie den Brunnen gesehen hatte. Sie wollte sich nützlich machen. Vor allem wollte sie das Durcheinander in Kopf und Herz ordnen. Ein lähmendes Gefühl, sie hatte Mitleid mit der Täterin, das geht doch nicht! Es regnete nicht mehr, und Amélie kam ins Schwitzen, als sie den Pumpschwengel hochzog und niederdrückte, wieder und wieder und wieder, bis das Wasser herausschoss. Und ihre drückenden Gedanken fortschwemmte.

Studer sah ihr durchs Küchenfenster zu. Das Mädchen starrte auf das klebrige Wachstuch.

Während der einzige Mann in der Runde den schweren Krug hochhob und den Wasserbehälter an der Wand füllte – nie hätte die magere Kleine das geschafft –, suchte Amélie Gläser und öffnete mehrere Schranktüren.

– Oben, rechte Seite ...

Anna blieb reglos am Tisch sitzen, während die beiden Besucher verlegen und ungeschickt die Gastgeberrolle übernahmen.

Gierig wie eine Verdurstende leerte sie ihr Glas Wasser. Wie eine Ertrinkende, dachte Studer hartnäckig, obwohl der Gedanke absurd war.

– So, Kleine, erzähl uns mal die Geschichte von jenem Sommer von Anfang an. Ich brauch weniger die Tatsachen als die Luft, in der du gelebt hast ...Verstehst? So die kleinen Sächeli, auf die niemand achtgibt und die dann eigentlich alles erhellen ... Hell! ...Soweit das möglich ist, natürlich.

Mademoiselle Morel sah auf. Sächeli? Das Französisch des Schweizer Kommissars war so furchtbar präzise, dass man hinter seinen Worten immer ein Geheimnis vermuten musste.

Und es brach aus dem Mädchen heraus, als ob man eine Schleuse gesprengt hätte, und es flutete die Küche und das ganze Häuschen, das all die Jahre stumm hat mitansehen müssen, wie das nach der Tragödie übrig gebliebene Leben seinen Schmerz im Alkohol ertränkte. Es ergoß sich über die mitfühlende ältere Frau und über den ausländischen Kommissar, der später wird handeln müssen. Was half's, es war nun mal sein Beruf! Es war seine Pflicht!

Anna schluchzte derart, dass man kein Wort verstand. Sie zeigte mit ihrer hageren Hand auf die Zeitung, die auf dem Tisch lag. Studer zog das Blatt zu sich heran, Amélie rückte ihren Stuhl näher zum Wachtmeister, beide beugten ihre Köpfe über die Titelseite.

DER FALL JOSEPH DUBOIS: WO ALLES SEINEN ANFANG GENOMMEN HATTE …

Es ist zu vermuten, dass die Hintergründe des tragischen Todes von Joseph Dubois, genannt Père Joe (wir berichteten in der Samstagausgabe) in der Vergangenheit zu suchen sind. In einer Vergangenheit, die auch zum Tode seiner Tochter Lucie geführt hatte.

Ein exklusiver Bericht von Suzy Furet

Für unsere jüngeren Leser oder später Zugezogenen rufen wir in Erinnerung, was sich vor zwanzig Jahren im Krieg in unserer Gegend ereignet hatte. Am 4. April 1917 war Amerika in den Krieg eingetreten, nachdem Deutschland mit Unterseebooten mehrere amerikanische Schiffe versenkt hatte. Am 18. Juni 1917 waren die ersten amerikanischen Truppen an der Loire-Mündung in Saint-Nazaire gelandet, und mit Genehmigung der französischen Behörden stellten sie an der Küste der Vendée drei Ausbildungscamps für den Luftkrieg auf, eine Flugbasis und eine Schule für Luftabwehr entstanden auf dem Gemeindegebiet von Saint-Georges, etwas außerhalb des Dorfes.

Dazu war es notwendig, vier Bauernhöfe zu evakuieren, die Bauern mussten sich fügen, sie erhielten eine Entschädigung für die Zeit, die es dauern würde. Ihr Gelände wurde abgeholzt, alles eingeebnet und die Rinderherden wurden verschoben. Im Sommer und Herbst 1917 errichteten Genietruppen die Unterkünfte, mit allem, was dazugehörte, damit an die viertausend Soldaten und Offiziere dort leben konnten: ein Dampfkraftwerk für Elektrizität, Wasserturm, Duschbaracken, Versammlungsräume, Krankenhaus, Kapelle, Kantinen,

*Kino sowie eine Sägerei, Werkstätten, Hangars und die
Pisten für die Flugzeuge.*

*Das Camp war etwa dreihundert Hektar groß, weiter
weg war die Waffenschule, wo die künftigen Maschinengewehrschützen der Flugabwehr ausgebildet wurden.
Im April 1918 begannen dort die ersten amerikanischen
Soldaten mit der Ausbildung. Die Maschinengewehre
wurden in der Hand gehalten und man schoss vom Boden
auf die Flieger. Was sehr heikel war, weil die Piloten
vorne saßen. Es ereigneten sich dann auch verschiedene
tödliche Unfälle. Auf der Ausbildungsbasis trainierten
jeweils etwa tausendfünfhundert Soldaten gleichzeitig,
bevor sie an die Front flogen. Danach trafen wieder
neue …*

Der Wachtmeister hob den Kopf und schaute Anna fragend
an.

– Habt ihr im Dorf mit den amerikanischen Soldaten zu tun
gehabt?

Amélie tat, als ob sie weiterlesen würde. Oh ja. Auch sie hatte das amerikanische Camp gut gekannt …

Anna wischte die letzten Tränen ab.

All die Fremden, welch eine Aufregung im Dorf! Die unbekannten Uniformen mit den komischen eingedrückten Hüten,
all die großen, kräftigen Männer mit dieser merkwürdigen
Sprache, die immer laut lachten und den Kindern unbekannte
Süßigkeiten schenkten. Und an Weihnachten erst! Da gab es
ein großes Essen, der Bürgermeister mit den wichtigen Leuten
im Dorf und den amerikanischen Offizieren … Jedes Kind im
Dorf bekam ein Spielzeug, aus Amerika!

Die Erinnerung leuchtete in den verheulten Augen des Mädchens.

– Die Amerikaner kamen abends ins Dorf, saßen in den Wirtshäusern, auch bei uns, sie tranken viel, luden die andern im Café ein, die hatten so viel Geld! Vater, ja alle im Dorf freuten sich über diese Einnahmen im Krieg! Sie kauften auch den Bauern viel Ware ab. Wissen Sie, wieviel Sold die bekamen? Fünf Francs jeden Tag! Viel viel mehr als unsere Poilus!

Der Wachtmeister staunte, das Fräulein redete jetzt wie ein Fluss, der endlich in einem offenen Flussbett dahinschießen kann, ohne hindernde Dämme und sperrige Felsbrocken.

Anna schneuzte kräftig.

– Sogar eine Kapelle hatten die Amerikaner! Die spielten Melodien, die hatten wir hier noch nie gehört! Und Tänze, verrückte Tänze! Heute mit dem Radiogerät kennt man das ja, ihre Musik und ihre Lieder, aber damals ... Der Herr Pfarrer warnte jeden Sonntag in der Predigt vor dem Teufel, er nehme die Gestalt der Amerikaner an, um uns zu verführen ... Unzucht ...

Anna kicherte, schlug schnell die Hand vor den Mund, sie war damals vierzehn, hatte keine Ahnung, was «Unzucht» bedeutete, und die netten Amerikaner sahen gar nicht so aus, wie sie sich den Teufel vorgestellt hatte. Mit vierzehn galt sie als Kind, sie durfte nie mit Lucie mitgehen.

– Die Amerikaner wollten unsere Volkstänze sehen, die Maraîchine, sie organisierten Tanzabende im Camp, luden die Mädchen aus dem Dorf ein, der Herr Pfarrer musste wohl oder übel Ja sagen, denn die Eltern waren einverstanden und begleiteten die Mädchen. Auch Mutter ging mit Lucie in das Camp, wenn sie die Maraîchine vorführten, ich durfte aber nie mit ...

Sie habe ihre große Schwester Lucie bewundert, so hübsch war sie, mit dunklen Locken, fröhlich. Sie hatte wohl bemerkt, dass die älteren Männer hinter Lucie hersahen, wenn sie bei ihnen im Café servierte ...

– Auch unsere Poilus, die Kriegsverletzten im Hôtel de la Plage, freuten sich, wenn die Lucie dort auftauchte ...

Jetzt hob Studer den Kopf, was war denn im Hôtel de la Plage?

– Es war doch beschlagnahmt worden im Krieg! Für die verwundeten Soldaten, damit sie ganz gesund wurden nach dem Spital. Wie ein Kurhaus. Die Frauen im Dorf halfen dort aus. Es waren auch immer viele Amerikaner dort, es war ja nicht weit, die kamen vom Camp über den Strand.

Amélie sah angestrengt auf den Tisch, die Finger verknotet, auch ihre Knöchel bald blutleer.

Der Wachtmeister sah nichts. Er sah nur das arme Mädchen. Das er zu einem Geständnis bringen musste. Es war eine Qual. Er hockte in seiner Lieblingsstellung auf dem Küchenstuhl, legte die Ellbogen auf die gespreizten Schenkel und faltete die Hände, den Kopf gesenkt, er hörte zu ... Er hütete sich, Notizen zu machen. Nichts stößt mehr ab, als ein pedantisches Aufschreiben – während man dies tut, kann man nicht aufblicken und verliert vollkommen den Zusammenhang mit den Menschen, denen man zuhört.

Annas Blick war entrückt, sie war weit weg, in jenen glücklichen Monaten ... in denen jedoch das Unheil seinen Lauf nahm ... und niemand es ahnte.

Jetzt wurde Studer langsam ungeduldig.

– Hat deine Schwester den Robert dort kennengelernt?

Sie hob die Schultern, vielleicht, vielleicht auch an einem Tanzabend im Camp. Robert ... wie schön er aussah, so groß und stark, schwarze Haare ... er tauchte gegen den Sommer zu immer öfter im Café auf, brachte Kaffee mit, auch im Wirtshaus war der rationiert, Schokolade für mich und Maurice, Seife für Mutter, die hatten im Camp genug von Allem, fast jede Woche kamen Lieferungen aus Amerika! Lucie durfte mit Robert spazieren gehen, aber Mutter schickte die jüngere Schwester immer mit. Sie habe damals nicht verstanden weshalb.

Man hätte manchmal glauben können, Studer höre gar nicht zu. Er machte es nicht absichtlich. Er dachte an etwas anderes, das war alles. Genauer gesagt, er dachte nach. Noch genauer gesagt, er schob noch unscharfe Bilder im Kopf herum. Denn wenn seine Augen so leer waren, sah er umso mehr und immer schärfer ... das Dorf, in dem fast alle Männer im Krieg waren (warum war Joseph Dubois nicht eingezogen worden?), im letzten Kriegsjahr auch alle jungen Männer an der Front ... Ein Dorf wie viele andere, voller Frauen, hungriger Ehefrauen, Mütter, sehnsüchtiger junger Mädchen ... und unweit davon ein Camp mit mehreren tausend jungen Männern, gesunden, kräftigen Kerlen, die direkt aus dem Schlaraffenland zu kommen schienen ... wie Götter ... Teufel sah nur der Pfaffe in ihnen ... der musste in jenem Sommer durch die Hölle gegangen sein, beim Versuch, seine weiblichen Schäflein im Zaum zu halten. Das konnte ja nicht gut enden. Der Mann im Wachtmeister seufzte.

– Dann kam der Quatorze Juillet, unser Nationalfeiertag! Über Annas verhärmtes Gesicht glitt wieder ein Leuchten.

– Noch nie hatten wir in Saint-Georges ein solches Fest gefeiert! Es war ein Sonntag, die Sonne schien, am Vormittag gab es einen Empfang vom Bürgermeister im Hôtel de la Plage, alle hohen Offiziere der Amerikaner waren eingeladen, alle Damen trugen Hüte und ihre schönsten Kleider ... wir standen am Strand und durften von Weitem zusehen ... Am Abend fand dann auf dem Dorfplatz der Ball statt, der war so groß wie noch nie, die Musik der Amerikaner spielte mit unserer Kapelle, überall bunte Lampions, alle tanzten und sangen ... es war so herrlich! Nie wieder hat sie später einen solchen Quatorze Juillet erlebt! Annas Wangen waren gerötet. Die Zeitung hat am nächsten Tag geschrieben, über zweitausend Amerikaner haben mit uns gefeiert …

Studer strich sich über die Stirn und massierte die Augendeckel mit Daumen und Zeigefinger und die Bilder stiegen auf …

Mit der Nacht kommt ein leichter Wind vom Meer auf, die Lampions schaukeln an den Drähten zwischen den Platanen, die blauweißrotgestreiften Fähnchen flattern, Menschengirlanden drehen, die amerikanischen Musiker spielten die Marseillaise mit einem revolutionären Rhythmus, Posaunen und Trompeten und Trommeln, die Menge singt und klatscht und tobt, strahlende Mädchengesichter tanzen vor Studer vorbei, eines packt ihn am Arm, es ist die schöne Lucie, und zieht ihn in den Strudel, Haare fliegen frei, kein Band hält sie mehr, nackte Arme umschlingen einander, feurige Augen verzehren einander, alles dreht und wirbelt und braust. Studer lehnt sich schnaufend an den Stamm einer Platane, die Gesichter leuchten rot, blau, grün, gelb wie die Lampions darüber, oben funkeln im schwarzen Nachthimmel die Sterne ihr Einverständnis und die hungrigen Münder verschlingen einander. Die kleine Lucie ist mit ihrem Fiancé verschwunden. Sie reicht ihrem Märchenprinzen kaum bis zur Schulter, ein großgewachsener, dunkelhaariger junger Mann, feingeschnittenes Gesicht, aristokratische Nase, selbstsicheres Lächeln – Studer dachte gleich an die Fotografie, die das Fräulein Adrienne ihm gezeigt hatte, die Fotografie vom toten Montgomery Müller, von Montgomery *Robert* Miller, amerikanisch-schweizerischer Doppelbürger … Studer seufzte.

Die Krankenschwester Amélie Morel aber verlor sich nicht in Träumereien, sie blieb auf dem Boden.

– Und wann hat Lucie gemerkt, dass sie schwanger war?

Anna knüllte mit beiden Händen an Studers Taschentuch herum.

– Im November, nach dem nächsten großen Fest zur Feier des Waffenstillstands. Da hat Mutter es vermutet und der Doktor Billaud es bestätigt.

Sie und Maurice haben es erst im neuen Jahr gemerkt, als Lucie so komisch dick wurde, am Bauch. Aber schon seit einiger Zeit war es im Dorf merkwürdig, die Frauen sprachen nicht mehr weiter, wenn sie daherkam, die Bäckerin machte Bemerkungen, die sie nicht verstand, Brot für zwei, und hat dann mit den andern im Laden gegrinst, es kamen immer weniger Männer ins Café. Und die wurden frech ...

Amélie Morel sah aus dem Fenster. Sie sah die kleine Lucie, die nicht verstand, wie da ein neuer kleiner Mensch in ihren Körper hereingekommen war. Die nicht verstand, warum die Freundinnen von ihren Müttern auf die andere Straßenseite gezogen wurden, wenn sie daherkam. Die nicht verstand, warum der Metzger so grob lachte, warum die Bäckersfrau kein Wort mehr mit ihr sprach. Die nur wusste, an allem war dieses Wesen schuld, dass in ihrem Bauch wuchs, dass Mutter krank wurde, dass Vater ständig trank. Alle wollten, dass sie sich schämte, sie warfen ihr das Schämen wie einen Knüppel vor die Füße, damit sie falle ...

– ... wenn Lucie servierte, machten die Männer Bemerkungen, gefallenes Mädchen, Schlampe, Hure ... Anna hatte diese Wörter vorher gar nicht gekannt ...

– Wo war denn Montgomery Miller? Oder Robert, wie er sich bei euch nannte?

– Er war seit Mitte August weg, seine Ausbildung fertig, an der Front ... im Dezember war Vater direkt zum Herrn Kommandanten ins Lager gegangen, nicht zum Herrn Pfarrer oder zum Herrn Bürgermeister, der Herr Kommandant war ein Ehrenmann, besorgt um den guten Ruf der amerikanischen Soldaten, er hat Vater die Adresse von Robert in Amerika gegeben, er sagte, Robert sei abgeschossen worden und noch in Kriegsgefangenschaft, er komme aber bald frei ... Die Amerikaner räumten schon das Lager.

Anna verstummte, zog und krumpelte am Taschentuch herum.

– Vater hat dem Robert noch vor Weihnachten einen Brief geschrieben, Mademoiselle Gilberte, die Lehrerin, hat ihn auf Englisch übersetzt, und danach wusste es das ganze Dorf ... Es kam nie eine Antwort. Lucie getraute sich nicht mehr aus dem Haus. Vater war selten nüchtern. Es war kein Geld mehr da. Mutter bekam diese schwere Grippe, viele waren in jenem Winter krank, sie wurde nachher nie mehr ganz gesund ... Mitte März war dann der letzte Amerikaner weg, das Camp verlassen, und sie begannen mit dem Abreißen ...

Amélie Morel schüttelte unentwegt den Kopf, murmelte, es war nicht zum Aushalten, sie musste etwas tun. Sie füllte Wasser in die Gläser.

– Am 19. April 1919 kam der Bub zur Welt, Lucie nannte ihn Robert, eine schwere Geburt, Lucie habe keinen Lebenswillen, hat die Hebamme gesagt ...

Anna lachte trocken und böse.

– Nach der Geburt schrieb Vater mit Hilfe der Lehrerin einen zweiten Brief nach Boston, dass der Sohn Robert geboren sei ... Anna sah auf, mit hartem Gesicht. Es kam nie eine Antwort und wie es weiterging, wüsste der Herr Kommissar ja.

Studer nickte.

– Nach all den Jahren wolltest du wieder in dein Dorf zurück, wolltest nach deinem Vater sehen, hast dich im besten Etablissement vor Ort für einen Platz als Zimmermädchen beworben ... du wolltest es allen zeigen! Dann kam eines Tages ein Ehepaar aus der Schweiz angereist und du hast den Robert Miller erkannt! Und beschlossen, dich zu rächen ...

– Nein!

– Was nein? Wolltest dich nicht rächen?

– Nein, hab ihn nicht erkannt!

Anna sah Studer wütend ins Gesicht und warf das Taschentuch auf den Boden.

Es war ganz anders! Sie hat beim Bettenmachen im Zimmer von Monsieur Miller die Kleider, die überall auf dem Boden lagen, aufgelesen und als sie die Hose über den Bügel hängte, fiel etwas zu Boden, ein Ausweis, der Name Montgomery Robert Miller stand unter der Fotografie. Auf diesem Bild, ein älteres, erkannte sie ihn erst! Er hatte sich damals bei ihnen immer nur Robert genannt.

– Dann hast du beschlossen, dich zu rächen …

– Nein!

Anna sprang auf und stützte sich zitternd auf den Tisch.

– Nein! Ich hab nur mit ihm reden wollen! Warum hat er nie geantwortet!

Amélie Morel hätte sich am liebsten die Augen und Ohren zugehalten, nie wäre sie fähig, ein Verhör zu führen, sie litt mit dem armen Mädchen … dem das Leben doch schon genug Schlimmes gebracht hat!

– Komm, hock wieder ab … Studer tätschelte Anna beruhigend die Hand. Er muss so streng fragen, er muss das Fräulein provozieren, er war nicht stolz auf die Arbeit, die er hier zu tun hatte.

Sie wusste, dass Monsieur Miller nach dem Abendessen immer kurz ins Zimmer hochkam, um sein Soda für die Verdauung zu nehmen, danach ging er wieder hinunter. An jenem Abend klopfte sie, als er im Zimmer war.

– Er hat mich nicht erkannt, natürlich nicht. Als ich sagte, ich bin Lucies Schwester, ist er sehr kalt geworden. Sie habe ihm erzählt, was nach seinem Weggang passiert war, die Schmähun-

gen, man habe Lucie verstoßen, die Geburt seines Sohnes ...
Aber ich habe nichts gesagt von Lucies Selbstmord. Er stand
einfach da, ja, er habe die Briefe bekommen, ja. Dann lachte
er ... Herr Kommissar, er lachte! Was wir denn geglaubt hätten?
Er verbaue sich doch nicht seine Zukunft wegen solch einer
Weibergeschichte! Er habe damals gerade eine Tapferkeitsme-
daille und einen Studienplatz in Harvard bekommen ...

Studer nickte.

– Wann war das denn, als du mit Monsieur Müller, äh Miller
gesprochen hast?

– Am Abend vor ... bevor ...

Der Wachtmeister nickte erneut, berichte weiter!

– Das sei doch keine Liebe gewesen, hat er gelacht, was wir
Weiber uns nur immer vorstellten! Dann wurde er plötzlich
wütend, hat mich am Arm gepackt, falls ich Geld für das Kind
wolle, sei ich an den Falschen geraten, er lasse sich nicht erpres-
sen. Und vermutlich sei der Bankert gar nicht von ihm, meine
Schwester habe es bestimmt auch mit andern getrieben! So
leicht wie die herumzukriegen war ... Ich solle verschwinden
sonst sorge er dafür, dass ich die Stelle verliere ...

Amélie Morel schüttelte empört den Kopf, war sowas möglich? Ihr Kopf war ganz durcheinander. Je mehr sie von diesem
Toten erfuhr, desto schillernder wurde das Bild. Der Fall, den
ihr Neffe gerne als bedauerlichen Unfall erledigt hätte, wandelte sich beim bloßen Zuhören in dem Maß, wie der Tote sich
wandelte, und der wurde immer zwielichtiger. Wie war dieser
Monsieur Miller nun wirklich?

Anna zitterte vor Wut, und sie bohrte die Kränkung mit den
Fingernägeln in ihren Unterarm.

Der Wachtmeister schob seinen Stuhl etwas zurück, seine
Daumennägel interessierten ihn ungemein – darum hob er den
Blick nicht.

– Und nachher hast du dir gesagt, jetzt muss er büßen, jetzt bringst du ihn um!

– Nein!

– Was nein?

– Mit seinem Tod habe ich nichts zu tun!

Das war nicht zum Aushalten so ein Verhör! Amélie Morel sprang auf. Eine fürchterliche Schinderei war das! Sie ging hin und her, sie wrang die Hände ... Sie ertrug es nicht, wie die arme Schuldige sich mit endlosen Schlaufen zum Geständnis quälte. Ihr war, als ob sie selbst der Tat angeklagt würde ... Die ehrenwerte Demoiselle Morel war alles andere als sicher, ob sie an Annas Stelle nicht gleich gehandelt und den Übeltäter, der das Leben der ganzen Familie Dubois zerstört hatte, nicht auch umgebracht hätte! Ihre einzige Hoffnung war, dass die Anna nicht gesteht ... Aber dann wird sie, Amélie, die Wahrheit auch nie kennen ... Darum stellte sie Anna die Frage, nach der Studer sie verblüfft und mit offenem Mund ansah. Aus Rücksicht auf die beiden Frauen hatte er sich bis jetzt die Brissago verkniffen, aber lange wird er es nicht mehr aushalten!

Sie fragte Anna also geradeaus:

– Wie hast du Monsieur Miller das Rattengift verpasst?

Anna riss die Augen auf, dann den Mund, sie holte Luft, um zu protestieren, dann fiel sie plötzlich zusammen wie ein Ballon, aus dem die Luft entweicht.

– Ich versteh das nicht! Ja, ich hab ganz wenig vom Pulver in das Sodatütchen getan, es sollte ihm übel werden, hundeübel, sodass er nicht wegfahren konnte. Er hatte doch eine Strafe verdient! Aber nie im Leben wollte ich ihn umbringen! Ich versteh nicht, warum er tot ist! Es ist nicht meine Schuld!

So schnell war der Wachtmeister in seiner langen Laufbahn selten zu einem Geständnis gekommen. Allerhand, Mamsell Morel! Jetzt aber übernimmt der offizielle Fahnder!

– Es sieht aber leider so aus, wie wenn es deine …

– Nein! Ich hab … etwa eine halbe Stunde später hab ich das Sodatütchen mit dem bisschen Gift wieder aus seinen Sachen geholt! Ich hab Angst bekommen …

Überrascht hob Studer den Kopf, mit demselben Ausdruck sah Mademoiselle Morel auf. Das war doch nicht möglich. Ein Hoffnungsschimmer!, ging Amélie als erstes durch den Kopf, jetzt kommt sie wieder zum Zug, in Sachen Medikamente ist sie die Expertin!

– Wo genau bewahrte Monsieur Miller seine Medikamente auf?

– Das Soda war in Papiertütchen verpackt, hintereinander in einer Schachtel, die lag im Schrank, auf dem Regal. Sie hat ganz, ganz wenig vom Gift in das vorderste Tütchen geleert und genau dasselbe Säckchen eine halbe Stunde später schnell wieder rausgenommen und in den Müll geworfen … Ich bin unschuldig!

Das Mädchen legte den Kopf auf die Arme und heulte wieder los. Studer bückte sich ächzend, hob das Taschentuch vom Boden auf und schob es ihr zu.

– Leider, Kleines, kannst du nicht beweisen, dass du das Sodatütchen mit dem Gift geholt und fortgeworfen hast …

Log Anna? Aber der Wachtmeister hat so ein Gefühl im Bauch, dass die Kleine nicht log. Nein, er *wollte,* dass sie nicht log, weil er nicht wollte, dass sie richtig schuldig war. Eine Mörderin. Nur unschuldig schuldig. Auch ein Fahnder ist ein Mensch, und Studer war ein weichherziger Mensch.

Der Wachtmeister schwang den Stuhl herum, setzte sich rittlings darauf, legte die Unterarme auf die Lehne und schwieg. Wenn alles durcheinanderging, wollte er zuerst das Ganze in Ruhe überdenken, um nachher einen Entschluss fassen zu können. Wahrheit! Man weiß ganz genau, dass die Wahrheit, die man findet, nicht die schiere Wahrheit ist. Aber man kennt sehr gut die Lüge! Das Merkwürdigste war, es war wie eine Spaltung seiner Persönlichkeit: Er sah die Küche von oben, sah sich selbst, nach vorne gebeugt, mit gefalteten Händen, im Stuhl sitzen und dachte, vielleicht täuschte er sich diesmal, vielleicht ließ ihn sein Instinkt im Stich.

Es sprach leider alles dafür, dass Anna die Geschichte mit dem Zurückholen und Wegwerfen des Giftsäckli erfunden hatte, sie wusste nicht, dass Studer den Beweis hatte, dass Montgomery Robert Miller mit Arsen im Körper gestorben war. Kein Unfall. Kein Ertrinken.

– Wir aber haben handfeste Beweise, Anna, dass Miller Rattengift im Körper hatte ... Studer sprach ganz sanft. Er sagte nicht, dass das Rattengift die Todesursache war.

– Aber, ich schwör es, Herr Inspektor, ich habe das Sodatütchen mit dem Gift weggeworfen!

Der Wachtmeister dachte nach. Mademoiselle Morel dachte nach. Sie kamen beide zum gleichen Schluss. Hatte Anna an jenem Abend Monsieur Miller nicht zweimal gesehen? Es gab die Möglichkeit, und an die klammerte sich Studer und klammerte sich Amélie Morel jetzt, dass es Pech war, ein ganz großes, dummes Pech für das Mädchen, weil Miller genau in der halben Stunde zurückgekommen sein könnte, um das Soda einzunehmen, was er vorher, wegen der unangenehmen Konfrontation mit Anna, vergessen hatte. Und Anna hat ein harmloses Sodasäckchen in den Müll geworfen ...

Anna war, ohne es wirklich zu wollen, zur Täterin geworden. Aber zählte nicht der Wille zur Gutmachung, auch wenn diese zu spät kam?

– Und weil Monsieur Miller dann doch tot war, hast du Angst bekommen und bist abgehauen ...

Anna nickte.

– Und vorher hast du deinem Vater noch gesagt, dass der Mann, mit dem er um Mitternacht vor dem Café de la Plage Brüderschaft getrunken hatte, der Robert war, *der* Robert, der das ganze Unglück über euch gebracht hatte ...

Sie warf den Kopf wieder auf die Arme und schluchzte zum Steineerweichen, obwohl weder das Herz des Polizisten und schon gar nicht das von Amélie Morel aus Stein war.

– Ich bin eine Mörderin, ja, meinen Vater hab ich ... *ihn* hab ich getötet! Aber nicht den Monsieur Miller!

Bei solchen Fällen, wo der Tote der eigentliche Schuldige ist und die Täterin das Opfer, hatte Studer seinen Beruf immer gehasst, tagelang war er danach unansprechbar gewesen. Hedwig Studer hatte ihm an solchen Tagen verständnisvoll schweigend sein Lieblingsessen gekocht, Berner Röschti mit Speck.

In der Küche war die Luft dumpf von nassen Kleidern und Angst. Draußen schien jetzt die Sonne nach dem Gezeitenwechsel, eine harte, ja eine gefühllose Helligkeit lag hinter den beschlagenen Scheiben. Drinnen lag ein beklemmender Geruch nach Gestern und nach Verzweiflung.

Studer sprach langsam, denn er fühlte, dass seine Zunge große Lust zeigte, eigene Wege zu gehen. Sie wollte den Satz nicht sagen müssen.

– Anna Dubois, wir müssen dich jetzt auf die Polizeiwache bringen.

Amélie Morel stützte sich am Kochherd ab, ihre Gesichtszüge waren müde, der Blick trüb, die Löckchen klebten an der Stirn, sie fühlte sich wie ein leerer Blasbalg, aus dem alle Luft weg war. Nein, ein Verbrechen aufklären war alles andere als lustig. Es war himmeltraurig.

Studer stand langsam auf. Wen kann man dafür verantwortlich machen, dass es auf der Welt ungerecht zugeht? Auch wenn man die entgegengesetzten Standpunkte versteht, vermag das die Gegensätze nicht aufzuheben … Man muss jetzt die Anna Dubois zu Inspektor Picot auf den Polizeiposten bringen. Ein Schweizer Wachtmeister ist nicht befugt, im Ausland jemanden zu verhaften.

Ein korpulenter Mann und eine mollige Dame gingen langsam die Straße entlang, die neben dem Gleis der Tramway zum Bahnhof und zur Polizeiwache führte. Zwischen den beiden eine magere Jungfer mit gesenktem Kopf.

Die nasse Straße dampfte unter der kräftigen Nachmittagssonne. Es sieht nicht nach einer Verhaftung aus, nein, ein Onkel und eine Tante begleiten fürsorglich ein niedergeschlagenes Mädchen, wohl an einen Ort, wo es nicht hinmöchte.

Amélie Morel schüttelte unentwegt den Kopf und murmelte. Aber so war es nun mal. Der Commissaire Stüdère muss dem Gesetz folgen, dem Recht, das in Wirklichkeit ein großes Unrecht war …

Studer hatte keinen Mut mehr, die Brissago anzuzünden, die zwischen seinen Lippen steckte, er hatte überhaupt keinen Mut mehr. Ein Beamter, der nichts anderes tut als seine Pflicht. Was für ein trüber Fall …

Auf der andern Seite der Gleise, vor den Sträuchern des Dünenwaldes, stand eine merkwürdige Gestalt und winkte mit der Krücke.

– Schauen Sie nicht hin! Annas Hand krallte sich in Studers Arm, der bringt Unglück!

Na ja, mehr Unglück war für die arme Kleine zurzeit kaum möglich. Der Wachtmeister hatte ihn gleich erkannt, den Einarmigen. Diesmal trug er eine blaue Maske, aber auf die Entfernung vermochte Studer nicht zu erkennen, ob es wieder ein Vogelgesicht war. Es blitzte auf, wenn er den Kopf bewegte, wie Glassplitter in der Sonne.

– Das Ende ist ein Anfang. Fragt sich nur welcher ...

Sein Lachen dröhnte hohl und höhnisch unter der Maske. Studer bekam Gänsehaut und drängte Amélie Morel, die den Einarmigen anstarrte, zum Weitergehen. Die zitternde Anna nahm er am Arm, sie hielt die Hände vors Gesicht.

Als die drei schon beinahe bei der Polizeiwache angelangt waren, kam ihnen eine große schwarze Limousine entgegen, ein Taxi aus Nantes, so stand es auf der Seitentür des Automobils geschrieben. Studer drehte unwillkürlich den Kopf.

GLAUSER UND SIMENON BEIM APERITIF: WARUM DIE WAHRHEIT EINFACH SEIN MUSS, BESONDERS WENN SICH RECHT UND GERECHTIGKEIT BEKÄMPFEN

Was soll denn dieser letzte Satz mit der Taxilimousine aus Nantes, Glosère?

Simenon ist leicht verstimmt, er hat die Hauptrolle bei Annas Verhör dem Wachtmeister von Glauser überlassen müssen, obwohl seine Amélie Morel sich fleißig einmischte, sie wollte schließlich die Ergebnisse ihrer Nachforschungen auch einbringen.

Glauser antwortet nicht, sie stehen beim kleinen Tramway-Bahnhof vor der Tafel, auf der mit Kreide die Abfahrtszeiten geschrieben stehen. Es bleiben noch gute zehn Minuten bis zur Einfahrt des Zuges.

Bei Studer und Morel hatte das Wetter nach dem Gezeitenwechsel aufgetan, weil auch in der Realität von Simenon und Glauser sich der Himmel inzwischen aufgehellt hat. Die beiden Wirklichkeiten beginnen ineinanderzufließen.

Es fährt noch ein späterer Zug, der letzte, um Viertel nach sieben, Glauser beschließt, den letzten zu nehmen. Er muss bei Doktor Soulard etwas abholen. Sehr wichtig. Wo denn die Rue de l'église sei?

Simenon schmunzelt. Doktor Soulard schuldete wohl dem Doktor Schöni einen Gefallen … Bridgeschulden …

Der Kellner im Strandcafé hat Simenon den Zettel in die Hand gedrückt, als er zahlte, der sei von Doktor Soulard, für den andern Herrn …

Simenon zeigt Richtung Dorf, nicht weit von hier, im Zentrum, hinter der Kirche. Also haben wir Zeit für einen Aperitif, was er davon halte? Er sei natürlich eingeladen …

Glauser nickt, er hat seit Langem Durst, aber das gähnende Portemonnaie … Er schaut sich um, es gibt keinen Polizeiposten neben dem Bahnhof.

Nun übertreiben Sie mal nicht mit der Realitätstreue, Glosère! Die wirkliche Polizeiwache ist vermutlich während der Sommermonate in der Mairie von Saint-Jean untergebracht. Ohne Charme. Zu viel Realismus macht die Geschichte fad.

Als sie die Straße hinunter Richtung Dorfplatz gehen, hätte Simenon beinahe Glauser den Arm über die Schulter gelegt, er lässt ihn rechtzeitig fallen.

Das Bemühen um Realitätstreue verfälscht die Wahrheit, die immer einfach ist, einfach sein muss! Deshalb habe ich die Dinge immer vereinfacht. Deshalb habe ich den Betrieb um Maigret herum auf den einfachsten Nenner reduziert, ohne dass das auch nur das Geringste am Ergebnis geändert hätte.

Simenon bleibt stehen, gestikuliert mit der Pfeife in der Hand.

Die Wahrheit wirkt nie wahr. Und ich meine jetzt nicht nur die Wahrheit in der Literatur oder in der Malerei. Die Rede ist von der Wahrheit, welche man die nackte nennt und die niemanden überzeugt … und von «arrangierten» Wahrheiten, die wahrer aussehen als wahre. Etwas echter machen, als es ist, das ist das ganze Geheimnis.

So einfach soll das sein? Darüber will Glauser später nachdenken.

Simenon grinst. Oft hatte er harte Diskussionen mit Maigret und musste ihm beweisen, dass seine Untersuchungen, wie er sie geschildert hatte, plausibler waren – oder hatte er exakter gesagt? – als wie ein Kommissar sie in Wirklichkeit durchgeführt hätte.

Kurz – Simenon mag die kleine erfundene Polizeiwache neben dem Bahnhof! Aber jetzt möchte er endlich wissen, weshalb Glauser diesen Satz mit dem Taxi aus Nantes …

Diesen Satz … hat Glauser angefügt, aus einem Impuls heraus, weil ihm das Ende des Falles nicht gefällt. Irgendwie gefällt es ihm nicht. Der Schluss macht ihm Bauchweh, nicht dass er schlecht wäre, aber er ist unbefriedigend. Er knorzt bei seinen Studer-Romanen immer am Schluss herum.

Simenon runzelt die Stirn, er findet die Auflösung der Geschichte ziemlich realistisch. Die Leser möchten, dass das Verbrechen aufgedeckt und die Schuldigen bestraft werden. Leider ist es im richtigen Leben oft «ungerecht», der Tote ist der wahre Böse und der Täter oder die Täterin das wahre Opfer. Wie in unserem Fall, der arrogante Miller ist tot, und die vom Leben nicht verwöhnte Anna muss ins Gefängnis. Es werden ihr bestimmt mildernde Umstände angerechnet.

Glauser winkt ab, dass Recht und Gerechtigkeit zwei verschiedene Schuhe sind, die kein Paar ergeben, wisse er. Ihn beschäftigt vielmehr, ob der Kommissar in einem Kriminalroman immer das Recht anwenden muss, mit den Zähnen knirschend und über seinen Schatten springend, auch wenn er es ungerecht findet? Dürfte er beispielsweise der Gerechtigkeit helfen und nicht dem Recht? Oder ist der Kommissar als Amtsperson für die Leser so eine Art moralische Instanz, die immer das Gesetz anwenden muss, auch wenn das Gerechtigkeitsempfinden den «Täter» entkommen lassen möchte?

Simenon ist stehengeblieben und fährt sich mit beiden Händen durch die Haare.

Na ja …

Es gibt die Kriminalgeschichten mit einem schrecklichen Mord an einem unschuldigen Opfer, verübt durch einen grausamen Mörder, da sind Recht und Gerechtigkeit ein und dasselbe, da fiebert der Leser mit und am Schluss, wenn der grausame Mörder verurteilt wird und ins Gefängnis wandert, klappt er das Buch befriedigt zu, die frühere Ordnung ist wieder hergestellt. Das Recht hat für Gerechtigkeit gesorgt.

Aber so ist das Leben doch selten!

Richtig! Deshalb interessieren mich, und wenn ich richtig verstanden habe, auch Sie, Glosère, die Geschichten viel mehr, in denen Recht und Gerechtigkeit auseinanderdriften, sich vielleicht gar bekämpfen. Und der Leser sich am Schluss im gleichen Zwiespalt windet wie der menschliche Kommissar, der mit dem schuldigen Opfer leidet und eigentlich nicht möchte, dass es hinter Riegel und Gitter muss, weil das Leben es bereits hart genug bestraft hat.

Glauser nickt. Und wenn der Leser am Schluss so widersprüchliche Gefühle hat, denkt er vielleicht nach. Wenn er sich in der Lage des Täters befinden würde ... Die Leute sollen den Mörder in sich entdecken, wenn man ihnen den Täter menschlich und seine Tat plausibel macht. Vielleicht lernen sie dabei, andere weniger zu verurteilen als zu verstehen ...

Simenon nimmt Glausers Arm, kommen Sie, nehmen wir den Schlussaperitif in unserem Café du Centre, wir haben es zu einem literarischen Ort gemacht!

Das Wirtshaus liegt gegenüber der Kirche – dahinter sei gleich das Cabinet des Doktor Soulard – und weil die Abendsonne jetzt auf diese Seite des Platzes brennt, sind die Sonnenschirme aufgespannt.

Nach dem bedeckten Tag hat es die Touristen an die unverhoffte Abendsonne gezogen, die sich reumütig zeigt, man möge doch bitte den kühlen windigen Tag schnell vergessen. Die Terrassen der Wirtshäuser um den Platz herum sind alle gut besucht. Fröhliche Gesichter, lachendes Geplauder, herumtollende Kinder, denen der Strandtag fehlt.

Die beiden Schriftsteller stehen vor dem Café du Centre, auch hier sind die Plätze auf der Terrasse gut besetzt. Das Centre ist in der Geschichte wie auch in der Realität das gepflegtere Wirtshaus, modern, große Scheiben, Messinggriffe überall, geflochtene Stühle und Zinntischchen auf der Terrasse wie in der Stadt, das eher das noblere Volk und die Touristen anzieht.

Alles genauso, wie Wachtmeister Studer es gesehen hatte. Bringt er nicht die Dinge etwas durcheinander? Glauser fährt sich über die Stirn, war wohl alles ein bisschen viel heute. Simenon sucht ein freies Tischchen. Glauser wagt nicht sich umzusehen.

Es würde ihn nicht wundern, wenn in den hinteren Reihen, mit dem Rücken zur Scheibe ein dickerer älterer Mann im grauen, etwas ausgebeulten Konfektionsanzug säße, im Mundwinkel unter dem Schnauz eine dünne krumme Zigarre hängen würde, und er die beiden Schriftsteller spöttisch beobachten würde …

Simenon bestellt einen Pernod, Glauser braucht ein Bier, sein Hirn ist wie immer ausgetrocknet, es brennt und flimmert.

Bitte sehr der Herr! Der Kellner stellt das schäumende Glas Bier vor Glauser, der sich am liebsten draufgestürzt hätte, aber stattdessen voller Verlangen die köstlichen Tropfen verfolgt, die über das beschlagene Glas rinnen, während er ergeben wartet, bis auch Simenon seinen Pernod bekommen hat.

Prost! Studer gab sich mit einem tiefen lautlosen Seufzer endlich dem ersehnten Bier hin. Kühl und bitter rann es den Hals hinunter und hinauf in Studers heiße Wangen.

Verwirrt wischt sich Glauser erneut über die Stirn. Bei ihm gerät jetzt endgültig alles durcheinander.

Ihre Frage, Glosère, ist äußerst interessant. Simenon spricht mit der Pfeife im Mund, er hat sich zurückgelehnt und die Beine übergeschlagen.

Darf ein Kriminalroman-Kommissar der Gerechtigkeit helfen und nicht dem Recht? Oder anders gefragt, darf ein Stüdère oder ein Maigret – Sie entschuldigen, aber er ist und bleibt meine Referenz bei Kriminalromanen – Indizien nicht beachten oder verschweigen, sodass ein bemitleidenswerter Täter nicht verhaftet und verurteilt wird? Aber der Leser wüsste von diesen Indizien, damit er die Gewissensbisse des Kommissars verstünde …

Genau! Würden die Leser es akzeptieren? Oder verlöre der Kommissar dadurch seine Glaubwürdigkeit als Figur?

Simenon zuckt mit den Schultern.

Wir wissen beide, dass das im wirklichen Leben vermutlich hie und da vorkommt. Aber darf es im Leben des Romans auch vorkommen? Im Roman ist alles ein Zeichen, weil es vom Schriftsteller absichtlich gewählt wurde, und ein solcher Kommissar, der aus Gewissensbissen nicht stur das Recht anwendet, wäre eine Aussage, würde bedeuten, dass das Leben nie so einfach und schematisch …

Genau! Dort, wo die Grenzen fließend werden, dort ist doch das Leben! Fast alle Leute interessieren sich nur für Abgrenzung, Systematik, alles muss katalogisiert, festgelegt werden. Entweder schwarz oder weiß. Mir scheint, es werde immer erst dort interessant, wo die Grenzen ineinander übergehen. Sie werden das Angst vor der Klarheit, Mangel an Logik oder sonstwie nennen, nein Mangel an Vernunft wohl. Sei es drum. Ich finde es richtig und gut, dass nicht alle Menschen gleich denken, dass es solche und solche gibt und dass schließlich eine Weltanschauung doch immer mit der Konstitution des jeweiligen Menschen zu tun hat.

Bin völlig mit Ihnen einverstanden, Glosère! Mangel an Vernunft, wenn in der Geschichte nicht alles logisch und eindeutig endet? Nein, höchstens an wirtschaftlicher Vernunft, hätte mein alter Verleger gesagt, wenn man den Lesern von Kriminalromanen nicht liefert, was sie erwarten, nämlich am Schluss eine klare Auflösung des Falles mit einem eindeutig Schuldigen ...

Glauser spürt die scharfen Blicke im Rücken, sein Studer sitzt da hinten und spitzt die Ohren. Jetzt steht er auf und kommt näher. Er bleibt hinter Glauser stehen, der nicht wagt, sich zu rühren. Er hört eine leise Stimme, fühlt den warmen Atem am Ohr, den Brissago-Rauch in der Nase ...

Ihr könnt es einfach mal ausprobieren, Glauser! Denkt euch eine Fortsetzung aus, in der ich in Versuchung komme, Anna vor dem Gefängnis zu bewahren ...

Sie sind so still geworden, Monsieur Glosère, sind Sie müde?

Im Gegenteil ... Hören Sie, Monsieur Simenon, wir müssen die Geschichte ein klein wenig weiterführen und einen anderen Schluss finden, einen, der so unberechenbar und unrechtmäßig und ... ja unglaubwürdig ist wie das wirkliche Leben! Sie wissen doch auch, dass die Wirklichkeit manchmal viel unglaubwürdiger ist als die Produkte der Fantasie!

Sie wollen tatsächlich nochmal weiter ...? Haben wir denn Zeit?

Ja! Fast eineinhalb Stunden, bis der letzte Zug fährt.

Glauser hat eine Idee.

Wir haben nicht alle Ficelles miteinander verknüpft, Monsieur Simenon, da hängt noch ein loser Faden! Die Kleidergeschichte Ihrer Amélie Morel, die grüne Hose und das auffällige Karohemd gegen die blaue Hose und das gestreifte Hemd, die Spur – die Sie gelegt und später halb verwischt haben, weil Amélie sich getäuscht haben soll – die können wir wieder brauchen! Wenn nämlich Mademoiselle Morel keine unzuverlässige Zeugin ist, wenn sie ganz im Gegenteil sehr genau beobachtet hat – dann gibt es ein anderes Ende mit einer anderen Wahrheit ...

FORTSETZUNG DES SIEBTEN TAGES: WACHTMEISTER STUDER BEENDET MIT AMÉLIE MORELS UNTERSTÜTZUNG DEN FALL DIESMAL ENDGÜLTIG

Als die drei schon beinahe bei der Polizeiwache angelangt waren, kam ihnen eine große schwarze Limousine entgegen, ein Taxi aus Nantes, so stand es auf der Seitentür des Automobils geschrieben. Studer drehte unwillkürlich den Kopf und sah den Passagier im Fond des Wagens.

Studer sah Gespenster.

Auf dem Rücksitz saß ein Mann mit dunklen Haaren, aristokratischer Nase, der genauso aussah wie der Montgomery Robert Müller, der auf der Tennis-Fotografie so unschicklich nahe bei dem Fräulein Adrienne stand.

Der Wachtmeister schüttelte den Kopf, um die durcheinander geratenen Bilder wieder in Reih und Glied zu ordnen. Nach einer Ermittlung war er immer erschöpft. Und wenn sie zu einem solch unbefriedigenden Ergebnis führte wie hier, dann lagerte sich die Erschöpfung wie Blei in einem leeren Herz ab. Man bekommt kaum mehr Luft. Da sieht ein müder Fahnder halt schon mal Gespenster ...

Der beleibte Studer atmete schwer, als die kleine Truppe den Polizeiposten betrat. Es roch wie ein richtiges Polizeibüro, nach Bodenöl, kaltem Rauch, Angstschweiß der Verdächtigen und altem Staub. Aber im Vergleich zum Amtshaus der Berner Kantonspolizei wirkte das hier alles etwas amateurhaft. Wie wenn sie hier Polizei spielen würden ...

Der Winterstaub lag noch auf allen Fenstersimsen, leicht vergilbte Fotografien hingen an den Wänden, Studer sah eine von ihnen genauer an, das Gebäude erkannte er. Es war die

Terrasse des Hôtel de la Plage während des Krieges, voller Soldaten und Krankenschwestern, Frauen, Kindern, das Kurhaus für die verwundeten Poilus, wie Anna erzählt hatte.

– Puh, wonach riecht das denn hier?

Amélie Morel rümpfte die Nase und stupfte den Wachtmeister am Arm. Er soll die Fotografie nicht zu genau studieren.

Als Studer sich umdrehte, verzog sie das Gesicht, dieser dicke Geruch, den man mit einem Messer schneiden könnte, woher kam der? Der Wachtmeister nickte, von den Lederriemen, von der Wolle der Uniformen, vom amtlichen Papierkram, von kalten Pfeifen und Zigaretten und nicht zuletzt von den armen Teufeln, die mit ihrem Hin– und Herrutschen die beiden Holzbänke im Warteraum blankgerieben haben.

Inspektor Picot war noch nicht zurück aus La Roche-sur-Yon, man erwarte ihn aber in der nächsten halben Stunde. Es befand sich nur ein Gendarm auf der Wache, der andere Polizist war irgendwo unterwegs. Er führte den Wachtmeister mit dem Mädchen in Picots Büro. Und Amélie Morel?

– Bringen Sie uns Kaffee, vor allem für die Kleine! Studer hätte zwar lieber ein Bier gehabt, er kratzte sich am Kopf … und auch für Mademoiselle! Sie trinkt ihn draußen!

Nein! So leicht wird man Amélie jetzt nicht los! Wenn ihr Neffe zurück ist, würde sie bestimmt einen Weg finden, dabei zu sein!

Es gab nur drei Stühle im Büro des Inspektors. Studer rückte dem Mädchen den einen Besucherstuhl vor Picots Schreibtisch zurecht und setzte sich dann auf den andern. Der dritte stand an der Wand. Wenn man so auf der andern Seite des Rechts, auf dem Stuhl der Verdächtigen sitzt, beginnt man auch gleich, sich schuldig zu fühlen …

Der Wachtmeister sah sich um, Anna blieb stumm, vom Büro des Inspektors führte eine Tür direkt in die Zelle daneben, die Tür stand leicht offen, sodass man die Pritsche sehen konnte. Durch das Fenster schien die Sonne in die Zelle, auf dem Lichtstrahl im Türspalt wirbelten aufgestörte Staubpartikel wild durcheinander.

Die Zeit kroch, die Minuten klebten im Staub, in den ausgetrunkenen Tassen trocknete der Kaffeesatz, die Brissago stieß gelbe Wolken in die Luft, und in Annas Wangen kam nach dem Kaffee wieder etwas Farbe. Eine Fliege surrte stur gegen die Scheibe an, wieder und wieder.

Studer dachte, man sollte das Fenster öffnen und sie in die Freiheit entlassen.

Stattdessen rief er einen der Gendarmen, als die Polizisten wieder zu zweit auf der Wache waren, und schickte ihn ins nächste Wirtshaus, um belegte Brote und Bier zu holen. Der Wachtmeister brauchte ein Bier.

Kaum waren Bier und Sandwiches eingetroffen und der Anna eines der Schinkenbrote in die Hand gedrückt worden, damit das dünne Mädchen etwas zu Kräften komme, obwohl die stur den Kopf schüttelte und die Lippen zusammenbiss, hörte man draußen ein Auto vorfahren.

Im Vorraum die erstaunte Stimme von Inspektor Picot, die sich mit der überschlagenden Stimme von Amélie Morel vermischte, dann wurde die Tür aufgerissen und der Inspektor schaute ungläubig auf Anna, dann auf den Schweizer Kommissar.

– Mais … Monsieur le Commissaire, würden Sie mir bitte sagen …?

Studer hatte sich erhoben, ebenso Anna, er drückte sie wieder auf den Stuhl und nickte, er wird dem Inspektor selbstverständlich alles erklären.

Amélie Morel war blitzschnell hinter ihrem Neffen ins Büro gehuscht und saß jetzt entschlossen auf dem Besucherstuhl an der Wand. Von da wird sie keiner mehr vertreiben, stramm umklammerte sie mit einer Hand ihre Tasche auf den Knien und mit der andern den Regenschirm.

Studer verabscheute jegliche Geschwätzigkeit. Mit wenigen, aber den richtigen Worten berichtete der Schweizer Wachtmeister dem verblüfften französischen Inspektor, was sich auf dem Friedhof und im Haus von Père Joe ereignet hatte. Laurent Picot setzte sich danach geschlagen in seinen Sessel hinter dem Bürotisch, wischte sich unaufhörlich den Schweiß von Stirn und Nacken.

Wer hätte denn sowas gedacht! Die kleine Anna eine Giftmörderin! Der junge Inspektor schüttelte den Kopf, wenn die ihn doch nur die Sache als Unfall hätten abschließen lassen …

Auf dem Verdächtigenplatz, wo Studer saß, sah man durch das Fenster hinter Picots Tisch auf den Platz vor der Wache. Dort fuhr jetzt eine weiße Limousine vor, hielt an und aus der geöffneten Autotür stieg ein eleganter Herr in weißem Leinenanzug, der hellgraue Sommerhut warf einen Schatten auf das Gesicht, sodass man es von drinnen nicht erkennen konnte.

Aber Studer wusste, wer der Besucher war, sein Herz hämmerte. Kein Gespenst. In solchen Momenten ist der denkende Geist ausgeschaltet, der Bauch weiß, was richtig ist. Der Wachtmeister sprang auf und schob die verdatterte Anna mit dem Schinkenbrot in die Zelle nebenan.

– Keine Angst, sei still und wart hier!

Dann packte er die verdutzte Jungfer Morel am Arm und schob sie energisch ebenfalls in die Zelle, passen Sie auf die Kleine auf!

Er schloss die Tür, gerade in dem Augenblick, als es an die andere Tür von Picots Büro klopfte und der Gendarm den Kopf hereinstreckte, ein Monsieur Miller, Montgomery Miller, wolle dringend Inspektor Picot sprechen, was er machen solle?

Picot, der Studer verständnislos zugeschaut hatte, sah nun den Polizisten ebenso an. Er, der zuvor nichts gesehen hatte, war völlig überrumpelt. Er verabscheute solche hinterhältigen Überraschungen, Wendungen, die alles auf den Kopf stellten. Dabei hatte er noch nichts von dem verdaut, was der Schweizer Kommissar ihm erzählt hatte. Aber er nickte wie ein Automat, sodass der Gendarm glaubte, die beiden Herren hätten nur auf diesen Besucher gewartet, vermutlich ein Zeuge, oder gar ein Verdächtiger?

Der Wachtmeister schob die belegten Brote mit einem hungrigen Blick hinter die Aktenbeige auf dem Tisch.

– Hereinführen! Studer stand neben Picots Tisch. Jetzt übernahm der Schweizer Fahnder, jawoll!

Eine halbe Stunde später hatten die beiden Polizisten die ganze unglaubliche Geschichte erfahren. Insbesondere wer denn zum Teufel der Tote war … Studer schnaubte, noch nie hat man eine solche Geschichte erlebt, so kompliziert und gleichzeitig so simpel.

Allerdings wurde nichts aus Studers «Übernehmen». Es fing damit an, dass der Herr Müller aufgebracht in Picots Büro eilte, erst Studer ansah, Sie müssen der Wachtmeister aus Bern sein, und sein Tonfall, wie er *Wachtmeister* sagte, gleich klar machte, dass ein Herr Montgomery Müller sicher nicht mit einem unbedeutenden kleinen Fahnder reden würde.

Studer hatte ihm in weiser Voraussicht nicht die Hand zum Gruß hingehalten. Man hat mittlerweile eine dicke Haut, man weiß, dass diese Herren nur Titel hören und sonst taub sind. Studer hatte sein verbissenstes Gesicht aufgesetzt. Ihm war, als sei ein Kampf auszufechten zwischen dem *Wachtmeister* und dem hochnäsigen Müller.

Danach hatte Müller sich zu Picot gedreht, und Sie müssen

Inspektor Picot aus Les Sables-d'Olonne sein! Habe von Ihnen gehört, sehr erfreut, Ihre Bekanntschaft zu machen! Welch eine skandalöse Geschichte während meiner Geschäftsreise!

Während der nachfolgenden Unterredung wandte sich Müller ausdrücklich nur an den Inspektor.

Müller nahm, ohne zu fragen, auf dem Verdächtigenstuhl Platz, wo Anna zuvor gesessen hatte, und Studer setzte sich wieder auf seinen Stuhl. So saßen die beiden so ungleich gearteten Männer Inspektor Picot gegenüber, der Wachtmeister schwitzend in seinem dunklen Konfektionsanzug für die Beerdigung, Herr Müller kühl im hellen Maßanzug, zurückgelehnt, die Beine überschlagen. Er holte aus der Jackentasche ein goldenes Etui, steckte ein goldenes Mundstück auf eine edle lange Zigarette und beugte sich nach vorn, damit der Inspektor ihm Feuer gebe. Der schoss auf und suchte in seinen Taschen nach dem Feuerzeug. Studer schüttelte den Kopf.

Jedes Mal, wenn Studer eine Frage stellte, und es gab vieles, was er als offizieller Ermittler wissen musste ... Wo Herr Müller während dieser Woche gesteckt hatte? Warum er seine Frau, oder wenigstens seine Schwägerin, hatte der Wachtmeister maliziös angefügt, denn nie angerufen hatte? Was für Geschäfte er mit diesem Lopez betreibe? Warum der Maler, der das Fräulein Adrienne porträtiere, so wütend auf ihn sei? Aber vor allem, weshalb denn niemand von der Existenz des Toten gewusst hatte? ... Jedes Mal sah Müller entweder dem feinen Rauch nach, der sich von der Spitze seiner Zigarette in die Luft schlängelte, oder er antwortete ausschließlich an den jungen Inspektor gerichtet. Der ließ sich leichter beeindrucken.

Er hatte in Paris Geschäfte zu erledigen, Leute an der Weltausstellung zu treffen, er rufe nie zu Hause an, wenn er unterwegs sei, aber das gehe die Herren ja wohl nichts an. Er hingegen frage sich, weshalb die Polizei nicht ernsthafter nach ihm gesucht habe, in Paris, nachdem seine Gattin den Toten nicht als ihren Ehemann identifiziert hatte ... Man hätte ihn ohne Probleme über die schweizerische Botschaft finden können ... Er arbeite im Auftrag der Regierung ...

– Welche Art Geschäfte betreiben Sie, Monsieur Miller?

Der junge Inspektor schob nervös ein paar Akten auf die andere Seite. Miller sah verwundert zwei Sandwiches auf der Tischplatte liegen, die ihre Deckung verloren hatten.

– Import, Export, Handel mit den französischen Kolonien ... Abklärungen für den Aufbau einer Agentur der Schweizerischen Zentrale für Handelsförderung in Algier ... ich muss Sie jedoch bitten, Monsieur le Commissaire, das absolut vertraulich zu behandeln!

So wickelte Müller den jungen Picot ein, indem er ihn zum Kommissar machte ... und damit zeigte er gleichzeitig, dass ein Müller sich nur von einem Kommissar befragen ließ ... Studer bewunderte wider Willen diesen psychologischen Schachzug.

Müller warf einen warnenden Seitenblick auf den Wachtmeister neben ihm.

– Und Sie schulden Monsieur Lopez eine große Summe Geld?

Miller sah Picot kurz scharf an, dann hatte er sich wieder im Griff, und klopfte mit dem Zeigefinger auf die Zigarette über dem Aschenbecher, den Picot vor ihn geschoben hatte. Zu gern hätte der jetzt selbst eine Zigarette angezündet, aber dieser weltmännische Miller schüchterte ihn ein.

Einen Reiz übte der Müller auch auf den alten Wachtmeister aus ... Er stieß ab, er zog an ... Er wirkte abstoßend, wie manchmal maskierte Gesichter wirken. Etwas anderes kam hinzu, der Wunsch zu schauen, wie das wahre Gesicht aussieht, das sich hinter der Maske verbirgt. Wie sollte man es anstellen, um die Maske zu lüpfen?

Müllers Gesicht trug wieder die kalte distanzierte Beflissenheit zur Schau. Er sei äußerst erstaunt, dass Monsieur le Commissaire seinen Geschäftspartner kenne (er hielt am Kommissar fest) ... Er war mit Monsieur Lopez am Tag vor seiner Abreise im Hotel verabredet gewesen, leider sei er nicht gekommen. Es gehe um eine Provision für Geschäfte. Das Geld liege im Tresor des Hotels.

Algerien ... Provision ... oder Schmiergeld? Studer runzelte die Stirn. Er las manchmal auch französische Zeitungen und wusste, Algerien war seit Monaten in Frankreich ein Wort, an dem man sich nur die Finger verbrennen konnte. Seit Viollette, ehemaliger Gouverneur von Algerien und jetzt Minister des Front populaire, vorgeschlagen hatte, dass eine beschränkte Anzahl Muselmanen, die zur französisierten Elite Algeriens gehörten, das Stimmrecht erhalten sollten ... Die französischen Kolonisten waren in hellem Aufruhr ...

– Ist die Zeit für die französischen Kolonien abgelaufen, was denken Sie, Herr Müller?, fragte Studer unschuldig.

Wieder dieser schnelle, misstrauische Blick von Müller, dann senkte er die Augenlider halb hinter dem Zigarettenrauch, die eine der gepflegten Hände lag locker auf dem Schenkel des übergeschlagenen Beins, die andere Hand mit dem Siegelring und der Zigarette ebenso auf der Tischkante.

Ein Montgomery Müller, inoffizieller Kundschafter des Politischen Departements zur Beobachtung und Wahrung der Schweizer Interessen, insbesondere der wirtschaftlichen, in dieser algerischen Teufelsküche zwischen sturer französischer Verwaltung, wachsender Unabhängigkeitsbewegung, panischen Kolonisten, französischen und schweizerischen, zwischen besorgten Schweizer Gesellschaften und geheimen Geldströmen, die aus gegensätzlichen Quellen auf Genfer Banken fließen ... ein solcher Mann tappt sicher nicht in eine plumpe

Fangfrage, wie sie der Wachtmeister gestellt hat. Umso weniger als man nicht weiß, was Lopez, dem der Inspektor oder der Wachtmeister offensichtlich begegnet war, ausgeplaudert hatte. Man überhört es elegant und beantwortet eine harmlose Frage.

– Was den Maler Charlot anbetrifft ... natürlich ist er schlecht auf mich zu sprechen, bestimmt hat er sich über meinen Tod gefreut! Leider zu früh ... Er ist ein mieser kleiner Dieb.

Eines Abends, als Miller nach dem Dinner im Zimmer seine Medikamente holte, sah er ihn aus einem andern Zimmer schleichen. Der Kerl hatte der Dame dort Schmuck gestohlen, sein Trick war, jeweils nur so wenig mitzunehmen, dass die Damen es nicht gleich bemerkten und dann glaubten, den Ring oder die Ohrstecker verlegt zu haben.

– Als Gegenleistung, damit ich ihn nicht beim Hoteldirektor anzeige, muss er von meiner Gattin und von meiner Schwägerin gratis ein Porträt malen.

Müller sah den Rauchkringeln nach, die er gekonnt in die Höhe blies. Er behalte sich trotzdem vor, den Dieb noch anzuzeigen, er würde Hausverbot bekommen und sein einträgliches Geschäft mit dem Porträtmalen verlieren ...

Studer bemerkte, wie Miller, während er redete, regelmäßig einen verstohlenen Blick auf die Scheibe des Aktenschranks warf, die ihm sein Bild zurückwarf ... der Mann hatte seine Erscheinung jederzeit unter Kontrolle.

– Übrigens, Messieurs – diesmal war auch Wachtmeister Studer eines kurzen Kopfdrehens von Müller würdig –, Madame Miller wird mit ihrer Schwester in Kürze hierherkommen, um die letzten Dinge zu klären. Sie hat bei meinem Anblick einen solchen Schock erlitten, dass wir den Doktor rufen mussten. Es geht ihr wieder besser, aber meine Gattin ist leidend. Es herrscht jetzt übrigens ein ziemlicher Aufruhr im Hôtel de la Plage beim Personal ...

Miller blies zwei weitere vollendete Rauchringe in die Luft. Inspektor Picot schaute ihnen begehrlich nach.

– War es wirklich notwendig, eine solche Komödie zu veranstalten, nein, vielmehr ein Trauerspiel, wegen eines einfachen Unfalles? Leider, Monsieur l'Inspecteur, werde ich mich bei Ihrem Vorgesetzten beschweren müssen. Selbstverständlich ebenso bei Ihrer Dienststelle in Bern, Herr *Wachtmeister!*

Der Wachtmeister biss mit den Zähnen auf der Brissago herum. Seit Langem wusste er, dass in dieser Geschichte etwas knirschte ... Wenn alle materiellen Indizien darauf hinauslaufen, die Dinge zu verwirren, anstatt sie zu klären, dann sind sie alle gefälscht! Und alles, angefangen beim Toten, war in diesem Fall falsch ...

– Natürlich konnten die Herren nichts von der Existenz meines Bruders wissen, aber ich hätte doch erwartet, dass die französische Polizei etwas mehr Taktgefühl zeigt im Umgang mit zwei hilflosen Damen. Hingegen erstaune ihn die Ruppigkeit des schweizerischen Wachtmeisters keineswegs. Wieder ein kurzer Seitenblick auf Studer.

– Herr Müller, uns hingegen erstaunt jedoch außerordentlich, dass weder Ihre Frau Gemahlin noch Ihre Schwägerin von der Existenz dieses Bruders Kenntnis hatten ...

Studer sprach sein schönstes Hochdeutsch. Und wenn Studer hochdeutsch sprach, das kam selten genug vor, war die Wirkung immer die gleiche – ob es sich nun um die Wirkung auf Zivilpersonen handelte oder um die auf junge Fahnder. Alle spürten dann, es war am besten, man kam dem Wachtmeister nicht in die Quere.

Müller drehte verdutzt den Kopf zu Studer. Sie hatten bisher französisch gesprochen. Dann drückte er seine Zigarette aus, lehnte sich zurück und verschränkte seine Arme.

– Selbstverständlich, Messieurs, Müller sprach weiter französisch, ich schulde Ihnen eine Erklärung. Ich verabscheue alles, was Zeit vergeudet, dasselbe gilt für unklare Situationen.

Zwillinge, eineiige Zwillinge, deshalb gleiche ihm … glich ihm … sein Zwillingsbruder Bradley auch zum Verwechseln. Bradley war der Zweitgeborene …

– … wir sind in Amerika, in Boston, zur Welt gekommen, Vater war Professor am MIT, berühmte Universität, aber das wissen die Herren ja sicherlich, mein Bruder war immer schwach, keinen Willen, hat nie etwas im Leben auf die Reihe gekriegt, das Studium abgebrochen, zog nach New York, sah sich als Künstler, Schauspieler, hat sein schauspielerisches Talent für eine Hochstaplersache genutzt, verurteilt wegen Betruges, Gefängnis … das schwarze Schaf in der Familie. Vater hat ihn enterbt, Bradley gab es für ihn nicht mehr. Kurz, eine klassische Kain-und-Abel-Geschichte. Müller lachte trocken und zog eine neue Zigarette aus dem Etui.

– Wie hieß Ihr Bruder mit vollem Namen?

Picots und Studers Blicke kreuzten sich nur kurz, aber es genügte den beiden Polizisten, um bestätigt zu bekommen, dass der andere dasselbe dachte. Was, wenn Anna sich ebenfalls hat täuschen lassen?

– Bradley Robert Miller. Weshalb fragen Sie? Ja, wir haben beide denselben Mittelnamen, Großvaters Vorname, Mutters Vater, er starb kurz vor unserer Geburt … Mutter war Amerikanerin.

– Aber Bradley nannte sich immer Miller, er war, da er für Vater nicht mehr existierte, nicht mit uns in die Schweiz zurückgezogen, zum großen Kummer von Mutter. Sie hatte Schwindsucht und Vater wollte, dass sie ins beste Sanatorium in der Schweiz kam. Sie starb dennoch zwei Jahre später. Vater arbeitete als Professor an der ETH in Zürich, ich beendete mein Studium in Zürich. Der Name Bradley war in der Familie tabu …

Studer wartete auf die Fortsetzung, die Brauen erhoben, die Zähne an der Brissago festgebissen. Aber Müller schwieg, rauchte, sah an Picot vorbei aus dem Fenster.

Der Wachtmeister hüstelte.

– Und Sie verschwiegen den missratenen Bruder auch vor der noblen Familie, in die Sie einheirateten, die Berner Patrizierfamilie Stettler, der einflussreiche Vater Stettler, man schämte sich vor ihm, nicht wahr?

– Ach, was weiß denn ein kleiner *Wachtmeister* schon von diesen Dingen!

– Und als Amerikaner mussten Sie beide Kriegsdienst leisten, als Amerika 1917 in den Krieg eintrat?

Nur die Augen eines langjährigen Fahnders konnten die Unruhe bemerken, die jetzt den selbstsicheren Müller ergriff, er streifte zweimal hintereinander die Asche von der Zigarette, obwohl keine mehr an der Spitze war, er schlug das andere Bein über, er setzte sich etwas aufrechter hin …

– Ob wir in die Army mussten?

Der Müller begann die Frage zu wiederholen, das war ein gutes Zeichen, Studer wusste, nun hatte er ihn bald.

– Weshalb fragen Sie? Nur er sei im Kriegseinsatz gewesen, Bradley war untauglich.

Studer nickte abwesend, man kam zum Kern der Sache … Hoffentlich verhält sich die Kleine im Nebenraum ruhig, man kann dort bestimmt alles mithören, die Holzwände waren dünn …

– Vermutlich, Herr Müller, sind Sie nach Saint-Georges in Urlaub gekommen, um alte Erinnerungen aufzufrischen? Jener ereignisreiche Sommer 1918 hier, ein Dorf voller hungriger junger Französinnen …

– Was erlauben Sie sich …

Der Wachtmeister hob die Hand und erfrechte sich, Herrn Müller zu unterbrechen.

– … oder möchte Herr Müller uns vielleicht in Anwesenheit der Frau Gemahlin und der Schwägerin vom Sommer 1918 und seinen Folgen berichten?

Denn Studer hatte gesehen, wie soeben ein Taxi auf den Vorplatz fuhr, aus dem nun Frau Müller auf Fräulein Adrienne gestützt ausstieg.

Eine Viertelstunde später kam es zum Eklat, als plötzlich die Tür zu der Zelle aufgerissen wurde und Anna sich mit wutverzerrtem Gesicht auf Miller stürzte, gefolgt von Amélie Morel, die Anna zurückzuhalten versuchte.

Zuvor hatte Miller – bruchstückhaft, widerwillig und nur mit ständigem Korrigieren und Ergänzen seiner Aussagen durch den Wachtmeister – seiner verängstigten Ehefrau und verdutzten Schwägerin erzählt, dass er Saint-Georges gut kenne … im Krieg hier seine Fliegerabwehrausbildung absolviert hatte … ein Camp mit dreitausend jungen Männern – Adrienne Stettlers Augen blitzten – und ein Dorf mit jungen Frauen und Mädchen … na ja, man tanzte … versuchte den Krieg zu vergessen! … Man kam sich näher …

– Ja und vor einer Woche, am Abend vor meiner Geschäftsreise nach Paris, überfiel mich plötzlich dieses Zimmermädchen im Hotel mit der Behauptung, ein Mädchen sei damals von mir schwanger geworden. Eine Unverschämtheit, nach so vielen Jahren!

Müller verlor sichtlich die Contenance.

– Da kann jede kommen! Da war keine keusch damals, die Girls wollten sich alle amüsieren! Überhaupt, die freche Kleine soll erstmal beweisen, dass der Bankert …

Auf dieses Wort hin kam Anna herausgestürmt, stürzte sich auf Miller und zerkratzte ihm schreiend das Gesicht. Amélie Morel blieb verschreckt in der Tür stehen. Es war nicht zu fassen, der leibhaftige Monsieur Miller saß völlig lebendig da!

Einen derartigen Tumult hat das brave Büro von Inspektor Picot und auch er noch nie erlebt. Es war ohnehin eng im Raum mit den zusätzlichen Stühlen, die die Gendarmen für die Damen Müller-Stettler herbeigeschafft hatten.

Als alle wieder etwas beruhigt waren – man setzte Anna auf die gegenüberliegende Seite des Tisches in größtmöglichem Abstand zur Familie Miller, und Amélie huschte hurtig zu ihrem Stuhl an der Wand –, forderte Studer das Mädchen auf, ihre Version der Geschichte zu berichten. Was sie stockend tat und dabei mit den Augen immer wieder Rückendeckung beim Wachtmeister suchte. Und sie erzählte diesmal alles, auch den Selbstmord und Kindsmord von Lucie.

Studer beobachtete Miller, der blass wurde. Er war tot. Sein Sohn, sein einziger. Neunzehn wäre er jetzt … Dass es seiner war, darüber täuschte sich mittlerweile niemand der Anwesenden mehr.

Erstaunlicherweise schienen die Damen Müller-Stettler dem Zimmermädchen mehr zu glauben als dem Ehemann und Schwager … Wohl so etwas wie Solidarität unter Frauen … Er konnte sich vorstellen, was später im Hotelzimmer ablaufen würde und fühlte zu seiner Verwunderung beinahe etwas Mitleid mit Herrn Müller. Der schien bereits jetzt zwischen den weiblichen Fronten ziemlich an Selbstsicherheit eingebüßt zu haben, blass wie er geworden war …

Aber damit war der Fall keineswegs erledigt. Man hatte schließlich einen Toten! Studer und Inspektor Picot mussten noch einiges über den mysteriösen Zwillingsbruder in Erfahrung bringen.

– Hatten Sie in all den Jahren Kontakt zu Ihrem Bruder?

Miller räusperte sich umständlich und drückte die Zigarette im Aschenbecher aus. Es lagen inzwischen einige Stummel drin.

Alle paar Jahre tauchte Bradley bei ihm auf und wollte Geld, wenn eine seiner Betrügereien schiefging und er untertauchen musste ... Bradley trieb sich in ganz Europa herum, er war vermutlich alles, Hochstapler, Falschspieler, Gigolo, Heiratsschwindler, jedenfalls ein hervorragender Schauspieler. Nach jedem Mal habe er gehofft, dass der Bruder nun endgültig verschwinde.

– Er erpresste mich, sonst sage er meiner Familie alles ...

Miller warf einen Seitenblick auf seine Frau, die zu Boden schaute.

– Sie verstehen jetzt, Monsieur l'Inspecteur, dass mich der Tod meines Bruders keineswegs erschüttert, im Gegenteil ...

– Wann hatten Sie ihn zum letzten Mal gesehen?

– Am Tag vor meiner Abreise nach Paris! Weiß der Kuckuck, wie er unsere Urlaubsadresse gefunden hat ... Andrerseits, wir haben schon mehrmals im Hôtel de la Plage in Saint-Georges Urlaub gemacht ...

Bei diesem Satz schoss Madame Miller einen giftigen Blick auf ihren Ehemann. Sie verstand jetzt weshalb!

Bradley hatte seinem Bruder im Garagenhof hinter dem Hotel bei seinem Automobil aufgelauert. Er brauchte sehr viel Geld diesmal, wollte nach Südamerika, endgültig verschwinden. Miller hatte zwar eine größere Summe Bargeld im Hotel, das jedoch für Lopez bestimmt war, er habe dem Bruder versprochen, das Geld zu organisieren, ein allerletztes Mal!, er solle in einer Woche wiederkommen, wenn er aus Paris zurück sei.

– Dann muss er am Abend, als wir im Speisesaal beim Abendessen saßen, in mein Zimmer eingedrungen sein, keine Ahnung,

wie er herausgefunden hatte, welches es war. Ich hatte Bargeld
für die Reise im Zimmer, das war jedenfalls weg ...

– Was hatte er in Ihren Toilettensachen gesucht?

– Warum wissen Sie, dass ...?

– Beantworten Sie die Frage! Studer war unerbittlich.

Es stellte sich heraus, dass Miller immer etwas Kokainpul-
ver bei seinen Medikamenten hatte und dass Bradley davon
wusste ...

– Getarnt als harmloses Sodatütchen?

– Woher wissen Sie ...?

Amélie reckte den Hals, um besser zu hören. Studer schaute
schnell zu Anna hinüber, die mit aufgerissenen Augen dasaß,
und bedeutete ihr mit einem strengen Blick, ja kein Wort zu
sagen! Am liebsten hätte er ihr die Hand auf den Mund gedrückt. Aber das Mädchen war wie betäubt, sie verstand nichts
mehr und brachte keinen Ton heraus.

Miller hatte mit den Schultern gezuckt, vermutlich habe
Bradley ein, zwei Sodasäckchen mit Kokain mitlaufen lassen
... aber ebenso eine Hose und ein Hemd von ihm ...

– Eine grüne Hose und ein auffällig kariertes Hemd?

Müller nickte. Dafür lagen seine alten Kleider auf dem Boden.

Amélie nickte zufrieden, wieder ein Rätsel gelöst. Es waren
die Kleider, die Adrienne Stettler in der Nacht danach in die
Mülltonne geworfen hatte, weil ihre Schwester ahnte, dass diese unbekannten Kleider im Zimmer ihres Mannes nur Schwierigkeiten bringen würden.

Er habe natürlich sogleich gewusst, was das mit dem Kleiderdiebstahl bedeutete ...

– Was denn?

Studer spielte gern den dummen Fahnder.

– Natürlich dass er sich für mich ausgeben wollte! Ich ahnte, dass diesmal alles auf der Kippe stand, weil Bradley nichts mehr zu verlieren hatte, dass alles auskommen würde ... und so ist es ja auch gekommen ...

Müllers Stimme klang bitter.

– Dann haben Sie beschlossen, dass Sie das unbedingt verhindern mussten und sind, nachdem Sie den Kleiderdiebstahl bemerkt hatten, nachts um elf nochmal raus, um Ihren Bruder zu finden und zur Vernunft zu bringen. Und weil er nicht vernünftig werden wollte, ist er jetzt tot ...

Miller hatte sich im Griff. So ein Unsinn! Er habe das Hotel nach dem Abendessen nicht mehr verlassen.

Leider hat eine hier anwesende und absolut glaubwürdige Zeugin ihn gesehen. Es frage sich nur, wer, Montgomery oder Bradley, mit dem armen Père Joe Brüderschaft getrunken habe?

– Wer ist das? Der alte Säufer, der immer beim Strandcafé herumhängt?

Anna erwachte aus ihrer Starre und schrie:

– Das war mein Vater, das war Joseph Dubois, das war Lucies Vater! Und jetzt ist er tot!

Darauf kam das Einknicken von Montgomery Robert Miller oder Müller so unerwartet, dass selbst der abgebrühte Wachtmeister Studer einen Augenblick lang sprachlos blieb. Ihm fiel beinahe die Brissago aus dem Mundwinkel, und Inspektor Picot blieb mit dem Glas Wasser auf halber Höhe stehen, er hatte gerade einen Schluck trinken wollen.

Ja, er sei nochmals rausgegangen, habe seinen Bruder gesucht, habe ihn auch gefunden, wie er mit dem Alten den Strand entlang torkelte, bereits schwer angetrunken. Der Alte habe sich dann irgendwo in den Sand gelegt, er sei mit Bradley weitergegangen. Sie hätten heftig gestritten, Bradley nur immer gelacht, ihn ausgelacht, er hatte offensichtlich eine doppelte Dosis von dem Zeug eingenommen, Bradleys Lachen habe ihn zum Wahnsinn getrieben, er sei handgreiflich geworden. Bradley ging zu Boden, sturzbetrunken. Er habe ihn dort am Strand liegengelassen und sei ins Hotel zurück.

– War er bewusstlos?

Miller zuckte die Schultern.

Das war's.

Wenig später löste sich die unfreiwillige Gesellschaft auf, Montgomery Robert Müller, Frau Madeleine Müller, geborene Stettler, und ihre Schwester Adrienne Stettler stiegen schweigend in die weiße Limousine und kehrten ins Hotel zurück. Um die morgige Rückreise in die Schweiz zu organisieren. Anna Dubois saß zusammengesunken im Vorraum der Polizeiwache und wartete ergeben. Man hatte ihr gesagt, es gebe noch ein paar Formalitäten zu erledigen.

Der Wachtmeister beendete sein Telefonat mit Dr. Malapelle in Bern, die Leiche sei sofort freizugeben, die Untersuchung beendet. Müller wollte jedes Aufsehen vermeiden und den toten Bruder, den niemand kannte und vermisste, im Familiengrab neben dem Vater – noch ein Schuldiger – bestatten lassen.

Bene, also der Commissario hat das Giftmörder verhaftet! Studer brummte etwas von Ablauf geklärt und unglaublicher Verwechslung. Soll er noch nach andern Ursachen suchen? Ein Dottore Malapelle findet alles! Keine weiteren Untersuchungen, knurrte Studer. Bene Commissario, was Sie tun, Sie wissen!

Wusste der Wachtmeister wirklich, was er tat? Er kehrte in Picots Büro zurück.

Dort riss Amélie Morel gerade energisch das Fenster sperrangelweit auf, zum Schneiden dick war die Luft, voller Rauch, voller Buchstabenqualm, voller Wörter, die verletzten, voller ungeheurer Aussagen, die zuvor noch niemand gehört hatte. Und voller Wahrheiten, die niemanden überzeugten …

Der Inspektor hing erschöpft in seinem Sessel und wischte sich ein ums andere Mal mit seinem Taschentuch über die feuchte Stirn.

Studer ging im kleinen Büro hin und her. Er hat Verhöre im Sommer immer gehasst. Diese Hitze. Ein bisschen Heimweh hatte er. Und einen Bärenhunger. Auf dem Tisch trockneten zwei Schinkenbrote vor sich hin. Er nahm kurzerhand eines und nach vier Bissen war es weg.

Picot setzte sich seufzend auf und lehnte sich über den Tisch.

– Monsieur le Commissaire, wollen Sie auch das zweite Brot? Was ist Ihre Ansicht zu der ganzen Geschichte?

Dann lehnte er sich wieder zurück und steckte sich eine Zigarette an, endlich!

Studer hatte grundsätzlich nie Ansichten zu Geschichten. Aber er besaß einen Schnurrbart, ein unentbehrliches Beruhigungsmittel bei eintretender Ratlosigkeit ... Jetzt schwieg er und fingerte über der Oberlippe nach dem Schnurrbart, dessen Trüllen in schwierigen Unterredungen stets geholfen hat. Er beschäftigte sich so lange mit seinem Schnurrbart, dass man hätte meinen können, er wolle jedes Haar geradebiegen.

– Brot ja, danke. Ansichten, nein. Aber Fakten haben wir: Der Tote, der zurzeit in Bern im Gerichtsmedizinischen Institut liegt, ist, wie wir jetzt wissen, der Zwillingsbruder von Montgomery Robert Müller und hieß Bradley Robert Müller. Sie glichen einander so unglaublich, dass selbst die Ehefrau und die Schwägerin die Wasserleiche für Montgomery hielten ...

– Bis auf etwas Fremdes, das Frau Müller auf dem Bauch des nackten toten Bradley entdeckt hatte: ein kleines Muttermal!

Picot verstand nach wie vor nicht, weshalb Madame Miller dieses wichtige Indiz verschwiegen und den Toten dann doch als ihren Mann identifiziert hatte!

Amélie Morel und Wachtmeister Studer schauten einander

kurz an, dem Jungen muss man die einfachsten Dinge erklären!

– Die Fakten waren erdrückend, er sah aus wie ihr Ehemann und trug seine Kleider, Studer räusperte sich, es wäre durchaus denkbar, dass die kränkliche Madame Miller ihren Gemahl seit Jahren nicht mehr nackt gesehen hat … wenn überhaupt je …

Amélie Morels Wangen röteten sich.

Studer schmunzelte, und das Fräulein Adrienne hat leider das Muttermal nicht gesehen … Sie wäre vermutlich eine verlässlichere Zeugin gewesen …

Amélie saß ungeduldig auf dem Besucherstuhl an der Wand. Etwas hätte sie gerne noch gewusst: Warum kam Müller ausgerechnet hierher in die Ferien, nach Saint-Georges? Wurde er trotz allem von einem Schuldgefühl getrieben?

Der Wachtmeister saß in seiner Lieblingsstellung auf dem Verdächtigenstuhl, die Beine gespreizt, die Unterarme auf die Schenkel gestützt, die Hände gefaltet.

Jede Handlung lässt sich begründen – und wenn der Grund nicht im Bewusstsein gefunden werden kann, so muss man ihn im Unbewussten suchen. Dies hatte der Wachtmeister von der Berner Fahndungspolizei gelernt, als er einen Fall hatte aufklären müssen, der in einem Irrenhaus spielte. Ein Psychiater hatte es auf sich genommen, ihm den Unterschied zwischen bewusst und unbewusst recht drastisch einzubläuen. Das mit dem Unbewusstsein hatte vieles für sich, obwohl man es nie so hätte formulieren können.

– Was ist unbewusst?, fragte Amélie Morel höchst interessiert.

– Unbewusst ist alles, was wir nicht an die Oberfläche gelangen lassen, was wir so schleunigst als möglich beiseite schieben, sobald es nur den Versuch wagt, eine Ohrenspitze zu zeigen!

Sie nickte eifrig.

– Dass Monsieur Miller wieder und wieder hierherkam, das war doch irgendwie verrückt, nicht wahr?

– Locard, Doktor Locard in Lyon – vielleicht kennen Sie ihn, Monsieur Picot? – schreibt in einem seiner Bücher – (und mein Freund, der Kommissär Madelin, zitierte diesen Ausspruch mit Vorliebe) – es sei ein Irrtum zu glauben, es gebe normale Menschen. Alle Menschen seien mindestens Halbverrückte, und diese Tatsache dürfe man in keiner Untersuchung vergessen …

Studer saß immer noch nach vorn gebeugt auf dem Stuhl, sein Hunger war mit dem zweiten Schinkenbrot gestopft. Weiß er jetzt, wie Müllers wahres Gesicht aussieht, das sich hinter der Maske verbirgt? Ihm war, als ob er zwar eine Maske gelüpft hätte, aber dass darunter einfach die nächste saß …

Jetzt waren die Drei im Hotel und packten ihre Koffer. Die Damen Müller und Stettler haben durchaus keine Ursache, verächtlich auf sogenannte Verbrecherinnen zu sehen. Im Gegenteil, sie müssten, wenn sie ehrlich wären, zugeben, dass ihr sogenanntes makelloses Leben wohl mehr einem Zufall zu verdanken ist. Sie sind nie in die Situation gekommen, eine asoziale Handlung zu begehen, mehr noch, sie haben asoziale Handlungen begangen, ohne dafür bestraft zu werden; sie haben nicht ethisch gehandelt, sondern sie haben es nur geschickt verstanden, zwischen den Menschen durchzuschlüpfen.

Studer begann mit dem umständlichen Anzünden einer Brissago. Nichts war zu beweisen.

Picot nickte eifrig. Die Zigarette räuchelte fein zwischen seinen dicklichen Fingern.

– Sie sagen es, Monsieur le Commissaire! Nichts können wir beweisen! Unglaublich! … Es gibt kein Verbrechen! … Es gibt keinen Mörder! … Es gibt keinen Schuldigen! … Es gibt niemanden, den man ins Gefängnis werfen könnte … Es gibt nur einen Toten ... Es gibt nur einen bedauerlichen Unfall ... Hatte ich also doch die ganze Zeit recht?

– Ja und nein ... Studer blickte Picot von unten aus müden und geschwollenen Augen an. Wir wissen nicht, ob Bradley Miller wegen eines Verbrechens gestorben ist – die Intention dazu gab es sicher –, weil wir nicht beweisen können, was den Tod von Bradley Miller verursacht hat: Kokain? Der Absinth? Der Kampf mit dem Bruder, der brutale Stoß und der Sturz? Oder das Ar...

Den Rest des Satzes konnte Picot leider nicht mehr hören, weil er unterging in einem bellenden Husten, der den Wachtmeister plötzlich angefallen hatte, so heftig, dass er daran beinahe zu ersticken schien! Studers Gesicht war nach diesem künstlichen Anfall rot angelaufen.

Der Inspektor schaute besorgt. Amélie Morel wollte dem Schweizer Kommissar zu Hilfe eilen:

– ... oder das Arsen, wollten Sie sagen? Oder eine Kombination von zwei Ursachen? Oder alles zusammen? Vielleicht eine Überdosis?

Inspektor Picot runzelte die Stirn. Bevor er nachfragen konnte, hatte Studer sich wieder erholt und meinte:

– Man könnte Miller höchstens für unterlassene Hilfestellung belangen, aber auch das ist nicht zu beweisen ... Sicher ist bloß, dass Bradley Miller nicht mehr atmete, als das Wasser kam ...

Studer hatte sich wieder im Griff. Man könnte das, was Bradleys Tod letztlich verursacht hatte, schon herausfinden, wenn man unbedingt wollte ... Aber er hatte Dr. Malapelle eingeschärft: Keine weiteren Untersuchungen! Man wollte es nicht wissen. Er zog kräftig an seiner Brissago. Amélie Morel stellte erleichtert fest, dass das Fenster noch weit offen stand.

Alle schwiegen.

Amélie Morel versuchte, Ordnung in den Kopf zu bringen. Anna hatte einen Versuch unternommen und ihn vielleicht wieder zurückgenommen, die alte, schwärende Verletzung zu rächen, aber durch ein Versehen nicht am wirklich Schuldigen. Für Montgomery Miller aber hat sich eine jahrelange Belastung erledigt, dass er nachgeholfen hat, ist sehr wahrscheinlich, aber eine Gewissheit gibt es nicht. Und niemand will es herausfinden, weil man sonst riskierte, etwas zu finden, das niemand will, dass vielleicht doch das Gift tödlich war und man dann die bereits Bestrafte bestrafen müsste. Denn wie kann ein einfaches Zimmermädchen auch wissen, wie *wenig* Arsen es braucht, um ... Da hätte man schon Amélies Medizinbuch über Gifte und Gegengifte gebraucht, das sie in den Urlaub mitgenommen hat ...

Der Wachtmeister grübelte. Der Preis für Annas Freiheit war, dass sie den Müller auch laufen lassen mussten. Aber Studer wusste – mit neunundfünfzig kennt man das Leben und träumt nicht mehr –, einen wie den Müller, mit Beziehungen hoch hinauf in die Regierung, hinter Gitter zu bringen, das schafft ein kleiner Fahnder nie und nimmer, auch mit tonnenschweren Beweisen nicht, also, Studer, warum sollst dich abmühen und solch nutzlose Beweise suchen?

Denn der Auftrag des Wachtmeisters lautete, den Tod von Montgomery Robert Müller aufzuklären, für die Aufklärung des Todes eines Bradley Robert Miller hatte Studer keinerlei Anweisung. Diesmal würde man es mit Aufträgen und Genehmigungen sehr genau nehmen!

Wenn schon das Recht nicht zum Zuge kam, so konnte man wenigstens eine große Ungerechtigkeit verhindern. Die Anna wird nicht verhaftet. Sie ist bestraft genug mit dem Tod ihres Vaters. Der sich umbrachte, weil er glaubte, mit dem schändlichen Robert Bruderschaft getrunken zu haben. Was nicht stimmte und was Anna tragischerweise nicht wissen konnte. Die Freiheit war alles, was Studer und Inspektor Picot ihr zurückgeben konnten. Eine jämmerliche Freiheit. Eine traurige Freiheit.

Studer hatte genug. Man war kein junger eifriger Inspektor mehr. Der Fall war abgeschlossen ... Hat man die alte Ordnung wieder hergestellt, die der Tod des Bradley Miller kurz durcheinander gebracht hat? Wohl kaum, jedenfalls nicht in der Familie Müller. Das war Müllers Strafe.

Langsam entfalteten sich Studers Hände, seine Beine streckten sich, der breite, massige Rumpf erhob sich, und der Schnurrbart zitterte. Er reichte dem netten jungen Inspektor Picot die Hand.

Studer lächelte, die kalte Brissago im Mundwinkel. Das Beste an diesem seltsamen Fall im Ausland war, dass der Wachtmeister keinen Rapport schreiben musste! Und dass die Spesen diesmal großzügig bezahlt würden ... der Studer weiß ein bisschen zu viel ...

– Viel Glück, Inspecteur Picot!

Im Warteraum der Wache harrte immer noch das Mädchen ergeben der Dinge, die kommen würden. Studer tätschelte Anna die magere Schulter.

– Geh heim, meine Kleine, ist alles erledigt.

Als sie bereits draußen auf der Stufe standen, zögerte Amélie Morel, dann drehte sie sich um und rief mit einer völlig neuen Selbstsicherheit:

– Anna, komm morgen früh ins Hotel, wir gehen zusammen zum Herrn Direktor! Der muss dich wieder einstellen!

Studer sah die Mamsell Morel verblüfft an. Dann brummte er, falls Mademoiselle jetzt gedenke, zu ihrem Hotel zurückzukehren, könne man vielleicht ein Stück Weg zusammen gehen ...

Drinnen im Büro der kleinen Polizeiwache von Saint-Georges sank der aufgewirbelte Staub langsam hinunter, und mit ihm legte sich das Vergessen sachte über Tisch, Stühle, Aktenschrank, Fotografien und einen kurzen Bericht ... auch Inspektor Picot schrieb nicht gern Rapporte.

Draußen sank die Abendsonne bereits hinter die höchsten Wipfel des Dünenwaldes, und mit ihr legte sich ein ereignisreicher Tag langsam zur Ruhe ...

SIMENON STEHT AM WASSER
UND FASST EINEN MUTIGEN ENTSCHLUSS

Er zieht die blauen Leinenschuhe aus und steigt vom Strandweg auf den Sand hinunter. Langsam stapft er durch den kühlen Sand, die Stimmen und das Gelächter beim Café de la Plage verebben langsam hinter ihm.

Der Strand ist erschöpft vom ereignisreichen Tag und gezeichnet von Tausenden von Füßen, die ihre Abdrücke hinterlassen haben, doch einige Kinder und ein letzter Spaziergänger, die lange Schatten hinter sich herziehen, geben dem Sand noch keine Ruhe. Das Meer plätschert weit unten. Ein Pferd, das herumscharrt und sich überlegt, ob es losrennen soll ...

Genauso ist es. Simenon beschirmt seine Augen, die Sonne steht noch wenige Zentimeter über dem flammenden Horizont.

Was für ein Tag! Und er hat sich hinreißen lassen, wieder einmal. Und es war gut so. Es war geradezu erholsam, nach der Knochenarbeit an seinem Meisterwerk «Das Testament Donadieu» zur Abwechslung an einer Kriminalgeschichte zu fabulieren. Wenn auch nur als Spielerei ...

Er steht jetzt weit unten am Wassersaum. Ebbe wird ungefähr in einer Stunde sein, schätzt er. Er stellt seine Schuhe in den Sand und stopft sich sorgfältig eine Pfeife, zündet sie ebenso langsam an und stößt einige tiefe Züge in die feuchte Jodluft hinaus.

Aber eine gefährliche Spielerei war es.

Tigy hat, als sie beim Abendessen hörte, wie er den Tag verbracht hatte, nur den Kopf geschüttelt, dir ist nicht zu helfen!

Er rumort im Kopf, er besetzt wieder seine Bilder. Hat er den Maigret doch zu früh in Pension geschickt? Der Kriminalroman hat ihm beides ermöglicht, sowohl ein großes Lesepublikum zu erreichen wie auch Geld zu verdienen. Aber nach achtzehn Maigrets wollte er weiterkommen in der Literatur, er fühlte sich stark genug, er braucht keinen Spielleiter, keinen Maigret mehr.

Aber inzwischen braucht er wieder Geld, viel sogar. Zu Hause liegt eine saftige Steuerrechnung. Und der Verlag senkt seit zwei Jahren die Vorschüsse, Gallimard hat ihm geschrieben, dass die Verkaufszahlen seiner Bücher seit seinem Verzicht auf Kriminalromane nach unten gehen, das sei vorauszusehen gewesen. Er müsse der Tatsache ins Auge sehen, dass er ohne Maigret einen großen Teil seiner Leser verloren habe …

Die Kurz-Maigrets, die er vor einem halben Jahr für «Paris-Soir» geschrieben hat, haben ihm vierzigtausend Francs eingebracht …

Simenon pafft gedankenverloren, die Hände tief in den Taschen seiner feinen Flanellhose. Er ist jetzt vierunddreißig, und er muss einiges ändern in seinem Leben. Er hat mit seinen literarischen Ambitionen eine geldsorgenlose Zukunft als Kriminalschriftsteller aufs Spiel gesetzt. Aber seine «Romans durs» haben ihm bisher nicht den erhofften Durchbruch gebracht. Und als Reporter ist er bei der Affäre Stavisky ins Messer gelaufen, die Lektion war bitter, ein begnadeter Kriminalschriftsteller ist nicht unbedingt auch ein brauchbarer Kriminalist … Man nimmt ihn als Journalist nicht mehr ernst. Und Tigys gesundheitliche Probleme in letzter Zeit …

Irgendwie klafft alles auseinander, er bringt die Dinge nicht mehr zusammen, es geht ihm an die Substanz, an das Schreibenkönnen.

Er schaut den Strand entlang in die untergehende Sonne, die Wellen lecken unermüdlich, die rote Kugel beginnt, im Ozean zu versinken. Unweit von ihm steht eine Gestalt auf der Düne. Die schwarze Silhouette flimmert im Gegenlicht vor dem gelben Himmel. Sie hebt einen langen Arm, nein, eine Krücke, der Einarmige scheint zu winken, nein, er schaut über das Meer, durch eine übergroße Vogelmaske. Ein schauerlicher schwarzer Rabe. Er würdigt Simenon keines Blickes.

Simenon schüttelt sich und wendet sich ab.

Er braucht keine Weissagung mehr. Der Tag mit dem merkwürdigen «Kollegen» reichte. Dieser Glauser ist ein durch und durch authentischer Kerl. Der macht sich nichts vor. Der hält sich gnadenlos den Spiegel vor. So viel Courage hat auch ein Georges Simenon. Der jetzt einen Entschluss fasst.

Schluss mit dem Dandy. Er ist angewidert vom Leben, das er die letzten Monate in Paris geführt hat, er hat genug vom Hampelmann, dessen Rolle er spielte in einer Welt von Hampelmännern, in die er eingedrungen war, um sie kennenzulernen. Er wird diesem Kaff voller Krebse, das man Kapitale nennt, endgültig den Rücken drehen und auf dem Land zur Ruhe kommen. Sein Leben und seine Werte überdenken. Sein Gleichgewicht wiederfinden. Um wieder schreiben zu können. Wie war die Zeit in La Richardière doch eine glückliche, die Provinz reinigt Herz und Geist!

In der Ferne im Café de la Plage spielt jemand Akkordeon. Die Abendbrise trägt die Melodie bis zu ihm, die wehmütigen Töne rieseln heran und färben das Wasser auf dem Sand, das die Flut vergessen hat, rot und gelb. Das Ebenbild des brennenden Himmels. In wenigen Minuten wird die Sonne verschwunden sein.

Und wenn er doch wieder hie und da einen kurzen Fall … eine Kriminalerzählung … leicht verdientes Geld, das man gut brauchen könnte … und Spaß hat es auch gemacht, völlig unerwartet … Aber wie soll er es anstellen, ohne allzu großen Schaden für sein Image als literarischer Autor? Wenn er wieder unter den Autoren der Kriminalromane auftaucht, sieht es dann nicht so aus, als würde er ein Plagiat seiner selbst schreiben?

Ja, das tut es allerdings, wenn Sie mir erlauben, das so unverblümt zu sagen, Monsieur Simenon!

Simenon schmunzelt, er braucht sich nicht umzudrehen, er kennt die eifrige Stimme, die sich jetzt beinahe überschlägt.

Nach Ihrem eigenen Plagiat, Monsieur Simenon, sieht es aber nur aus, wenn Sie den Commissaire Maigret wieder aus dem Ruhestand holen! Tun Sie das auf keinen Fall! Lassen Sie Monsieur Maigret in seinem gemütlichen Häuschen in Meung-sur-Loire zwischen seinen Rosen und Tomaten. Wo er, die Pfeife zwischen den Zähnen, einen zerschlissenen Strohhut auf dem Kopf, selig in einem Beet mit Tomaten herumbuddelt, die so reif sind, dass sie blutig auf dem Boden zerplatzen! Nein, zerstören Sie diese Idylle bitte nicht! Lassen Sie ihn dort, wo er ist!

Mademoiselle Morel! Sind wir vielleicht ein klein bisschen eifersüchtig?

Es schnaubt entrüstet hinter ihm. Wofür halten Sie mich denn, Monsieur Simenon, *Sie* sollten mich doch besser kennen!

Eben, deswegen! Wie wenn ich Sie erschaffen hätte …

Gekränktes Schnaufen hinter ihm.

Er sieht, wie es hinter ihrer gerunzelten Stirn arbeitet … Jetzt tippt die Demoiselle ihrem Schöpfer mit dem Regenschirm auf die Schulter.

Monsieur Simenon, es liegt doch in Ihrer Hand … *Sie* wollten, dass ich ein paar weitere Wochen Urlaub im Hôtel de la Plage machen muss … ach, wie langweilig wird das sein … nach dieser herrlichen Aufregung mit dem Fall Miller! … Die nette Bekanntschaft vom Strand, Madame Stüdère, ist bestimmt auch schon abgereist …

Sie seufzt, unvorstellbar öde, ja richtiggehend trist wird das werden … Monsieur Simenon, könnten Sie nicht noch mal … einen Toten … oder auch eine Tote … nur ein ganz kleines Verbrechen … bitte!

Simenon grinst, die Hände in den Taschen seiner Flanellhose vergraben, die Pfeife im Mundwinkel, das Wasser spielt mit seinen Zehen, es ist kalt. Die Sonne ist über den Horizont auf die Rückseite der Erde gekippt, der Himmel hat sie bereits vergessen, grau geworden wartet er auf die Nacht. Eine verspätete Möwe kreischt lachend über seinem Kopf.

Amélie Morel tippt ihm energischer auf die Schulter, sie hat sich doch ganz passabel gemausert, das muss er zugeben! Dabei war es wahrlich nicht leicht für sie, zwischen ihrem widerwilligen Neffen Laurent und dem brummigen Stüdère, der sie erst gar nicht mochte. Oh, sie hat das schon gemerkt! Der wollte ihr nie was von seiner Ermittlung preisgeben!

Warum sollte er? Mademoiselle Morel, Sie haben sich einfach in den Fall eingemischt, ohne Befugnis!

Es atmet schwer hinter ihm, er sieht geradezu, wie sich ihr Busen hebt und senkt, dann triumphierend:

Vielleicht hatte sie keine Befugnis, aber Kenntnis hat sie! Amélie Morel kennt sich aus mit Medizin und Kranken und Toten und … Gift! Beinahe ein Fräulein Doktor! Und Sie, Monsieur Simenon, haben mir auch Hinweise vorenthalten. Trotzdem bin ich ganz allein auf den richtigen Verdacht gekommen!

Hört Monsieur Simenon ihr überhaupt zu?

Von Zeit zu Zeit ein paar kurze Kriminalgeschichten … warum nicht … aber keinen Maigret mehr – seien Sie unbesorgt Mademoiselle Morel! Er möchte eine neue Ermittlerfigur erfinden, auf jeden Fall soll es ein Laie sein, dessen Auge nicht kriminalistisch geschult ist und der gerade deswegen die entscheidenden Beobachtungen macht … vielleicht ein Doktor, warum nicht …

Monsieur Simenon! Das können Sie mir nicht antun! Ich bitte Sie inständig, schieben Sie mich nicht in die Bedeutungslosigkeit zurück! Ich hab doch gerade erst angefangen …

Er fröstelt, höchste Zeit zurückzugehen, und er seufzt. Die Geister, die ich rief … Er kann ihr unmöglich ins Gesicht sagen, meine liebe Amélie Morel, Sie waren nur eine Spielfigur!

GLAUSER FÄHRT ZURÜCK UND ES GÄRT GEWALTIG

Vielleicht gibt es doch so was wie eine Gerechtigkeit, die dem Glauser heute Vormittag versuchshalber ein Goldstück auf den Weg geworfen hat. Nur um zu sehen, was der damit macht … Er mit dem berühmten Georges Simenon …

Berthe wird ihm nichts glauben, wenn er ihr den heutigen Tag erzählt. Sie kennt ihn. Ein Traum war's. Wenn nicht dieses Fläschchen in seiner Jackentasche wär, das sich so kühl und tröstlich anfühlt.

Vor ein paar Tagen ja, da träumte er wüstes Zeug. Studer hat ihn festnehmen wollen und dann wollte er ihm erklären, dass Studer gar kein Recht dazu habe, denn er, Glauser, hätte ihn doch eigentlich auf die Welt gestellt, aber darauf wollte Studer nicht eingehen und ihn partout verhaften. Wegen Mord. Das kommt davon.

Die Tramway fährt gegen Nordwesten genau in die untergehende Sonne, die Glauser ins Gesicht blendet, er muss die Augen schließen.

Er ist zuversichtlich. Er ist jetzt einundvierzig und hat bisher keine Ahnung gehabt, wie schwer im Grunde sein Beruf ist. Aber ich bin kein Düchter. Alle Leute wollen partout, dass ich ein Düchter sei. Und ich bin wirklich nur ein Handwerker, der im Schweiß seines Gehirns sein Metier lernt. Aber vielleicht gelingt ihm doch einmal etwas, kann er einmal etwas einfangen von dem, was in ihm noch gärt. Und dass es dann ein ganz merkwürdiges Fresko geben könnte ... Vorläufig bleibt er beim Kriminalroman. Man lernt viel dabei. Auf alle Fälle ist es eine ausgezeichnete Übung. Er lernt konstruieren, und das hat ihm immer gefehlt, dann kann er hin und wieder ein wenig Anarchismus einschmuggeln, und das tut seiner chaotischen Seele wohl.

Vor den Fenstern des Waggons gleiten Bäume vorbei, die im Abendlicht golden leuchten, die Gleise der Eisenbahn führen streckenweise durch den Dünenwald. Doch Glauser hat die Augen geschlossen.

Ein Mann nimmt ihm gegenüber Platz, lüftet den Hut, sagt aber nichts, als er bemerkt, dass der andere zu schlafen scheint.

Nach einer Weile räuspert sich der Mann im grauen Konfektionsanzug, breitbeinig sitzt er da, die Weste spannt um den stattlichen Bauch, aus der Brusttasche zieht er eine merkwürdig gekrümmte Zigarre.

Gestattet Ihr?

Glauser blinzelt. Er kann seinem eigenen Wachtmeister wohl kaum die Brissago verbieten.

Bist du nun zufrieden mit dem Schluss, Studer?

Der Wachtmeister zieht den Strohhalm aus der Brissago, dann die Streichhölzer aus der Westentasche, zündet den Halm an und mit dem brennenden Stroh die Zigarre, dann zieht er erstmal kräftig an der Brissago und bläst Glauser den Rauch ins Gesicht.

Hm ... war kein großer Fall gewesen. Man hat wieder einmal danebengegriffen ... Ja, halt so ein Fall für die Ferien, ohne richtigen Mord ... hm, vielleicht ein bisschen viel Rührung am Schluss?

Weißt du überhaupt, Studer, wie schwierig es ist, ein abgedroschenes Genre wie den Kriminalroman zu erneuern? Um die echte Naivität wiederzufinden, die man auf Umwegen über das Komplizierte, Problemhafte ergattern muss! Aber dazu müsste man die Courage haben, die alten Requisiten, als da sind Trauer, Rührung, Lachen, so aufzupolieren, nein umzuschmelzen, dass sie wieder eine Gattung machen. Es gibt so viele Teufel, sogar einen, der meint, jeder Mensch habe eine Psyche, und ihm darum die Seele abspricht!

Regt Euch nicht auf, Glauser! Er sei ganz zufrieden damit, ein Wachtmeister mit einem weichen Herz und einer mitleidigen Seele zu sein! ... Er möchte den Glauser noch was fragen, also, eigentlich habe das Hedy gesagt, er solle den Glauser fragen ...

Studer druckst herum. Er klemmt die Brissago zwischen die Lippen und faltet die Hände über dem Bauch. Glauser sieht ihn genau vor sich, obwohl er nach wie vor die Augen geschlossen hat.

Ja, was jetzt?

Hm, ob man vielleicht ... ob sie noch ein paar Tage Ferien machen dürften, dem Hedy gefällt's in Saint-Georges so gut ...

Draußen hat sich nach dem Wald die unbeschreiblich unschweizerische Weite des Marschlandes, der Marais salants, geöffnet, mit Weiden, weißen Kühen, Hecken und Hunderten von Kanälen, deren stille Wasser im abendlichen Gegenlicht wie flüssige Bronzeadern schimmern, die das grüne Land mit Sauerstoff versorgen.

Glauser schmunzelt. Ihr könnt noch zwei Wochen hierbleiben. Danach, Studer, schicke ich dich ins Appenzellerland! Du hast dort einen kniffligen Fall zu lösen. Denn Glauser muss an der «Speiche» weiterarbeiten, am Auftragsroman für den «Beobachter».

Der Wachtmeister dankt, das Hedy werde sich freuen, und er wolle den Glauser auch nicht weiter stören ...

Die orange Scheibe versinkt hinter dem Dünenwald, schickt die letzten Strahlen zwischen schwarzen Stämmen durch.

Glauser seufzt. Ja, es ist schwer, ein ziemlich abgedroschenes Genre ein wenig zu erneuern. Es braucht eben Arbeit. Man muss sich geduldig hinsetzen und lernen. Lernen zu erzählen, lernen aufzubauen, lernen klar zu sein. Wie ein wahrer Könner vorgeht, das weiß der Glauser jetzt.

Er muss immer auf langen Umwegen herumtorkeln, bis er so etwas wie ein Ziel erreicht, und dann ist es eben auch kein Ziel, sondern man muss wieder weitergehen. Er kommt sich manchmal vor wie jene Fladen, die die Marokkaner aus grobem Gerstenmehl in der Asche backen – genauso zusammengequetscht und staubig. Aber die Fladen hatten einen ganz bestimmten Geschmack, der gar nicht unangenehm war – und vielleicht wird es mit seinen Sachen mit der Zeit auch so.

«Es gibt kein Aufatmen am Ende, keinen Theatercoup, die Geschichte hat eigentlich kein Ende, sie hört auf – es ist ein Abschnitt des Lebens, aber das Leben läuft weiter, unlogisch, packend, traurig und grotesk zugleich.»

Friedrich Glauser über Georges Simenons Kriminalromane

DIE FAKTEN HINTER DER FIKTION

Friedrich Glauser und Georges Simenon sind sich nie begegnet. Aufgrund der biografischen Fakten wäre eine Begegnung im Sommer 1937 an der Atlantikküste möglich gewesen.

DAS JAHR 1937 IM LEBEN VON FRIEDRICH GLAUSER UND GEORGES SIMENON

Glauser lebte mit Berthe Bendel von März bis Dezember 1937 in La Bernerie-en-Rez, einem kleinen Seebad südwestlich von Nantes, wenige Kilometer nördlich der Vendée. Er wollte sich in Frankreich eine Existenz als Schriftsteller aufbauen, fern von den Zwängen und wiederholten Internierungen in der Schweiz. Zuvor hatte das Paar in Angles, östlich von Chartres, vergebens versucht, ein marodes Bauerngut zu bewirtschaften. In La Bernerie war das Leben im Frühling 1937 beinahe paradiesisch, die Sonne, das Meer, die Wärme, und Glauser konnte endlich schreiben. Aber gegen den Winter hin setzte auch hier das feuchte Wetter Glausers Gesundheit zu, weshalb er im Dezember mit Berte Bendel nach Marseille abreiste, mit dem Ziel, sich in Tunis niederzulassen. Glauser kannte den Maghreb aus seiner Zeit bei der Fremdenlegion in Algerien und Marokko von 1921–1923. Die Reise endete jedoch wegen fehlender Ausreisepapiere und mit Umwegen in der Schweiz, wo Glauser nach einem Zusammenbruch Anfang Februar 1938 in die Psychiatrische Klinik Friedmatt bei Basel eingewiesen wurde. Er erlitt dort einen schweren Unfall, an dessen indirekten Folgen er, erst zweiundvierzigjährig, am 8. Dezember 1938 starb.

1937 war für Glauser ein wichtiges Jahr, er schaffte den Durchbruch als Schriftsteller, erlangte Bekanntheit. «Matto regiert», Glausers dritter Studer-Roman, der im Januar aber noch vor dem zweiten Studer-Roman «Die Fieberkurve» erschien, löste einen kleinen Skandal aus, weil sich einige Personen darin zu erkennen glaubten, worauf der Berner Regierungsrat eine Konfiszierung des Buches in Erwägung zog. Wegen der ewigen Geldnöte stand Glauser unter enormem Druck zu produzieren, er schrieb in diesem Jahr an drei Studer-Romanen gleichzeitig: an der siebten Überarbeitung der «Fieberkurve», am Wettbewerbsroman «Der Chinese» und seit Mai an einem Auftragsroman «Die Speiche» für den Beobachter. Zudem hatte ihm Josef Halperin die Veröffentlichung seines Legionsromans «Gourrama» (den Glauser als sein Meisterwerk betrachtete) zugesagt – wenn er ihn überarbeite. Um diese Arbeitsmenge zu bewältigen, griff Glauser einmal mehr zu Morphium, gefolgt von den unvermeidlichen Beschaffungsproblemen, Abstürzen und einer abgebrochenen Entziehungskur im Juli in der Schweiz. Er schaffte es jedoch, bis Ende 1937 seine Manuskripte mehr oder weniger abzuschließen und gewann im Februar 1938 mit dem «Chinesen» den ersten Preis beim Wettbewerb des Schweizerischen Schriftstellervereins. (Gerhard Saner, Friedrich Glauser – Eine Biographie, Suhrkamp, Zürich 1981)

Simenon verbrachte den Frühling 1937 mit seiner Frau, der Malerin Régine Renchon, im «Tamaris» auf der Insel Porquerolles vor der Côte d'Azur. Es ist nicht bekannt, wo er sich anschließend bis Ende Juli aufhielt. Im August reiste das Ehepaar durch Italien und machte danach Urlaub auf der Isola dei Pescatori am Lago Maggiore. Die schwere Depression von Régine und ihrer beider zunehmender Widerwille gegen das elitäre Leben in Paris führten dazu, dass das Ehepaar Simenon im Herbst 1937 ein Haus auf dem Land und am Meer suchte und südlich der Vendée, in der Nähe von La Rochelle, in Nieul-sur-Mer fündig wurde. Sie kannten und liebten die Gegend, da sie bereits von 1932–1934 im Nachbarort Marsilly das Gut La Richardière gemietet hatten.

1937 markierte im Leben des vierunddreißigjährigen Simenon nach der mondänen Pariser Welt den Übergang zu einem einfacheren, wahrhaftigeren Leben auf dem Lande, wo er sich wieder Inspiration zum Schreiben erhoffte. 1934 hatte er seine überaus erfolgreiche Maigret-Reihe beendet, die ihn reich und berühmt gemacht hatte, um endlich «wahre» Literatur zu schreiben. Sein erster großer literarischer Roman «Das Testament Donadieu» erschien im März 1937, wurde von der Kritik jedoch gemischt aufgenommen. Zudem verkauften sich seine Nicht-Maigret-Romane weniger gut, während er mit Maigret-Novellen (eine erste Serie erschien Ende 1936 und eine zweite 1938) gut verdiente. So schrieb Simenon im Frühjahr 1938 eine neue Serie von dreizehn eher unbeschwerten Erzählungen, in denen ein Landarzt in Marsilly als Laienermittler Verbrechen aufklärt: «Le Petit Docteur», veröffentlicht ab November 1939 in der Monatszeitschrift «Police-Roman». Danach holte Simenon seinen pensionierten Kommissar Maigret endgültig ins Berufsleben zurück und schrieb ab 1939 wieder Maigret-Romane. Die ersten drei wurden im Kriegsjahr 1942 als Sammlung unter dem Titel «Maigret revient …» veröffentlicht. Danach folgten bis 1972 über sechzig weitere Maigrets-Romane und -Novellen. (www.simenon.com → World of Simenon → Simenon a timeline und www.toutsimenon.com → L'Homme → Biographie → 1924 à 1945)

DER «TATORT» SAINT-JEAN-DE-MONTS
UND SEINE GESCHICHTE

Ort beider Handlungen, des Gesprächs zwischen Glauser und Simenon sowie der Kriminalgeschichte, ist Saint-Jean-de-Monts alias Saint-Georges. Dieses Seebad an der französischen Atlantikküste im Departement Vendée ist mir seit vielen Jahren vertraut, alle vorkommenden Örtlichkeiten existieren, bzw. sind in Saint-Georges an die fiktionalen Erfordernisse angepasst.

Dem Roman liegen umfangreiche Recherchen zur Geschichte des Ortes zugrunde, zum Beispiel zum Flugabwehr-Ausbildungscamp der Amerikaner in Saint-Jean-de-Monts gegen Ende des Ersten Weltkrieges (Pierre Averty, Les Américains en Pays de Monts 1917–1918, Challans o. J.) und zur Entwicklung des alten Marktfleckens zu einem populären Seebad (Pierre Farcy, Un demi siècle de vie à Saint-Jean-de-Monts en cartes postales 1890–1940, Raynard, La Guerche de Bretagne 1983; Jean-Pierre Bertrand, Saint-Jean-de-Monts et le Pays de Monts de 1890–1930, Editions Siloë, Laval 2003; Le canton du Pays de Monts 1920–1960, Hrsg. Communauté de communes Océan-Marais de Monts, Poiré-sur-Vie 2012; Kat. Ausst.: Destination Vacances ! Vendée rêvée, Vendée rélévée 1820–1970, Historial de la Vendée, La Roche-sur-Yon 2017).

Die Küste, Côte de la lumière genannt, war bei den Malern beliebt. Mit dem Aufschwung zum Seebad siedelte sich in Saint-Jean-de-Monts zwischen der Jahrhundertwende und dem Zweiten Weltkrieg eine Künstlerkolonie an, die von vermögenden Sommergästen, Sammlern und Mäzenen lebte, wie dem Hotelier Alcide Guériteau des Hôtel de la Plage.

Der Maler René Levrel (1900–1981) war einer von ihnen, er verbrachte ab 1930 die Sommer in Saint-Jean-de-Monts. Das erste Jahr als Gast bei Alcide Guériteau, wo sein Meisterwerk «Hôtel de la Plage» entstand, das Umschlagbild des vorliegenden Buches:

«Es zeigt die Terrasse des Hôtel de la Plage im warmen Licht eines Sommerabends. Eine Serviererin in der Tracht der Maraîchins steht im Vordergrund. Mehrere Tische sind besetzt mit Hotelgästen, rechts sitzen elegante Damen mit Hut in luftigen Sommerkleidern auf Korbstühlen und plaudern um einen blumengeschmückten Tisch herum. Unter den orangegestreiften Markisen im Hintergrund der Strand, die Strandkabinen und das Gebäude des Café de la Plage.» (Le groupe de Saint-Jean-de-Monts. Deux générations d'artistes dans le marais vendéen 1892–1950, Hrsg. Christophe Vital, Somogy éditions d'art, Paris 2000, S. 104)

Die Authentizität eines Romans, der 1937 spielt, verlangte ebenso, dass alle historischen Details des Lebens in den dreißiger Jahren mit größter Präzision recherchiert wurden. Die persönliche Sammlung von zahlreichen alten Ansichtskarten diente als verlässliche Quelle für die zeitgetreue Schilderung von Straßen, Häusern, Stimmungen, Szenen wie auch Aktivitäten und Kleidern von Einheimischen und Sommergästen.

QUELLENNACHWEIS FÜR DEN VORLIEGENDEN ROMAN

Den fiktiven Gesprächen zwischen Glauser und Simenon wurden Aussagen der beiden aus verschiedenen Quellen unterlegt. Dies geschah durchaus im Wissen, dass autobiografische Texte wie auch manche Briefe keine biografischen «Wahrheiten» sondern vom Verfasser inszenierte Selbstbilder darstellen.

Bei Friedrich Glauser konnte als wichtigste Quellen auf die Werkausgaben seiner Briefe zurückgegriffen werden (Briefe 1 + 2, Hrsg. Bernhard Echte / Manfred Papst, Arche, Zürich 1988/91; Jeder sucht sein Paradies …, Hrsg. Christa Baumberger, Limmat, Zürich 2021) sowie auf die Biografie von Gerhard Saner, ebenso auf Glausers zahlreiche autobiografischen Erzählungen (Das erzählerische Werk, 4 Bände, Hrsg. Bernhard Echte, Limmat, Zürich 1992/93) und auf den kleinen Erinnerungsband (Erinnerungen an Friedrich Glauser, Hrsg. Heiner Spiess / Peter Erismann, Limmat, Zürich 1996/2008).

Bei Georges Simenon dienten jeweils die französischen Originaltexte als Grundlage: die Biografie von Pierre Assouline (Julliard, Paris 1992), die umfangreiche Publikation zur Ausstellung im Historischen Museum des Departementes La Vendée (Kat. Ausst.: Georges Simenon – De la Vendée aux quatre coins du monde, Historial de la Vendée, Somogy éditions d'art, Paris 2011), autobiografische Werke (Pedigree, 1948; Les mémoires de Maigret, LGF, Paris 1951; L'âge du roman, Le regard littéraire, Edition complexe, Bruxelles 1988; Mémoires 1 + 2, Tout Simenon, Band 26 und 27, Omnibus, Paris 2004), der Briefwechsel mit André Gide (… sans trop de pudeur, Correspondance 1938–1950, Carnets Omnibus, Paris 1999) sowie verschiedene Interviews (u. a. mit Bernard Pivot 1981).

Die Kriminalgeschichte schließlich, die Glauser und Simenon bei ihren angeregten Gesprächen über das Schreiben erfinden, sollte auch wie ein echter Wachtmeister-Studer-Roman oder nach dem Stil eines Maigret-Romans klingen. Mittels umfangreicher sprachlicher Analysen der frühen Maigret-Romane (erste Maigret-Phase 1931–1934) und aller Wachtmeister Studer-Romane wurden typische stilistische Eigenheiten der Autoren sowie Ausdrücke und Redensarten der Figuren gesammelt. Um den «O-Ton» möglichst zu treffen, sind zahlreiche

Originalsätze aus ihren Romanen in die Kriminalhandlung eingebaut (französische Zitate wurden von mir ins Deutsche übersetzt). In den von Glauser «erzählten» Studer-Abschnitten sind bewusst Helvetismen gesetzt, jedoch nur sehr spärliche Dialektismen.

Ebenso wurde die gemächliche, detailreiche Art des Erzählens, die dem damaligen Stil und Zeitgefühl entspricht, von Glauser und Simenon übernommen: das Verweilen bei scheinbaren Nebensächlichkeiten, das Beschreiben von überraschenden Eigenheiten bei Menschen, Wetter, Stimmungen – viel «Menschliches» in den Beobachtungen von Wachtmeister Studer und Amélie Morel.

Dieses Buch wurde mit finanzieller Unterstützung durch den Förderverein des Limmat Verlags realisiert.

Für einen Druckkostenzuschuss danken Verlag und Autorin dem Aargauer Kuratorium und der Stadt Baden.

AARGAUER KURATORIUM | **STADT BADEN**

Im Internet
› Informationen zu Autorinnen und Autoren
› Hinweise auf Veranstaltungen
› Links zu Rezensionen, Podcasts und Fernsehbeiträgen
› Schreiben Sie uns Ihre Meinung zu einem Buch
› Abonnieren Sie unsere Newsletter zu Veranstaltungen und Neuerscheinungen
› Folgen Sie uns 🐦 📷 ⓕ

Das *wandelbare Verlagsjahreslogo* auf Seite 1 zeigt Leselampen aller Art, Linoldruck von Laura Jurt, Zürich, laurajurt.ch

Der Limmat Verlag wird vom Bundesamt für Kultur mit einem Strukturbeitrag für die Jahre 2021–2024 unterstützt.

Umschlagbild: René Levrel, *L'Hôtel de la Plage,* 1930, Öl auf Leinwand, Collection Historial de la Vendée, Les Lucs-sur-Boulogne; Foto: Cliché Serge Bauchet
Typografie und Umschlaggestaltung: Trix Krebs
Lektorat: Rahel Beyerle
Druck und Bindung: Friedrich Pustet, Regensburg

ISBN 978-3-03926-020-1
© 2021 by Limmat Verlag, Zürich
www.limmatverlag.ch